U0683040

云南大学新时代马克思主义理论与实践研究丛书

Spiritual Impetus of Chinese College Students in the New Era

新时代中国大学生精神动力培育

李雪章 著

目 录

导 论

精神动力是人类历史长河中的特有现象，是人类实践活动的重要因素。人类社会实践活动越深入发展，精神动力的作用就越明显。关于精神动力，马克思和恩格斯分别有过间接的阐述。马克思指出："理论一经掌握群众，也会变成物质力量。"[①] 这里，群众掌握的理论其实就是一种精神力量，它转化为物质力量推动着群众进行社会实践活动。但是，马克思并没有直接给精神动力进行界定。恩格斯则指出："外部世界对人的影响表现在人的头脑中，反映在人的头脑中，成为感觉、思想、动机、意志，总之，成为'理想的意图'，并且以这种形态变成'理想的力量'。"[②] 在这篇文章中，恩格斯肯定了精神动力的客观存在性，并论述了它首先是外部世界在人脑中的反映，即意识或精神，在意识或精神形成的基础上，为了满足人的需要——这种需要可能是物质的，也可能是精神的——而产生的一种精神力量。尤其在晚年，恩格斯在给布洛赫的信中，把精神动力划分为两个层面，即较高层面和较低层面。精神动力在较高的层面表现为社会的意识形态，以政治、法律、哲学、宗教、文学、艺术等形式表现出来，是对社会存在的反映，对历史

① 《马克思恩格斯选集》第1卷，人民出版社，2012，第9页。

② 《马克思恩格斯选集》第4卷，人民出版社，2012，第238页。

的发展产生了极为重要的影响。精神动力在较低层面表现为个人的意志，这种个人意志是人们在进行具体历史活动时的思想、动机和愿望，这些思想、动机与愿望之间相互冲突、相互作用后形成一个总的社会合力，推动着社会向前发展。

20 世纪 40 年代，美国精神病学家萨利文从心理学的角度对精神动力这一概念进行了诠释。她认为："人的社会活动反映人的内心活动，任何一个独立的人的个体价值与社会环境间的变化关系，都需要有一个机制来协调、统筹。这个调节系统能调节各种关系，消除潜在问题。这套自我调节系统运行的原动力来自一种潜在的动力，即精神动力。"[①] 萨利文的观点表明，人在社会实践中形成了精神动力，精神动力存在于人的内心世界并起着协调社会环境中各种关系的作用。而且存在于人内心世界的精神动力不是一种单一的动力，它是一个由多种动力组成的动力系统。萨利文对精神动力概念的解释，正好证明了马克思和恩格斯所创立的马克思主义理论的实践观，为进一步探索精神动力理论奠定了基础。

在 CNKI 及相关资源库查阅与精神动力相关的研究成果，不同学者对精神动力的内涵解释在表述上略有不同，但在实质上却并没有什么差别。在 1997 年，学者赵应云指出"所谓精神动力，实质上就是认识、思想、价值、信仰等观念力量对物质世界和社会发展的反作用，即精神的物化功能"。[②] 1999 年，学者徐冰出版了有关精神动力的专著，并指出"精神动力是人的精神活动的必然趋势，它主要生成于人的各种精神需要"，"精神动力就是人们的精神（包括意识、思维活动和一般心理状态）通过人们的行动，对外界事物产生的推动作用"。[③] 2003 年，学者骆郁廷指出："精神动力是精神因素对从事的一切活动及社会发展产生的精神推动力量。精神动力本质上是指导和推动人们改造客观世界与

① 李德顺：《价值学大辞典》，中国人民大学出版社，1993，第 334 页。

② 赵应云：《论建设社会主义的精神动力》，《华中理工大学学报》（社会科学版）1997 年第 1 期。

③ 徐冰：《人之动力论》，辽宁人民出版社，1999，第 216 页。

改造主观世界的精神能动作用的集中表现。”① “精神动力总是一定主体的精神动力。”② 不难看出，以上几位学者都围绕“精神及精神因素”给精神动力下定义。本研究的精神动力是指一定的社会历史主体在推动社会实践活动中，在一系列内外条件的作用下，通过对蕴藏于特定主体精神世界的精神要素进行培育、引导和开发而产生和形成的积极的精神力量。它包括以下几方面的含义。第一，精神动力是一种积极的精神力量，而不是消极的精神力量。第二，精神动力不是现成的精神力量，而是需要通过培育、引导和开发才能产生和形成的精神力量。第三，精神动力不是脱离具体的实践活动而存在的抽象的力量，而是在一定的社会历史活动中产生的具体的精神力量，比如“抗战精神”“两弹一星精神”。第四，精神动力也不能脱离特定主体而存在，而总是同一定的社会历史主体相关联，比如雷锋精神、杨善洲精神、中华民族精神等。第五，精神要素的内容包括认识水平、思想观念、价值观、理想信念、信仰等方面。精神要素只有在一系列内外条件的作用下，才能转化为精神动力。

由于需要的不同层次或不同目的，精神动力有了积极与消极之分，消极的精神动力会对人的社会实践活动及人类社会的发展产生不良影响，甚至会阻碍社会的发展。而积极的精神动力能激发人的斗志，产生积极的正能量，推动人的社会实践活动及人类社会的发展。另外，精神动力的强大在一定程度上也为好成绩的获得奠定了基础。一个人的人生价值的实现，也受到精神动力的影响。因此，从时代出发，从实现“中国梦”出发，从实现大学生的全面发展出发，确立本研究的视角为培育新时代大学生积极优良的精神动力。

19 世纪德国军事家和历史学家克劳塞维茨曾说：“历史最能证明精神因素的价值和它们的惊人的作用。”③ 在中华文明 5000 多年的漫长岁

① 骆郁廷：《“精神动力”范畴分析》，《武汉大学学报》（人文科学版）2003 年第 4 期。

② 骆郁廷：《精神动力的层次及结构》，《思想理论教育导刊》2003 年第 12 期。

③ 克劳塞维茨：《战争论》第 1 卷，中国人民解放军军事科学院译，商务印书馆，1978，第 188 页。

月中，特别是在新民主主义革命时期、社会主义革命和建设时期、改革开放和社会主义现代化建设时期，每一次战斗的胜利，每一个工程的完成，每一项改革的成功，都展现了中华民族艰苦奋斗、不怕困难、勇于进取的品质。2013 年 3 月 17 日，在十二届全国人大一次会议闭幕会上，在谈到实现“中国梦”时，习近平同志又强调必须弘扬中国精神。在中国，中国精神已经成为团结一心、自强不息的精神纽带，中国精神已成为建构中华民族精神家园的巨大能量。事实证明，中国共产党历来重视思想和精神力量的重要作用。如毛泽东曾经强调党要有“共同语言”①，社会主义国家要有“统一意志”②。这里所说的共同语言与统一意志无疑正是对思想与精神的真实写照。邓小平在改革开放初期曾说：“我们这么大一个国家，怎样才能团结起来、组织起来呢？一靠理想，二靠纪律。组织起来就有力量。”③ 此言同样反映了理想和纪律就是一种精神力量，而且这种精神力量还显示了一种超强的凝聚力。江泽民曾指出：“一个民族、一个国家，如果没有自己的精神支柱，就等于没有灵魂，就会失去凝聚力和生命力。”④ 胡锦涛强调，一个民族要自立于世界民族之林，不仅要通过发奋图强积累强大的物质基础，而且要通过艰苦奋斗形成强大的精神力量。⑤ 进入新时代，习近平总书记再次重申，“中国人民的前进动力更加强大、奋斗精神更加昂扬、必胜信念更加坚定，焕发出更为强烈的历史自觉和主动精神”⑥。可见，精神动力不论在革命战争年代还是在今天的和平年代都是我们中华民族不断取得胜利的一大法宝。

“伟大的事业需要并将产生崇高的精神，崇高的精神支撑和推动着伟大的事业。”⑦ 当前，为“中国梦”的实现扫除障碍，最佳的选择就

---

① 《毛泽东文艺论集》，中央文献出版社，2002，第 167 页。
② 《列宁全集》第 36 卷，人民出版社，1959，第 545 页。
③ 《邓小平文选》第 3 卷，人民出版社，1993，第 111 页。
④ 《江泽民文选》第 2 卷，人民出版社，2006，第 230 页。
⑤ 《胡锦涛文选》第 3 卷，人民出版社，2016，第 84 页。
⑥ 《习近平著作选读》第 1 卷，人民出版社，2023，第 13 页。
⑦ 《伟大的事业需要崇高的精神——论大力宣传和弘扬为实现社会主义现代化而不懈奋斗的精神》，《人民日报》2001 年 2 月 7 日，第 1 版。

是以崇高的精神为支撑。因为这是人类社会崇高追求的反映，是一种理想精神的折射，支撑并推动着社会的发展。

大学生是祖国的未来，民族的希望，也是实现伟大“中国梦”的主要力量。他们的精神面貌、精神状态和精神动力，直接影响着“中国梦”的顺利实现。今天，面对经济全球化、文化多元化、社会信息化、价值取向多样化等新情况、新问题，新时代大学生的独立性、差异性、多变性、选择性也日益增强，大学生精神动力培育在面临诸多机遇的同时也遇到了新的挑战。主要体现在以下几个方面：一是社会意识形态多样化条件下一元主导与多样发展的相互关系；二是中西文化相互激荡过程中继承借鉴与批判创新之间的关系；三是以人为本理念观照下人文关怀与人才资源开发的关系；四是社会信息化条件下信息素养与大学生思想政治教育信息化的关系；五是社会环境复杂化条件下现代适应与综合素质培养的关系。这些问题不仅反映了精神动力培育的环境在不断发展，同时要求新时代大学生在社会化进程中必须面对现实。因此，面对各种各样的挑战，研究新时代大学生精神动力培育具有非常重要的价值。

第一，人的实践活动需要理论指导、思想引领、精神激励，与主体精神力量的参与分不开。“一个社会是否和谐，一个国家能否长治久安，很大程度上取决于全体社会成员的思想道德素质。没有共同的理想信念，没有良好的道德规范，是无法实现社会和谐的。要切实加强社会主义先进文化建设，不断增强人们的精神力量，不断丰富人们的精神世界。”① 这一看法强调了精神动力的作用。作为一种重要的能力和素质，精神动力是主体在实践活动中必须具备的。但精神动力需要正确地培育、引导、激励和开发，更需要学者进行深入的研究，才能形成正确的理论。

第二，当今中国走在实现中华民族伟大复兴中国梦的历史征程上，实现第二个百年目标的要求，顺利推进中国特色社会主义事业，实现人民的幸福安康以及国家发展的各个领域的任务，都需要充分调动最广大

① 胡锦涛：《在省部级主要领导干部提高构建社会主义和谐社会能力专题研讨班上的讲话》，《光明日报》2005 年 6 月 27 日，第 1 版。

人民群众参与。从当前看，新时代大学生的精神文化生活是丰富的，精神要素和社会心态总体上是积极健康、丰富多彩的，但依然有不足之处，比如一些大学生对精神动力的社会价值追求淡化而过于注重个人利益；一些大学生精神追求物化、浅薄化现象明显，价值观迷茫现象突出；一些大学生的精神要素缺乏社会正能量；等等。总体来看，这些问题都是精神动力不足、培育不充分、培育质量不高等问题的外在表现。思考和探索这些现象反映出来的普遍性问题，不能不研究新时代中国大学生需要什么样的精神动力、怎样培育新时代中国大学生的精神动力这样的理论和实践问题。特别是在实现中华民族伟大复兴的“中国梦”及建设社会主义现代化强国的新发展阶段，更需要激发新时代大学生寻找梦想、追求梦想和实现梦想的巨大精神动力。因此，培育新时代大学生的精神动力，与实现“伟大复兴中国梦”的追求和实现社会主义现代化强国息息相关。

第三，新时代大学生精神动力的培育必要性。新时代大学生的精神状态与民族振兴和国家发展是紧密相关的。如果说精神动力是一个国家发展和社会进步的精神资源，那么这个资源要实现可持续利用，就要着眼于新时代大学生精神动力的培育和引导。新时代大学生的精神面貌、精神状态、精神动力总体上是积极健康、努力进取的，但是，他们的精神世界受到一些负面因素的影响，不同程度地反映出一些问题。如道德伦理失范、政治信仰出现迷茫、价值取向扭曲、出现理想信仰危机、人文精神失落、社会责任感缺乏、诚信意识淡薄、艰苦奋斗精神淡化、生活意义迷失、心理素质欠佳、团结协作观念较差等。传播正能量，培育精气神，成为新时代大学生精神动力培育的一个方面。党的十六大报告就曾提出：“必须把弘扬和培育民族精神作为文化建设极为重要的任务，纳入国民教育全过程。”[①] 这是精神动力培育道路上的一块里程碑。

党的十八大以来，对新时代大学生精神动力的培育更加突出。青年大学生作为整个社会中最积极、最有朝气、最富有创造性的力量，受到

① 《十六大以来重要文献选编》（上），中央文献出版社，2005，第 30 页。

党中央的高度关注与关怀。习近平同志在多个场合对新时代大学生提出了希望和要求。2017 年 5 月 3 日，习近平同志在中国政法大学考察时指出："青年一代的理想信念、精神状态、综合素质，是一个国家发展活力的重要体现，也是一个国家核心竞争力的重要因素。"① 2020 年 7 月 7 日，习近平同志给中国石油大学（北京）克拉玛依校区毕业生的回信中说："希望全国广大高校毕业生志存高远、脚踏实地，不畏艰难险阻，勇担时代使命，把个人的理想追求融入到党和国家事业之中，为党、为祖国、为人民多作贡献。"② 2018 年，习近平在北京大学同师生座谈时指出："青年是国家的希望、民族的未来。我衷心希望每一个青年都成为社会主义建设者和接班人，不辱时代使命，不负人民期望。对广大青年来说，这是最大的人生际遇，也是最大的人生考验。"③ 2021 年 4 月 19 日习近平总书记在清华大学考察时对新时代青年大学生提出了要求："广大青年要肩负历史使命，坚定前进信心，立大志、明大德、成大才、担大任，努力成为堪当民族复兴重任的时代新人，让青春在为祖国、为民族、为人民、为人类的不懈奋斗中绽放绚丽之花。"④ 2022 年 4 月 25 日上午，习近平总书记到中国人民大学考察调研时指出："立足新时代新征程，中国青年的奋斗目标和前行方向归结到一点，就是坚定不移听党话、跟党走，努力成长为堪当民族复兴重任的时代新人。希望广大青年用脚步丈量祖国大地，用眼睛发现中国精神，用耳朵倾听人民呼声，用内心感应时代脉搏，把对祖国血浓于水、与人民同呼吸共命运的情感贯穿学业全过程、融汇在事业追求中。"⑤ 2022 年 10 月 16 日，习近平

---

① 《习近平关于青少年和共青团工作论述摘编》，中央文献出版社，2017，第 9 页。

② 《习近平谈无悔的青春要这样奋斗》，https：//baijiahao. baidu. com/s? id = 1674888447877879620&wfr = spider&for = pc，最后访问日期：2024 年 1 月 24 日。

③ 习近平：《在北京大学师生座谈会上的讲话》，人民出版社，2018，第 11 页。

④ 《习近平在清华大学考察时强调 坚持中国特色世界一流大学建设目标方向 为服务国家富强民族复兴人民幸福贡献力量》，http：//paper. people. com. cn/rmrb/html/2021 - 04/20/nw. D110000renmrb_ 20210420_1 - 01. htm，最后访问日期：2024 年 3 月 11 日。

⑤ 《习近平在中国人民大学考察时强调：坚持党的领导传承红色基因扎根中国大地 走出一条建设中国特色世界一流大学新路》，https：//www. gov. cn/xinwen/2022 - 04/25/content_5687105. htm? eqid = e9a8cb90000e22e0000000026460b46a，最后访问日期：2024 年 1 月 24 日。

在中国共产党第二十次全国代表大会上的报告中强调："青年强，则国家强。当代中国青年生逢其时，施展才干的舞台无比广阔，实现梦想的前景无比光明。全党要把青年工作作为战略性工作来抓，用党的科学理论武装青年，用党的初心使命感召青年，做青年朋友的知心人、青年工作的热心人、青年群众的引路人。"①

总之，新时代大学生精神动力培育问题，是思想政治教育学科和学术研究的任务。"思想政治工作也能形成精神动力，因为它为人们解决了许多认识不清的问题，从而明确了行动的方向，对工作、对学习产生一种动力。"② 大学生是思想政治教育的主要对象，以大学生为特定对象研究精神动力的培育问题，对大学生精神动力培育问题予以探索，不仅可以深化大学生思想政治教育的研究领域，还能拓展思想政治教育研究的新领域。

① 《习近平著作选读》第1卷，人民出版社，2023，第58页。

② 骆郁廷：《"精神动力"范畴分析》，《武汉大学学报》（人文科学版）2003年第4期。

第一章

精神动力理论解读

第一节　精神动力的内涵、形成及构成要素

一　精神动力的内涵

在人类社会发展的过程中，精神动力作为一种强大的力量，推动着人类的实践活动和社会的发展。人类社会越是向前发展，就越离不开精神动力。

1. 精神动力内涵辨析

不同的学者表述不一样。学者赵应云指出“所谓精神动力，实质上就是认识、思想、价值、信仰等观念力量对物质世界和社会发展的反作用，即精神的物化功能”。[①] 学者徐冰在其专著中描述“精神动力是人的精神活动的必然趋势，它主要生成于人的各种精神需要”，“精神动力就是人们的精神（包括意识、思维活动和一般心理状态）通过人们的行动，对外界事物产生的推动作用”。[②] 学者骆郁廷也在其专著中指出“精神动力是精神因素对从事的一切活动及社会发展产生的精神推动

① 赵应云：《论建设社会主义的精神动力》，《华中理工大学学报》（社会科学版）1997年第1期。

② 徐冰：《人之动力论》，辽宁人民出版社，1999，第216页。

力量。精神动力本质上是指导和推动人们改造客观世界与改造主观世界的精神能动作用的集中表现”。① “精神动力总是一定主体的精神动力。”② 尽管这些学者对精神动力的理解略有差异，但并没有实质上的不同。

精神动力是人类特有的现象，是在人类社会实践活动中产生的。它最初表现为一种意识或精神，因为认识到自身的物质需要和精神需要，再把需要的意识转化为满足需要的行动，就产生了精神动力。精神动力实质上是一种精神力量或一种精神推动力。每个人都有精神动力，但每个人精神动力的质量是受自身所处的环境和人际关系所制约的。根据精神动力形成的内在特征与规律，如前所述，精神动力是一定的社会历史主体在推动社会实践活动中，在一系列内外条件作用下，通过对蕴藏于特定主体精神世界的精神要素进行培育、引导和开发而产生和形成的积极的精神力量。它包括以下几方面的内容。

第一，精神动力是一种积极的精神力量，而不是消极的精神力量。

第二，精神动力不是现成的精神力量，而是需要通过培育、引导和开发才能产生和形成的精神力量。

第三，精神动力不是脱离具体的实践活动而存在的抽象的力量，而是在一定的社会历史活动中产生的具体的精神力量，比如“抗战精神”“两弹一星精神”。

第四，精神动力也不是脱离特定主体而存在的，精神动力总是同一定的社会历史主体相关联，比如雷锋精神、焦裕禄精神、杨善洲精神等。

第五，精神要素的内容包括认识水平、思想观念、价值观、理想信念、信仰等方面。精神要素需要在一系列内外条件作用下才能转化为精神动力。

2. 精神动力的主要特征

精神动力是人类在实践中产生并推动人的发展的一种重要力量。具

---

① 骆郁廷：《“精神动力”范畴分析》，《武汉大学学报》（人文科学版）2003 年第 4 期。

② 骆郁廷：《精神动力的层次及结构》，《思想理论教育导刊》2003 年第 12 期。

有与其他物质动力不同的特征。认识并把握这些特征，有利于我们进一步理解和研究精神动力培育。

第一，内生性。精神动力的内生性是指精神动力在人们的社会实践活动中内化为一种精神要素，这些要素即一定的理论、理想、信仰、信念、道德、情感意志等，升华成人们内在的精神追求，转变为人们内在的动力，成为推动人们在行动上不断进取的一种强大力量。

第二，持久性。精神动力相比其他的物质动力而言更具持久性。精神动力是人的精神要素升华而形成的一种精神力量，它一旦形成，将伴随人的一生。这种动力不仅不会消减，还会因为人的社会实践活动的深入而不断地增强。精神动力的这种持久性不仅仅体现在个体自身上，还会对他人形成积极影响，鞭策自己和他人为理想、信仰等目标奋斗不息。在我国，每一个时代所产生的精神动力都充分体现了持久性这一重要特征。如雷锋精神、焦裕禄精神、杨善洲精神、女排精神、载人航天精神等。

第三，联合性。精神动力的联合性是指精神要素升华后的各种精神动力相互作用、相互融合、相互渗透后汇聚在一起从而形成一股合力。人的精神世界和精神生活不是单一的，而是丰富多彩的，就会产生各种各样的精神动力，如情感动力、意志动力等。这些不同的动力汇聚在一起就形成了一种合力，这种合力通常表现为一个民族或一个国家的精神合力。这种合力的推动作用远远大于一个个体的精神动力。它对个体的精神动力有着积极的影响和推动作用。如中华民族精神。

二 精神动力的形成

社会存在决定社会意识。人的主观意识、思想、精神是人脑对客观存在的能动反映，精神动力的实质在于它的能动作用，即人的意识、思想和精神在指导和推动改造客观世界的社会实践活动及改造主观世界过程中的能动作用。

从形成的心理机制来看，精神动力就是人的认知、情感、意志、信念促动、导引行为或转化为行为的持续过程。它是人的信仰、思想、认识、价值观、理想对其学习、生活实践活动所产生的推动作用。同时，人的精神世界是个复杂、能动的系统，一旦形成就具有相对的稳定性，从而对人的行为产生强大而持续的推动作用。然而，人的精神世界又处于绝对的变化发展中，不同的年龄阶段和不同的心理都会导致精神家园处于不稳定的状态。从马斯洛的需求层次来看，精神需要是人类的高层次需要。“一个民族没有优秀的精神品格，就不可能屹立于世界先进民族之林；一个国家，没有凝聚人心的民族精神和与时俱进的时代精神，就不会有旺盛的生命力、强大的凝聚力和卓越的创造力。”①

从形成的内容来看，精神动力就是以塑造人的正确的价值观、人生观与世界观为主要内容。同时又涉及较为广泛的内容，如政治的、道德的、文化的、生活的、职业的精神需要，也涉及信仰、思想、理想、信念、自尊、情感等内容组成的动力系统。

从新时代大学生群体来看，精神动力的形成有其特殊性，更具有重要性。首先，新时代大学生在心理和生理上处于较为特殊的阶段，他们在精神状态和精神需求上波动性较大，不稳定性较为明显。其次，新时代大学生个性强，接受新鲜事物和新的思想比较快，是时代的引领者。最后，新时代大学生身处大学校园，正接受高等教育，没有直接参与到社会财富的创造之中，正确的价值观、人生观和世界观还未完全确立，常常通过满足自身的精神需求来构筑自己的精神世界。西方的“物本位”价值观和“神本位”价值观对新时代大学生的价值取向产生了极大的冲击。因此，在新时代大学生群体中出现了“精神动力缺乏症”，如重物质轻精神、重生理轻心理。也有不少大学生在思想上出现了困惑与迷茫，却不愿从理论和精神的层面去寻求答案。极少数的大学生因为缺乏内在的精神支撑而产生了精神疾病。这些现象，都是价值取向偏斜直接导致的。因此，在研究精神动力培育问题之前，必须界定精神动力的内涵。

① 《人民日报评论员：弘扬民族精神和时代精神》，https://news.cctv.com/china/20061224/100100.shtml，最后访问日期：2024年3月11日。

三 精神动力的构成要素

精神动力的各要素构成了一个培育系统，这个系统为精神动力培育指明了方向。同时，精神动力各要素反映了精神动力的内在本质特征。精神动力的各要素之间相互联系，相辅相成，为精神动力培育奠定了坚实的基础。

（一）信仰动力

1. 含义

信仰是指人们对某种主义、主张、理论、学说等的极度尊崇和信服，它是一个人的人生观、世界观和价值观的根本体现，反映了一个人该做什么和不该做什么的根本态度，带有强烈的感情色彩。一个人有了信仰，会把信仰当作自己的思想准则和行动的指南。信仰作为一种精神动力，激励着个体和群体为了实现自身所信奉的社会信仰、信念和理想而努力，甚至付出自己的生命。如今，随着经济全球化和文化的多元化，信仰也随之多样化。信仰可以分为两类。一类是有神论。对上帝或神的信仰。其中，以宗教为典型，宗教信仰者崇拜并信奉神灵，虚幻了自然力量和社会力量。但信仰不是宗教的代名词，信仰的对象可以是任何一种事物，只要相信，其便可以成为一种精神支柱或精神动力。另一类是无神论。无神论者相信科学，相信人的主观能动性，相信自然规律等。一般而言，信仰是信念的一个组成部分。每个人都会有对社会和社会制度的看法和主张，这被我们称为社会信念。这种信念决定着人们的社会理想，而社会理想也反映了人们的信念和社会信仰。从这个层面而言，社会理想动力和社会信念动力构成了社会信仰动力。

2. 特征

第一，重要性。信仰支撑着人的灵魂和脊梁。信仰动力是人生的重要动力，也是人的精神支柱中最重要的组成部分。一个人，如果没有信仰，活着便犹如行尸走肉。因为有了坚定的信仰，无数先烈为了本民族和人民的利益，不畏困难，不惜抛头颅洒热血，进行坚贞不屈的探索和斗争。因为自己坚定执着的追求和信仰而表现出高尚的行为和品质。

第二，不变性。信仰动力具有很强的抗变性，在整个精神动力要素系统中是最不易变、最经久的一种动力。在我们新民主主义革命、社会主义建设和改革开放的进程中涌现出一批批无产阶级革命家和改革开放的开拓者，他们为了民族的独立和人民的解放，为了国家的繁荣和富强，始终坚持不懈地奋斗。这是信仰动力的不变性的充分体现。

第三，排他性。无论政治信仰还是宗教信仰都具有排他性。通常情况下，在一个阶段或一个时期内，一个人只有一种政治信仰。但这并不意味着政治信仰不能改变。随着理论学习和实践水平的不断提升，政治信仰依然会发生变化。对于宗教信仰而言，这种排他性就显得更为突出。例如基督教和伊斯兰教都主张上帝或神是唯一的。这种唯一性决定了其教义具有很强的排他性。在一些宗教国家或地区因为宗教信仰不同而发生的冲突就是对排他性最充分的阐释。

（二）道德动力

1. 含义

“道德是一种特殊的社会意识形态。它是以善恶为评价方式，主要依靠社会舆论、传统习俗和内心信念来发挥作用的行为规范的总和。”① 从本质上看，道德也是人的一种精神需要。道德动力作为一种高尚的精神动力，主要体现为人的正直、无私、诚实、守信等道德情操。一个道德越高尚的人，越具有高尚的精神动力。中国传统道德认为，人之所以为人，是因为他还具有精神需要，而一切精神需要中最高尚的需要就是道德需要。道德需要在某种层面上而言就是对理想人格的追求。在古人看来，学习伦理道德知识，是提升道德修养的重要途径。今天，在建设中国特色社会主义的道路上，需道德与法律相结合。两者相互补充，相互依赖。道德建设是法制建设的基础，但道德建设一旦离开了法制的保障，也将变得苍白无力。道德对于增强大学生成才的动力及全面提高大

① 《思想道德与法治》，高等教育出版社，2023，第 131 页。

学生素质起到不可或缺的作用。

2. 特征

第一，社会性。道德的社会性主要体现在它不仅影响着社会意识形态的存在和发展，还影响着经济基础的形成、巩固和发展。综观中外各国的发展史，道德作为一种重要的精神力量，影响着社会生产力的发展。众所周知，社会属性决定了人是社会的人，社会生活离不开人的道德。个人与社会的关系问题是道德的根本问题，个人利益与社会利益的矛盾在任何社会中都存在。但作为社会的人，我们不能只考虑自己的个人利益而不考虑别人的利益。

第二，普遍性。道德的普遍性是指道德普遍存在于一切社会活动之中。因而，我们生活中讲社会公德，在自己的工作岗位上讲职业道德，在家庭生活中讲家庭道德、婚姻道德。

第三，调节性。道德的调节性是指道德具有调节功能，它不但可以调节人与人之间的关系，还可以维护整个社会的秩序。道德作为一种动力，对人的精神动力的力度和方向能起到一定的调节作用。讲道德，事业才能持久兴旺；讲道德，爱情才能持久，友情才能纯洁，亲情才能浓厚；讲道德，意志才能坚强，才能守住气节。

（三）认知动力

1. 含义

认知动力是指人们在认知活动的过程中，通过对外界的认识、了解、学习而增强或提升自我素质能力而产生的一种精神动力。认知动力由求知动力和知识动力构成。首先，求知动力是指人们根据自己的需求并通过认真学习来提升自己的一种精神动力。人都有求知欲望，从认知的动因和过程看，求知欲越强的人动力就越足。其次，知识是人们认识客观世界的理论化、科学化、系统化的理论成果。知识动力是指人们通过认真学习、深入理解和深入钻研知识成果之后将其转换为一种财富或力量的一种精神动力。众所周知，科学知识是人类社会的重要资源，是人类社会在历史发展过程中逐渐积累起来的精神财富，具有非常重要的价值。一般而言，伟大的理论或思想的创立，会促使人们产生改造自然或改造社会的巨大力量。培根曾说，“知识就是力量”，这就是人类历史上对知识或认知动力形象生动的描述。

2. 特征

第一，必要性。在人类发展的过程中，一代又一代知识分子把实践经验转化为理论知识，为后人的学习提供了条件。人类社会越是向前发展，越体现出求知是人类生存发展最必要最基本的手段或方式。实践证明，认知动力为人的其他精神动力的形成奠定了理论基础。今天，随着科学技术的迅猛发展，知识更新日新月异，对人的知识理论和知识结构的要求也越来越高。重要的是，在求知的同时，不仅人的智力会不断得到提高，人的能力也会得到提高。

第二，引导性。思想引导行动，理论指导实践。事实证明，一个社会要发展，必须有科学的理论作为指南。中华民族能实现民族的独立和人民的富强，得益于马克思主义在中国的传播与运用，得益于马克思主义的中国化、大众化与时代化。同时，人类社会要不断向前发展，离不开社会各个领域的自然科学知识，这些知识是人们认识自然和改造自然的科学指南，推动着社会的全面发展与进步。

第三，与时俱进性。与时俱进性是科学理论知识的本质属性。没有一成不变的认知，只有不断丰富发展的认知。任何知识、理论、思想观念等认知内容，必定是随着时代的发展变化而不断更新的。认识无止境，实践更是没有止境。

（四）情感动力

1. 含义

情感，是人们对客观事物是否满足自己所需而形成的评价与体验。情感由道德感和价值感组成，表现为幸福、爱情、喜好等。情感动力，是指由亲情、爱情、友情、归属感等情感因素产生的精神动力。在“需求层次论”中，亚伯拉罕·马斯洛描述的“归属和爱的需要”，就是对情感动力最好的诠释。

在这些情感中，爱国情感是一种高级的社会情感，具体体现就是爱国主义。列宁曾说："爱国主义是由于千百年来各自的祖国彼此隔离而形成的一种极其深厚的感情。"① 它表现为对本民族和祖国的高度认同感，体现了对自己国家和民族深沉而浓厚的感情，是情感动力中最重要的一部分。

2. 特征

第一，自发性。每个人都有情感。情感是与生俱来的，不是后天培养的。但情感的深厚度是可以培养的。如对祖国深厚的情感，可以通过认知、学习、了解祖国的历史而逐步培养形成。

第二，丰富性。丰富性是人的情感动力的主要特性，包括了喜、怒、哀、乐、忧、思、悲等。人既有积极情感又有消极情感。积极情感常常使人愉悦，消极情感常常使人悲伤。亲情、爱情、友情和爱国情感等构成了人的主要情感。

第三，扩展性。情感动力对人的整体精神动力具有扩展作用。爱情和爱国情感尤为典型。爱情动力一旦爆发，就会左右人的精神世界。爱国情感亦一样，是人们对祖国的一种直接感受和情绪体验，是人们对自己故土家园、种族、文化等的认同感、归属感、尊严感和荣誉感的统一，反映了个人对祖国的依存关系。爱国主义是中华民族精神的核心，是实现中华民族伟大复兴的动力。中华民族历经磨难而不衰，就是因为爱国情感的激励。历史证明，越是到了民族危难的关键时刻，越是彰显爱国主义的巨大力量的时刻。今天，在实现中华民族伟大复兴的"中国梦"的历史进程中，爱国主义是精神支柱，是新时代大学生实现自己人生价值的力量源泉，也是维护祖国统一和民族团结的坚强纽带。

第四，感染性。真挚的情感会产生非常强烈的感染力，往往会使身边的人深受感动。如英雄人物的生动形象和事迹往往具有很强的感染力，会让人心中形成一种道德美感。苏霍姆林斯基曾说，"那些值得向他们学习的英雄人物的壮美的道德行为，对孩子们来讲，犹如灿烂的光

① 《列宁选集》第 3 卷，人民出版社，2012，第 579 页。

辉，为他们照亮了周围的一切”，“英雄们的形象在学生们的心里燃起强烈的愿望，他们立志要做这样勇敢的人”。[①] 因此，英雄人物不仅让人崇敬，更具强烈的感染性，使人看到了人自身的高大与完美，得到美好的情感的慰藉与精神的满足，产生情感动力。

（五）意志动力

1. 含义

意志，是指为达到某种既定的目标而不断努力的心理状态，通常以行动和语言表达出来，具体表现为一种坚韧刚毅的精神。意志动力是由积极向上、坚强勇敢等良好意志品质组成的。一般包括忍耐力、约束力、自制力、调节力等。

2. 特征

第一，目的性。不达目的誓不罢休是意志动力的主要特征。马克思指出：劳动者“不仅使自然物发生形式变化，同时他还在自然物中实现自己的目的，这个目的是他所知道的，是作为规律决定着他的活动的方式和方法的，他必须使他的意志服从这个目的”。[②]

第二，稳定性。通常情况下，意志品质一旦形成，就会持久地、稳定地发生作用。勇于拼搏、乐观向上的精神和意志力，会产生一种驱动力去推动人们坚持不懈地去实现自己的既定目标。同时，在既定目标的实现过程中，人会自觉地运用意志控制自己的情绪，集中注意力，克服来自客观环境的种种干扰。

四 精神动力系统中各要素之关系

精神动力系统中的各要素为培育与激发精神动力提供理论依据。同时，各要素之间的关系不是绝对平衡关系，在精神动力培育中也会呈现不同的表现形式。精神动力系统中这些要素相互之间主要呈现关联性、

① 苏霍姆林斯基：《帕夫雷什中学》，吕玢译，长江文艺出版社，2021，第237页。
② 《马克思恩格斯全集》第23卷，人民出版社，1972，第202页。

动态性、层次性、替代性、渗透性、过程性、依存性、方向性等关系特征，具体表现如下。

（一）关联性

从功能上而言，精神动力系统各要素之间的关系不是孤立存在的，而是相互关联并交织在一起的，很难把它们从整体中单独分离出来。其关系主要体现在互助和互弱两方面。所谓互助，是指精神动力各要素之间产生的相互提升、相互促进的作用，形成一种积极或正面的影响。精神动力系统中的任意一个要素的增强与提升，都会对其他要素产生深刻的影响。任何一种精神动力的增强，都有助于其他动力的强化。所谓互弱，是指精神动力系统中各要素之间产生负面影响、相互弱化，即精神动力系统中的任意一个要素的缺失或弱化，都会损害其他精神动力要素。比如一个人的认知能力弱，就会导致他辨别是非的能力也弱，最终导致缺乏道德。在精神培育的过程中，各个要素是作为一个整体对新时代大学生精神动力培育产生影响的，这种整体功能大于各要素的功能之和。

（二）动态性

唯物辩证法认为，世界既是普遍联系的，又是永恒发展的。万事万物都处在不断的变化与发展过程中。新时代大学生精神动力培育系统的各个要素的作用和地位一样是在不断地变化着，这些要素既会受到外在因素如客观环境、人为因素的影响，也会受到内在要素的影响。在不同因素的影响下，大学生精神动力会产生强弱变化，导致精神动力培育的效果不一。在大学生精神动力培育的过程中，必须注意各个要素的发展变化的总趋势、总方向，以及速度的快慢和力度大小，以便灵活自主地驾驭各要素，使这些要素充分发挥其功能。

（三）层次性

在精神动力系统中，精神动力各要素构成了三个层次。第一个层次是信仰动力。信仰动力是精神动力系统的核心部分，是人的精神支柱。

第二个层次是道德动力。道德动力有着较强的社会性、普遍性、调节性，在精神动力系统中起着关键作用。第三个层次包括认知动力、情感动力及意志动力。这三部分是精神动力系统中的基础，它们个体性较强。尽管整个精神动力系统的层次是分明的，但三个层次的划分也是相对的。因为大学生个体的差异性，以及他们在人生各阶段所接受的教育、引导不同，会引起这几个层次发生相应的变化。新时代大学生正处于人生的一个重要发展时期，他们的世界观、人生观、价值观都尚未完全确立，精神动力系统各要素在他们的成长过程中就会因个体的需要而变化，各个层次的主次地位也可能会发生变化。

（四）替代性

在精神动力系统中，各要素的层次地位是互动的，且在互动中彼此之间会发生位置的变化。在一定条件下，这些要素不仅可以交换，还可以互相替代。例如，一个人可能缺乏信仰，但为了生存而一生坚持自力更生，辛勤付出，虽然缺乏信仰动力，却不失意志动力。

（五）渗透性

在精神动力系统中，各个精神动力要素之间互相渗透，互相影响，我中有你，你中有我。信仰动力作为精神动力的主要构成因素，渗透在其他精神动力要素中，起着指导、支撑的作用。道德动力渗透在其他精神动力要素之中，为其他动力指明了方向。认知动力也渗透于其他动力之中，为其他要素动力提供认知基础。通常情况下，人的各种精神动力的大小，与其认知程度是成正比的。意志动力渗透于信仰、认知等动力之中，为这些动力的持久性、稳定性提供意志品质保证。情感动力同样渗透于其他动力之中，特别是情感动力中的爱国情感，具有极强的渗透性。在现实中，爱国主义不是抽象的，包含信仰、道德、认知、意志等多种精神动力因素。

（六）过程性

唯物辩证法告诉我们，应在事物的量变与质变的辩证关系中揭示事物发展的形式、状态。新时代大学生精神动力培育是一项较为复杂的系统工程，精神动力的培育不可能立竿见影。从动力各要素的引导、培育、形成，到动力的维护、开发、转化等都必须经历一个长期的、反复的过程。新时代大学生是精神动力培育的主体对象，他们的认知、思想、品德的形成与发展必然要经历一个长期培育和锻炼的过程，也必然经历不断地积累、提高，从量变到质变的过程。

（七）依存性

新时代大学生精神动力培育的最根本的决定力量，是政治实践的需要，同时也是物质生产实践的需要与精神生产实践的需要。当前，社会意识形态及价值观多元化等一系列制约着精神动力培育的具体矛盾是影响大学生精神动力培育顺利进行的直接因素。但新时代大学生精神动力培育能否按照国家或统治阶级的意志达到预期目的，不仅仅依赖各个动力要素的相互协调、运转，还依赖于各个动力要素发挥整体功能作用。另外，新时代大学生精神动力培育还依赖“以专业教育为主要渠道、以文化活动为主要载体、以行政管理为辅助方式、以环境熏陶为重要依托”的全方位教育活动。

（八）方向性

在新时代大学生精神动力系统中，基本动力、根本动力和主体动力是协调一致，朝着共同的目的或方向交互作用的。为实现培养社会主义事业合格建设者和可靠接班人这一目标，许多不同方向的力相互作用，最终所有力经过整合后朝着共同的目标前进。在大学生精神动力培育的过程中，出于政治实践需要目的而倡导和组织精神动力培育的国家或统治阶级，发挥着至关重要的引导、强化作用。教育者在大学生精神动力培育的过程中承担着把握方向、控制进程的任务，确保大学生精神动力培育朝着更加科学、更加和谐的方向发展。

总之，新时代大学生精神动力培育，就是使他们的信念、道德、认知、情感、意志促动、导引行为或转化为实际行动的持续过程，是使大学生的信仰、理想、思想、认识、价值观对其学习、生活、实践活动产生推动作用的过程。

第二节　中西方精神动力理论的规范解读

精神动力是人类在社会实践活动中不断地形成和发展的，由此决定了人类关于精神动力的理论也是在社会实践活动中不断形成和发展的。不同的历史时期和阶段，人们都会从不同的角度出发，去系统深入地研究和探索精神动力问题。每一个时期、每一个阶段的精神动力理论及其发展，对进一步研究精神动力理论都具有十分重要的意义。

一　中国精神动力理论

（一）仁爱观

“仁”学是春秋末期出现的新思潮，是儒家提出的最高道德理想和最高道德准则之一，是儒家伦理道德思想的核心，也是儒家伦理学说的根本所在。在儒家思想中，仁占据主要地位。“仁”的实质是人与人之间的亲和力，因此，儒家还提出了爱众、和合、修睦等思想。

孔子认为“仁”与人有着不可分割的内在联系。个人的安身立命与国家的生死存亡都离不开“仁”。因此，孔子说：“仁者人也，亲亲为大。”① “何事于仁！必也圣乎！”② “仁者安仁。”③ “天下归仁。”④ “志士仁人，无求生以害仁，有杀身以成仁。”⑤ 这些表述都反映了孔子重视仁，甚至倡导杀身以成仁和仁人一体、爱人亲人的思想。之后，孟子继承并发展了孔子关于“仁”的思想。孟子指出：“仁也者，人也。

① 王文锦译解《礼记译解》，中华书局，2016，第810页。

② 杨伯峻：《论语译注》，中华书局，1958，第69页。

③ 杨伯峻：《论语译注》，中华书局，1958，第37页。

④ 杨伯峻：《论语译注》，中华书局，1958，第130页。

⑤ 杨伯峻：《论语译注》，中华书局，1958，第170页。

合而言之，道也。”[1] 这句话表明了具有仁并能行仁的人，才是人；人与仁合起来，才构成了伦理道德。由此看出，“仁”的思想具有两个方面的含义，一方面即重视人的作用，注重人的内心修养；另一方面，协调人与人之间的相互关系。孟子还说：“仁，人心也。”[2] 意思是仁存于心，是心固有的道德意识，是心的本质内容和要求。施行仁德，就是要体现人心的本质要求。儒家贵仁，同仁的内涵和作用有着直接的关系。在儒家理论中，“仁”最基本的含义就是“爱人”，即作为人，对别人要有爱心、善心、同情心。如“己所不欲，勿施于人”。另外，孟子还指出，“三代之得以天下也以仁，其失天下也以不仁。国之所以废兴存亡者亦然。天子不仁，不保四海；诸侯不仁，不保社稷；卿大夫不仁，不保宗庙；士庶人不仁，不保四体。今恶死亡而乐不仁，是犹恶醉而强酒”[3]。孟子的阐述再一次表明“仁”是关乎国家生死存亡的根本因素，因此，始终要贵仁兴仁。

“仁”是儒家最基本的道德准则。儒家提倡仁爱之心，把爱作为“仁”的本质规定，主张“仁”是人类具有的善良同情之心，主张“爱”是人类所具有的本性。儒家的仁爱思想突出反映了“对人类的认同感，对人的普遍价值、情感和利益的认同和尊重，以及对人类生命和生活的热爱”。[4] 从中我们受到启发，即在培育精神动力的过程中必须弘扬社会主义核心价值观，尊重人、爱护人、关心人。仁爱思想对我们加强公民道德、家庭美德、职业道德、社会公德建设都有着重要的借鉴作用。

（二）义利观

中国古代对人的精神动力一直比较重视。儒家提倡的重义薄利，就是重视提倡和发展义的行为约束力。义指人应当遵守社会的伦理道德规

---

① （清）焦循：《孟子正义》，中华书局，1987，第977页。

② 杨伯峻：《孟子译注》，中华书局，1960，第267页。

③ 杨伯峻：《孟子译注》，中华书局，1960，第166页。

④ 骆郁廷：《精神动力论》，武汉大学出版社，2003，第36页。

范，利则指物质利益。“义与利是相对应的，是在谋求利益过程中调节谋利行为及利益关系的伦理规范。义的本质是伦理规范在调控人的谋利行为时所形成的行为约束力。”①

义是中国从古至今最重要的道德范畴和最高的道德准则。中国古代重义的思想比较普遍。提倡重义轻利、义以生利、以义取利等思想。义往往与“仁”或“礼”连用。在古文中，义与宜相通，指人的行为举止适宜得当，与社会的道德准则和道德要求相符合。孟子说：“仁，人心也；义，人路也。”② 就是把仁、义紧密结合，相提并论。孟子认为人的本心是仁，人要实现自我价值必须有义。由义可以至仁。荀子指出人与动物的本质区别在于义，人一定要重义、行义。他甚至提出“义立而王”③。《吕氏春秋》对重义思想的论述更加明确：“故义者，百事之始也，万利之本也。”④ “善不善本于义。”⑤ 这都表述了一切事情都从义开始，行为善或不善都是以义为根本准则和尺度。在此基础上，《吕氏春秋》还指出：“君子之自行也，动必缘义，行必成义。”即君子的一切行动，都要以义为根据，并诚心诚意地施行义。这些都折射出中国古代的重义思想，但同时也指明义与利的关系。不难看出，中国古代所强调的重义轻利、义而生利、以利取义，充分体现了重义思想，特别是重义思想中以义取利的思想，包含着重要的经济伦理观念，肯定了义作为道德规范对人谋利行为的重要作用。对于今天引导人们正确地追求物质利益，克服拜金主义、享乐主义具有重要的借鉴意义。

（三）德育观

中国一直是一个非常重视和崇尚仁义道德的国家。人们普遍把仁义道德看作推动社会和个人发展的根本动力，认为仁义道德是社会发展的

---

① 骆郁廷：《精神动力论》，武汉大学出版社，2003，第 37 页。

② 杨伯峻：《孟子译注》，中华书局，1960，第 267 页。

③ 楼宇烈主撰《荀子新注》，中华书局，2018，第 199 页。

④ 许维遹集释《吕氏春秋集释》，中华书局，2009，第 604 页。

⑤ 许维遹集释《吕氏春秋集释》，中华书局，2009，第 292 页。

动因。因此，道德作为中华民族传统的精神推动力，在中华民族的实践和发展过程中一直起着极其重要的作用。

《礼记·大学》记载的关于道德的内容是最为完整和系统的。“古之欲明明德于天下者先治其国，欲治其国者先齐其家，欲齐其家者先修其身，欲修其身者先正其心，欲正其心者先诚其意，欲诚其意者先致其知。致知在格物。物格而后知至，知至而后意诚，意诚而后心正，心正而后身修，身修而后家齐，家齐而后国治，国治而后天下平。自天子以至于庶人，壹是皆以修身为本。”[①] 这一段文字所描述的就是修身齐家治国平天下的思想，是对德育思想的记载。它清楚地阐明了一个人若想让自己的道德让天下人知道，必须先修养自己的品行，必须治理好自己的国家。因为品行是人的根本，只有人的思想道德素质提高了，一个国家才能建设成一个德治国家。所以，治国的基础是修身，修身的目的是治国。当大家都达到了社会发展所需要的思想道德水平，整个国家和社会的道德水平也会得到相应的提高。即“道德是社会和个人发展的最重要的动力，道德建设是国家建设的最基本的途径”。[②]

1. 尊德

道德是一种社会意识形态，是一定社会调整人们之间、个人与社会之间关系的行为规范的总和。道德的特点是“依靠社会舆论和教育的力量，使人们形成一定的信念、习惯、传统而发生作用”。[③] 道德观念的发端最初是以“族”即“家族”或“宗族”为平台的。德主要指个人的品质、品德，主要包括德尊、德行、德性在内的道德性内容。德尊意指尊道贵德。老子最先提出了尊道贵德思想。他说：“道生之，德蓄之，物形之，势成之。是以万物莫不尊道而贵德。”[④] “道之尊，德之贵，夫莫之命而常自然。”[⑤] 这里所表达的意思是我们要尊道贵德的原因在于

---

① 王文锦译解《礼记译解》，中华书局，2016，第 925 页。

② 骆郁廷：《精神动力论》，武汉大学出版社，2003，第 32 页。

③ 沈善洪、王凤贤：《中国伦理思想史》（上），人民出版社，2005，第 1 页。

④ （魏）王弼注《老子道德经校释》，中华书局，2008，第 136 ~ 137 页。

⑤ （魏）王弼注《老子道德经校释》，中华书局，2008，第 63 页。

道德源于自然之常，也就是人们常说的“道法自然”。他还说：“故道大，天大，地大，王亦大。域中有四大，而王居其一焉。人法地，地法天，天法道，道法自然。”[①] 这里依然指明了道源于自然。古代伦理认为，“天”是人与人之间的道德关系和人的道德的根源，只有顺应其赋予人的本性，人与人的关系中才会有道德，人也才能具有道德。在古人眼里，顺应天道的人才是世间最杰出的人。人能与天地并立且主宰世界的最根本原因“在于人具有秉承天道的伦理道德”。[②]

关于人具备道德的力量和道德的重要作用，战国时期的荀子也充分论证过。他还把道德作为人与动物的本质区别加以论述，指明人之所以是整个自然界的支配者和统治者，是因为人具有道德规范，能妥善处理人与人、人与自然之间的关系，能组成社会群体等。而水火、草木、禽兽虽能存在于自然之中，却不像人一样具有道德伦理观念。因此，他指出：“水火有气而无生，草木有生而无知，禽兽有知而无义；人有气、有生、有知亦且有义，故最为天下贵也。力不若牛，走不若马，而牛马为用，何也？曰：人能群，彼不能群也。人何以能群？曰：分。分何以能行？曰：义。故义以分则和，和则一，一则多力，多力则强，强则胜物。”[③] “君者，善群也，群道当，则万物皆得其宜，六畜皆得其长，群生皆得其命。”[④]

2. 德治

道德从产生之初起就与王朝政治紧密相关，与王朝生命紧密相关。有德和无德不仅是判定统治者个人品行优劣的标准，也是判断一个王朝统治优劣的标准。因此，中国古代的统治者和思想家都十分重视以德治国，并形成了比较系统的德治思想。

首先，孔子提倡德治并开了德治的先河。他指出：“为政以德，譬

---

① 《马王堆墓帛书老子甲本》，文物出版社，1975，第 22 页。

② 骆郁廷：《精神动力论》，武汉大学出版社，2003，第 29 页。

③ 楼宇烈主撰《荀子新注》，中华书局，2018，第 156 页。

④ 楼宇烈主撰《荀子新注》，中华书局，2018，第 157 页。

如北辰居其所而众星拱之。”[①] 意思是道德教育所产生的社会作用与影响，是行政手段不能企及的，这种作用就像众星拱北斗一样使统治者的统治受到广泛的拥护。而进行德治是因为“道之以政，齐之以刑，民免而无耻。道之以德，齐之以礼，有耻且格”。[②] 孔子认为“用刑法虽可以使百姓避免犯罪，但不能产生羞耻之心和道德感，因而不能真正消除犯罪；但用道德规范来感化和约束百姓，则能使百姓产生羞耻之心和道德感，自觉循规蹈矩，按照社会规范行事，从而从根本上使社会得到治理”。[③] 孔子还指出，德治的关键在于统治者的德性修养，他在回答季康子问政时说：“政者，正也。子帅以正，孰敢不正？”[④] 这里，孔子把统治者本身作风的“正”与“不正”作为政治好坏的先决条件是有一定道理的。

荀子在继承孔子德治思想的基础上也进行了论述，并指出“威有三：有道德之威者，有暴察之威者，有狂妄之威者。此三威者，不可不熟察也”。[⑤] 这里指出有三种威严，即道德的威严、督察的威严和放肆妄为的威严。在这里，依靠德治而形成的威力就是道德之威。“礼乐则修，分义则明，举错则时，爱利则形；如是，百姓贵之如帝，高之如天，亲之如父母，畏之如神明。故赏不用而民劝，罚不用而威行，夫是之谓道德之威。”[⑥] 荀子这句话指明了道德的威力在于爱护人民、造福人民，这样人民就会像对待上帝一样尊重他，像对待上天一样敬仰他，像对待父母一样亲近他，像对待神明一样敬畏他，因此不用奖赏民众就会卖力，不用刑罚就能扩展其威力，这就是真正的道德威严的体现。这三威，“道德之威成乎安强，暴察之威成乎危弱，狂妄之威成乎灭亡也”。[⑦] 他认为，道德具有一股巨大的力量，国家的安定和强大只有依

---

① 程树德撰《论语集释》，中华书局，1990，第 61 页。
② 程树德撰《论语集释》，中华书局，1990，第 68 页。
③ 骆郁廷：《精神动力论》，武汉大学出版社，2003，第 31 页。
④ 程树德撰《论语集释》，中华书局，1990，第 864 页。
⑤ 楼宇烈主撰《荀子新注》，中华书局，2018，第 308 页。
⑥ 楼宇烈主撰《荀子新注》，中华书局，2018，第 308 页。
⑦ 楼宇烈主撰《荀子新注》，中华书局，2018，第 308 页。

靠道德之威才能形成。而国家的危弱和灭亡则是暴察之威和狂妄之威导致的。所以，荀子推崇以德治国，他认为社会发展的根本动力是道德动力。

3. 诚信

诚信是中华民族的传统美德，也是社会主义核心价值观的一项重要内容。诚信意识是指导和推动人的社会行为的重要动力。诚，实也，谓诚实无欺；信，真也，谓真实可信。合起来就是诚实无欺，言而有信。诚信动力是一种信誉、信用动力，是精神动力生成之基。中国古代一直非常重视诚信，把诚信作为人的基本道德要求之一，并形成了关于诚信的思想理论。

中国古代把诚信看作社会最重要的道德规范之一。孔子对诚信倍加推崇，主张诚信是人的立身之根本。他提出："自古皆有死，民无信不立。"[①] 无信，则不能立于人世。所以，他强调"言必行，行必果"[②]。《论语》中曾记载："子贡问政，子曰：'足食、足兵、民信之矣。'子贡曰：'必不得已而去，于斯三者何先？'曰：'去兵。'子贡曰：'必不得已而去，于斯二者何先？'曰：'去食。自古皆有死，民无信不立。'"[③] 这句话是子贡问孔子为政的道理，孔子回答说为政之道在于立足于足食、足兵、民信。而在这三者中，为政的根本是信用，它胜于军队和生命。为善政，必须守信。荀子说："诚信如神。"[④]《大学》强调："意诚而后心正，心正而后身修。"诚意是正心的前提，正心是诚意的结果。陆贽指出："人之所助在乎信，信之所立由乎诚。守诚于中，然后俾众无惑；存信于己，可以教人不欺。唯信与诚，有补无失。一不诚则心莫之保，一不信则言莫之行。故圣人重焉，以为食可去而信不可失也。"[⑤] 这里指出，人与人之间的相互帮助依赖于信，信来自诚。唯有

---

① 杨伯峻：《论语译注》，中华书局，1958，第 126 页。

② 杨伯峻：《论语译注》，中华书局，1958，第 140 页。

③ 杨伯峻：《论语译注》，中华书局，1958，第 126 页。

④ 楼宇烈主撰《荀子新注》，中华书局，2018，第 273 页。

⑤ （唐）陆贽撰《陆贽集》，中华书局，2006，第 390 页。

诚信，可以正心。否则，没有诚信，则心莫保，言莫行。讲的话没有人听，更没有人执行。程颢、程颐指出："不诚无以为善，不诚无以为君子。修学不以诚，则学杂；为事不以诚，则事败；自谋不以诚，则是欺其心而不弃其忠；与人不以诚，则是表其德而增人之怨。"① 意思是修学、为事、自谋、交友等都必须以诚为基础。否则，难以成功。

中国古代的诚信理论，主要从以下几个方面加以阐释。第一，诚与信的关系。诚与信互为基础，互为涵养，诚中有信，信中有诚。《说文解字》解释："诚，信也。信，诚也。"表明二者不可分离。《礼记·中庸》中记载："诚，自诚也。"一个人只有忠于自己的本质，做到言行一致、表里如一，不自欺欺人，自己的行为才能具有稳定性和一贯性，才能获得他人的信任。孟子曾说："至诚而不动者，未之有也；不诚，未有能动者也。"② 第二，言与行的关系。语言是思维和交流的工具，一定的语言表达了一定的主观愿望、想法和动机，表达了一定的承诺。但这种主观愿望和想法是否真实，口头的承诺是否可信，需要用客观的行动来确认。因此，一个人有没有诚意、守不守信用，从一个方面是看不出来的。一定要把语言和行动联系起来，做到表里如一。孔子曾说："始吾于人也，听其言而信其行；今吾于人也，听其言而观其行。"③ 这里的意思是说，人言是否真实可信，不在其言而在其行，关键在于行动是否兑现了承诺。所以，言必信、行必果的道理充分说明了言与行的关系就是相互依赖的关系，语言和行为的一致性越高，信用度就越高。第三，人与人的相互关系。人生活在社会中，总要与他人发生关系。处理这种关系必须遵从一定的规则，有章必循，有诺必践。第四，个人与社会的相互关系。人的本质属性就是其社会性。人是社会的人，在一定的社会关系中生活，离不开社会上他人的帮助。个人的言行能否赢得社会的认可与信任，直接关系到个人得到的社会帮助。同时，社会的各个主体之间也存在着一种社会依赖关系。只有相互信任相互帮助，社会实践

① 《二程集》，中华书局，1981，第326页。

② （清）焦循《孟子正义》，中华书局，1987，第509页。

③ 程树德撰《论语集释》，中华书局，1990，第313页。

才能正常进行，社会也才能正常运转。

二 西方精神动力理论

精神动力问题是人类实践活动和社会发展中面临的普遍问题，也是人类共同关心的理论和实践问题。西方国家在精神动力问题上也进行过广泛而持续的研究，形成了丰富的思想理论，对于我们进一步研究精神动力有着重要的指导作用。

（一）心灵动力观

人类在自身的发展过程中，很早就注意到了人具有与肉体有区别的心灵活动，并形成了关于心灵的意识和观念。“在远古时代，人们还完全不知道自己身体的构造，并且受梦中景象的影响，于是就产生一种观念：他们的思维和感觉不是他们身体的活动，而是一种独特的、寓于这个身体之中而在人死亡时就离开身体的灵魂的活动。”[①] 因此，关于心灵的起源与心灵本质在西方国家一直存在着各种各样的看法和观点。有的人认为灵魂来自上帝，有的人认为灵魂起源和终结都归因于物质的气，有的人认为人死后灵魂仍然存在。尽管这些观点对灵魂的起源和结局有着不一样的描述，但至少有一点是相同的，那就是指出人具有不同于肉体的心灵活动，包括感觉、情绪、思绪等，人的身体活动受人的灵魂活动支配，人的行为的动力来自人的心灵。因此，毕达哥拉斯、柏拉图、亚里士多德等人都对心灵或灵魂进行了论述。

1. 毕达哥拉斯的心灵动力思想

关于灵魂的作用，古希腊哲学家毕达哥拉斯给予了充分的肯定。他认为人的灵魂是永恒的，人的幸福由灵魂的善恶决定。“在人身上最有力的部分是灵魂，灵魂可善可恶。人有了好的灵魂便是幸福的，他们从不休止，他们的生命是一个永恒的变化。”[②] 在古希腊，灵魂或心灵往

① 《马克思恩格斯选集》第4卷，人民出版社，2012，第229页。

② 北京大学哲学系编译《古希腊罗马哲学》，商务印书馆，1961，第36页。

往被人们用来指称思维、情感、感觉等精神现象或意识现象。那时，他们认为人的身体变化受灵魂支配。实际上是指人的身体和行为的变化受人的思维、感觉、情感等精神因素影响。

2. 柏拉图的心灵动力思想

关于心灵的动力作用，柏拉图是充分肯定的。他认为灵魂来自上帝，理性、意志和欲望构成了人的灵魂。“人的灵魂受爱欲支配，由对客观事物的爱发展到对荣誉的爱，最后发展到对智慧的爱。灵魂最终以理性战胜欲望和意志的过程，就是实现理想目标的过程。”① 柏拉图认为在不同人的心灵中，理性、意志和欲望所占据的地位有所不同。他认为在人的灵魂中，理性是最高尚的，意志可能是高尚的也可能是卑劣的，而欲望是最基本又是最低劣的。因此，理智、意志和欲望决定了不同社会阶层的社会地位。统治阶层、武士阶层和劳动阶层构成了国家。其中，统治国家的管理者理智在心灵中占据统治地位，统治阶层居于国家最上层。武士阶层意志在心灵中占统治地位，武士阶层属于中产阶层。而劳动阶层欲望在心灵中占统治地位，获取物质利益是他们的目标。所以，劳动阶层就居于社会最底层。在古希腊，奴隶被认为是会说话的工具。柏拉图还认为，在人的心灵中，理智、意志和欲望都会对人的行为产生影响并推动人的行为。他强调，只有当理智战胜主导意志和欲望的时候，个人行为、国家行为才能使心灵对行为产生积极的影响，才能成为一种正义的行为，个人和国家的理想和目标才能实现。柏拉图的心灵动力思想是非常有意义的，它奠定了西方理性主义的传统。

3. 亚里士多德的心灵动力思想

亚里士多德不仅对人的心灵动力作用很重视，而且有自己的见解。他说，“幸福就是合乎德性的心灵活动”。② 他认为人的心灵分为两大部分、三种状态。两大部分包括心灵的理性部分和非理性部分。理性部分包括理论理性和实践理性。非理性部分包括人的生物性和欲望。三种状

---

① 骆郁廷：《精神动力论》，武汉大学出版社，2003，第 56 页。

② 亚里士多德：《尼各马科伦理学》第 1 卷，苗力田译，中国社会科学出版社，1990。

态即情感、潜能和品质。亚里士多德认为德性是心灵动力思想的主要内容，就是心灵的“品质”。它决定着我们的情感和行动。“人的德性是一种使人变得优秀并出色地发挥其功能的品质。”[①] 在人的心灵的三种状态中，德性品质是最重要的因素，德性行动取决于人们的志愿。

4. 其他西方学者的心灵动力思想

叔本华和尼采是众多西方学者中研究人的心灵和主观意识对人的行为影响的杰出代表。他们都强调人的心灵中意志所产生的作用。他们认为，意志是人的心灵中的最重要的部分，意志对人的行为的推动作用最大，具有一种动力。叔本华认为，意志在人的心中表现为欲望、冲动、本质，是一种盲目的、无理性的、永不衰竭的创造力。意志带来的无止境的欲求，成为整个世界发展变化的根本动力。尼采同样认为，权力意志是世界的本质，也是生命的本质。“权力意志就是生命意志。”[②] 即权力意志支配人的行为，人类的行为乃至整个世界发展变化的动力就是权力意志。事实上，无论是叔本华还是尼采，他们都对意志的能动作用给予了前所未有的关注和肯定，为后人的进一步研究奠定了基础。

除了叔本华和尼采，弗洛伊德也有相关论述。弗洛伊德认为本我、超我和自我构成了心灵。本我是欲望或本能，自我是意志，是实现欲望的工具。而超我是理性，表现为理想和良心，代表着社会的意图和力量，是自我的超越。虽然弗洛伊德对灵魂的划分与柏拉图的看法很接近，但得出的结论却和柏拉图相反。柏拉图的心灵理论划分为欲望、意志和理性，突出理性对人的意识和行为的主导和支配作用，表现为典型的理性主义。而弗洛伊德却把本我放在最突出的位置，认为本我或人的本能蕴含着巨大的能量，不受理智和道德的约束，在压抑中寻求着释放，表现为非理性的冲动，是人的精神活动和实践行为的力量源泉。在弗洛伊德看来，自我始终受到本我的驱使，即本我的力量超越了自我，自我受到本我的支配。

---

① 亚里士多德：《尼各马科伦理学》第 1 卷，苗力田译，中国社会科学出版社，1990。

② 周辅成编《西方伦理学名著选辑》下卷，商务印书馆，1996，第 792 页。

（二）神学动力观

神学动力理论其实就是宗教神学关于精神动力的理论。西方国家的宗教发展具有悠久的历史，对人的精神生活甚至社会发展产生了巨大的影响。西方国家关于精神动力理论的发展是随着宗教的发展而发展的，显然，宗教早已成为西方国家关于精神动力理论的一个重要组成部分，并且对其他理论也产生了重要影响。

宗教神学认为上帝创造了一切，是人类精神活动和其他一切活动及世界万物发展变化的力量源泉。宗教神学认为，上帝创造一切、变化一切、更新一切。上帝不仅创造了人，还创造了人的感觉、情感、思维、意志，创造了人的精神。人的精神对人的行为的推动最终都来自上帝。作为基督教的经典，《圣经》里有许多以宗教教义为神秘形式而提出来的道德要求。因为信仰宗教，人的行为慢慢地便受到宗教教义潜移默化的影响。神学家托马斯·阿奎那曾说，信仰上帝的宗教行为会导致人的追求美德的行为。所以他指出："宗教有两类行为，一类是宗教专有的、直接的行为，这些行为是宗教发出的，人通过它们只信仰上帝。例如，祭祀、崇拜等。然而还有另一类行为，它们通过宗教所要求的美德的中介而产生，这类行为使人们尊敬上帝，因为涉及目的的美德要求涉及手段的美德。因此……保持自我不受世俗的污染作为要求来说是宗教行为，作为发出来说是节制行为或某种相同的美德行为。"①

宗教神学认为人的宗教感情是一种重要的动力，人的行为总是受到其影响并由其推动。信仰宗教的人对宗教的皈依和信仰，主要是感情上的皈依。由于信仰对人的行为能够产生推动作用，宗教神学便借之一再夸大宗教的价值。实质上神学动力"是以超越现实的虚幻目标激励、感召和抚慰人们所产生的精神动力，以否定人的现实存在与价值来肯定上帝的无限存在与价值，乃至肯定信仰上帝的价值，即通过对人的否定达

① 《西方思想宝库》编委会译编《西方思想宝库》，吉林人民出版社，1998，第1503页。

到对上帝的肯定和崇拜所产生的精神动力”[①]。

（三）人本主义观

人本主义理论的主要观点是承认人的价值和尊严，把人看作万物的尺度，是以人性、人的有限性和人的利益为主题的哲学观点，与神本主义相对立。它体现了以人为本的思想，对人类的社会历史活动产生了巨大的推动作用。

人本主义坚持以人为本，认为世界是以人为本而不是以神为本，神的本质力量恰恰是人的本质力量的表现。费尔巴哈指出，人的理性、意志、情感同人的肉体是不可分的，是人的存在目的和绝对本质。“人的绝对本质、人的上帝就是人自己的本质。因此对象支配他的力量就是他自己的本质力量。例如，感情的对象的力量就是感情的力量，理性的对象的力量就是理性自身的力量，意志的对象的力量就是意志的力量。”[②]他还认为，上帝只不过是人的本质力量的对象化。人本主义强调应以人的自然属性和欲望为本。

人本主义充分肯定了人的价值，肯定了人追求幸福的权力，而否定了神的价值。人作为自然人，有各种要求，如生理需求、物质需求、精神需求。人的欲望促使人避苦趋乐，追求幸福，满足人的需要，实现人的价值和幸福。费尔巴哈指出：“道德不是别的，而只是人的真实的完全健康的本性。……真正有道德的人不是根据义务、根据意志而有道德，而是他根据本性就是道德的。”[③] 他还指出：“人的最内在的本质不表现在‘我思故我在’的命题中，而表现在‘我欲故我在’的命题中。”[④] 在这里，费尔巴哈强调了人的欲望反映了人的自然属性和生理需求，表现为人的感觉和感情，其中最重要的欲望就是对人的爱。他认

---

① 骆郁廷：《精神动力论》，武汉大学出版社，2003，第64页。

② 北京大学哲学系外国哲学史教研室编译《西方哲学原著选读》下卷，商务印书馆，1999，第471页。

③ 周辅成编《西方伦理学名著选辑》下卷，商务印书馆，1996，第493页。

④ 周辅成编《西方伦理学名著选辑》下卷，商务印书馆，1996，第493页。

为，如果人的本质就是人的最高本质，那么在实践上，最高的和最根本的规律，也就应该是人对于人的爱。

人本主义强调人的社会本性及其欲望。布勒·艾伦就认为追求价值是人本主义心理学的根本信念之一。追求自我核心价值能够更好地挖掘人的潜能。美国人本主义心理协会曾提出新时代西方人本主义关注的四个问题："将人视作经验的人；以创造力、价值和自我意识来表述自我；强调每个人固有的尊严和价值；强调人的选择产生出来的意义。"[①] 当然，人本主义更强调满足人的正常的欲望和需求，而不是强调禁欲，这种观点对于提高人的生活质量、促进社会的和谐发展都具有重要意义。

总之，西方人本主义的观点在强调人的价值和人们追求幸福的欲望方面确实具有积极作用，但在强调以人为本、强调人本主义动力时，"把人变成了抽象的孤立的人，把人的属性变成了抽象的自然属性，不注重人的社会本性，并且把抽象的自然属性变成了自我的属性，强调跟着感觉和欲望走，否定了理性对人的行动的推动作用"[②]。这些观点今天看来仍然存在缺陷。

第三节　马克思主义精神动力理论概述

马克思主义经典作家在不同的历史阶段都十分重视精神动力问题，也形成了许多重要的思想理论成果，这些成果丰富了马克思主义，且成为马克思主义理论的一个重要组成部分，为推动和深化精神动力理论的研究提供了科学的理论依据和重要的方法论指导。

一　精神需要观

社会存在与社会意识的相互作用理论不仅揭示了精神动力产生的根源，而且揭示了精神动力的实质。1859 年，马克思曾指出："人们在自

① 古尔德：《弗兰克尔：意义与人生》，常晓玲等译，中国轻工业出版社，2000。
② 骆郁廷：《精神动力论》，武汉大学出版社，2003，第 68 页。

己生活的社会生产中发生一定的、必然的、不以他们的意志为转移的关系，即同他们的物质生产力的一定发展阶段相适合的生产关系。这些生产关系的总和构成社会的经济结构，即有法律和政治等上层建筑竖立其上并有一定的社会意识形态与之相适应的现实基础。物质生活的生产方式制约着整个社会生活、政治生活和精神生活的过程。不是人们的意识决定人们的存在，相反，是人们的社会存在决定人们的意识。”①

唯物主义认为，意识是客观世界在人脑中的主观映像。意识要成为精神动力，必须反映客观存在的事物及其发展规律。意识及其对实践活动的指导是人类特有的一种现象，它又是在社会实践基础上随着语言和交往的产生、发展而形成并不断发展起来的。这种特点是人与动物的本质区别。马克思曾指出：“有意识的生命活动把人同动物的生命活动直接区别开来。”② 恩格斯曾说：“人离开狭义的动物越远，就越是有意识地自己创造自己的历史。”③ “而人离开动物越远，他们对自然界的影响就越带有经过事先思考的、有计划的、以事先知道的一定目标为取向的行为的特征。”④ 马克思和恩格斯的这些论述，都清楚地说明了人与动物的本质区别是人有社会意识，而动物没有。人的活动是有意识的、自觉的、能动的，而动物的活动完全是无意识的、自发的、本能的。人把自己的活动变成了自己的意识和意志的对象。人借助这种自觉的、有意识的、有目的的、能动的活动，逐步地把自己同动物区别开来，逐步地促进人类自身的发展与进步。“人类越是发展，人类活动的自发性、盲目性就越少，意识与自觉性就越强。”⑤

在人类发展的过程中，人的实践活动除了比动物更具意识性，还更具有目的性。人的社会实践活动是为了实现一定目标而进行的自觉的活动，人们社会实践活动的自觉性集中体现在其具有明确的目的性。因

---

① 《马克思恩格斯选集》第 2 卷，人民出版社，2012，第 2 页。
② 《马克思恩格斯选集》第 1 卷，人民出版社，2012，第 56 页。
③ 《马克思恩格斯选集》第 3 卷，人民出版社，2012，第 859 页。
④ 《马克思恩格斯选集》第 3 卷，人民出版社，2012，第 996 页。
⑤ 骆郁廷：《精神动力论》，武汉大学出版社，2003，第 79 页。

此，恩格斯指出：“动物仅仅利用外部自然界，简单地通过自身的存在在自然界中引起变化；而人则通过他所作出的改变来使自然界为自己的目的服务，来支配自然界。”①

因为意识是社会实践活动的反映，需要也就随之产生。因此马克思说：“没有需要，就没有生产。”② 需要是生产的出发点，自然也是分配、交换、消费的出发点。因为社会生产的过程为：生产—分配—交换—消费，在这个生产过程中，生产是起点，消费是终点。在这里，我们也可以将社会生产总过程表述为：需要（起点）—生产—分配—交换—消费（终点）。因为社会生产的总过程的出发点也是人的需要。这里我们就不禁要问，当人的需要得到满足后，会不会产生新的需要？一个完整的生产过程结束以后，为什么又会重新开始新的生产过程？于是，马克思又给出了一个非常明确的答案：“消费创造出新的生产的需要，也就是创造出生产的观念上的内在动机，后者是生产的前提。”③ 因此，有了新的需要，才会有生产。新的需要是新的生产过程的前提和出发点。所以，连续地进行社会生产总过程的出发点最后也归为人的需要。

有了需要，就有了满足需要的各种社会实践活动。人在参与社会实践活动的过程中，实现一定目的的活动始终是劳动。劳动是手段和工具，满足人的需要才是目的所在，劳动的目的就是满足人类的生活需要。因此马克思说，“劳动过程结束时得到的结果，在这个过程开始时就已经在劳动者的表象中存在着，即已经观念地存在着。他不仅使自然物发生形式变化，同时他还在自然物中实现自己的目的，这个目的是他所知道的，是作为规律决定着他的活动的方式和方法的，他必须使他的意志服从这个目的”④。

众所周知，资本主义生产的目的就是利用最小限度的预付资本生产最大限度的剩余价值或剩余产品，并不是满足人的生活需要。相比之

---

① 《马克思恩格斯选集》第 3 卷，人民出版社，2012，第 997 页。
② 《马克思恩格斯选集》第 2 卷，人民出版社，2012，第 691 页。
③ 《马克思恩格斯选集》第 2 卷，人民出版社，2012，第 691 页。
④ 《马克思恩格斯全集》第 23 卷，人民出版社，1972，第 202 页。

下，社会主义生产的基本目标是满足人民群众日益增长的物质文化生活需要。社会主义劳动者在满足个体和群体日益增长的物质文化生活需要的过程中，在不同阶段会有不同的奋斗目标，这种目标其实就是理想。理想一经确立，就会对人们的实践活动产生重要的指导作用，形成强大的精神动力。这种理想在现阶段的集中体现就是实现中国梦。当前，中国人民正在为实现“两个一百年”① 奋斗目标、实现中华民族伟大复兴的“中国梦”而奋斗。中国梦是国家梦、民族梦，也是每个中华儿女的梦。要实现中国梦，必须弘扬中国精神。“用以爱国主义为核心的民族精神和以改革创新为核心的时代精神振奋起全民族的‘精气神’。”②因此，为顺利实现“两个一百年”奋斗目标和“中国梦”，我们既要满足新时代大学生日益增长的物质生活需求，还要满足他们的精神生活需求。这也是精神动力培育的一项基本任务。

第一，物质需要。马克思主义认为，人是社会的人，是一切社会关系的总和。人的需要不仅包括物质需要，还包括精神需要。而动物只有物质需要，没有精神需要。人的物质需要和精神需要是相互联系的，在物质需要不断得到满足的过程中产生了精神需要。“已经得到满足的第一个需要本身、满足需要的活动和已经获得的为满足需要而用的工具又引起新的需要。”③ 对物质利益的追求始终贯穿人类历史的发展过程，因为“人们首先必须吃、喝、住、穿，然后才能从事政治、科学、艺术、宗教等等”④。新时代大学生接受教育、参与社会实践活动，事实上都是以满足或达到自身的物质利益为目的的。马克思说：“人们奋斗所争取的一切，都同他们的利益有关。”⑤ 新时代大学生作为精神动力培育对象认同教育者所传授的观点、立场和方法，他们的动力就是用所

① “两个一百年”奋斗目标，胡锦涛在中国共产党第十八次全国代表大会的报告中强调的建设中国特色社会主义的奋斗目标，指在中国共产党成立100年时全面建成小康社会，在新中国成立100年时建成富强民主文明和谐的社会主义现代化国家。

② 《习近平谈治国理政》，外文出版社，2014，第56页。

③ 《马克思恩格斯选集》第1卷，人民出版社，2012，第159页。

④ 《马克思恩格斯选集》第3卷，人民出版社，2012，第1002页。

⑤ 《马克思恩格斯全集》第1卷，人民出版社，1956，第82页。

学到的理论去正确认识世界和改造世界，就是将自己塑造成为能够融入现代社会生活、得到社会广泛认同的社会需要的人，以便更好地为自身的发展而奋斗。

第二，精神需要。新时代大学生是祖国的未来，民族的希望，他们具有一定的科学文化知识。除了对物质生活的需要，还有对精神生活的追求。习近平同志在党的十九大报告中指出："中国特色社会主义进入新时代，我国社会主要矛盾已经转化为人民日益增长的美好生活需要和不平衡不充分的发展之间的矛盾。"① 在这里，美好生活需要的内涵和外延都得以丰富。按照马克思主义的观点，人的精神需要是在社会生活中形成和发展起来的，是社会的产物。因此，人需要爱情、友谊、自尊和尊重、归属感等，如果失去精神交往，人的精神活动及生命本身就会受到威胁。马克思、恩格斯指出："意识一开始就是社会的产物，而且只要人们存在着，它就仍然是这种产物。"② 意识"只是由于需要，由于和他人交往的迫切需要才产生的"③。在这种精神需求的促使下，人们就产生了对科学的思想理论、正确的价值观念、高尚的道德情操的追求。一旦这些精神需要产生并不断获得满足，就会形成一种重要的精神动力推动人的发展和社会的不断进步。江泽民同志曾经指出："要不断发展健康向上、丰富多彩的，具有中国风格、中国特色的社会主义文化，满足人民群众日益增长的精神文化需求，引导广大人民群众从思想上精神上正确武装和不断提高起来。"④ "实现人们思想和精神生活的全面发展……使人们的精神世界更加充实。"⑤

首先，满足大学生的精神需要，不仅要满足大学生学习文化知识、在智力上获得发展的需要，更重要的是满足大学生实现精神追求、在精神上获得发展的需要。江泽民同志曾经指出："人总是要有一点精神

---

① 《十九大以来重要文献选编》（上），中央文献出版社，2019，第 8 页。

② 《马克思恩格斯选集》第 1 卷，人民出版社，2012，第 161 页。

③ 《马克思恩格斯选集》第 1 卷，人民出版社，2012，第 161 页。

④ 《论"三个代表"》，中央文献出版社，2001，第 158 页。

⑤ 《论"三个代表"》，中央文献出版社，2001，第 179～180 页。

的。"[1] 一个民族更要有自己的精神。他还曾强调："伟大的事业需要并将产生崇高的精神，崇高的精神支撑和推动着伟大的事业。没有坚强精神的民族，是没有前途的。"[2] "对一个国家、一个民族、一个政党来说，牢固树立并始终保持积极向上的精神状态，是极端重要的。"[3] 不论是个人还是民族，都需要自己的精神，失去了自己的精神追求和精神支柱，都难以立足于世界，更不可能有所作为。在物欲横流的当今世界，精神追求更显得宝贵。马斯洛曾用实证的方法研究了人的各种需要后指出，"人类的本性一直受到低估；人有一种正如低级本能一样'似本能的'高级本性；这种高级本性包括对工作意义的需要，对责任的需要，对创造的需要……",[4] 这些需要也是一种精神追求。因此，培育、发展个人和民族的精神，满足个人和民族实现一定精神追求的需要，是个人和民族不断发展的必要条件和强大动力。从精神需要的产生到满足，再到产生新的需要到满足这种循环过程，促进人的精神生活不断地发展，培育出强大的精神动力，以推进人与社会不断地向前发展。

其次，人的情感需要是非常重要的。人的情感就是人在社会实践中形成的感受自身需要的情绪体验以及对交往与感知对象的情绪体验。它包括人的情绪、情感、情结、情操、情态等，喜怒哀乐好恶，这些都是人的情感的外在表现。马克思主义认为，人的情感生活是人的精神生活的重要组成部分。恩格斯曾指出："没有这种革命的义愤填膺的感情，无产阶级的解放就没有希望。"[5] 可以看出，人的情感是推动一切社会实践活动的重要精神动力之一。

二　精神转化观

长期以来，在精神与物质的关系上，马克思主义一直重视精神向物

---

① 《江泽民文选》第1卷，人民出版社，2006，第646页。

② 《论"三个代表"》，中央文献出版社，2001，第130页。

③ 《论"三个代表"》，中央文献出版社，2001，第133页。

④ 马斯洛：《自我实现的人》，许金声、刘锋等译，生活·读书·新知三联书店，1987，第117页。

⑤ 《马克思恩格斯全集》第7卷，人民出版社，1959，第269页。

质的转化，精神转化为物质是精神能动作用的一个突出表现。精神真正转化为物质，是需要一定条件的。没有一定的条件就无法实现。第一，思想理论具有正确性和客观实在性。思想只有和实际相符合并反映客观规律，才能真正转变为群众正确的实践活动，转变为巨大的物质力量，达到预期效果。马克思主义认为，理论掌握群众、说服群众的前提条件是理论必须彻底，即理论必须抓住事物的根本并反映事物的本质。第二，思想必须掌握群众。思想掌握群众是精神力量转化为物质力量的前提，是精神转化为物质的前提。在一定情况下，理论掌握群众的程度甚至直接决定了精神力量转化为物质力量的程度。正确的思想只有掌握实践主体，才能成为主体的实践，转化为客观的物质力量。列宁曾经强调："在我们看来，一个国家的力量在于群众的觉悟。只有当群众知道一切，能判断一切，并自觉地从事一切的时候，国家才有力量。"[①] 但是群众不能自发地产生和掌握先进的正确的理论、思想，只有开展自觉的思想政治教育活动，才能把一定时代、一定阶级少数先进分子创立和发展的正确思想转变为本阶级成员及社会上广大群众的思想。因此，只有广泛地开展思想政治教育，用先进正确的思想教育群众，使先进正确的思想掌握群众，才能把先进正确的思想付诸群众的实践并转化为巨大的物质力量。第三，思想必须付诸实践。"思想如果不付诸实践，主观如果不见之于客观，就根本无法实现精神向物质的转化。"[②] 人们只有在社会实践中，才能把精神力量转化为物质力量，进而把精神转化为物质，把主观形态的思想产品转化为客观形态的物质产品。第四，精神转化为物质必须具备客观条件。马克思指出："批判的武器当然不能代替武器的批判，物质力量只能用物质力量来摧毁；但是理论一经掌握群众，也会变成物质力量。理论只要说服人，就能掌握群众；而理论只要彻底，就能说服人。所谓彻底，就是抓住事物的根本。"[③] 实际上，精神转化为物质必须以实践为基础，遵循客观规律，还必须有一定的物质

① 《列宁选集》第 3 卷，人民出版社，2012，第 347 页。

② 骆郁廷：《精神动力论》，武汉大学出版社，2003，第 109 页。

③ 《马克思恩格斯选集》第 1 卷，人民出版社，1995，第 9 ~ 10 页。

条件。

马克思还指出："自然界没有造出任何机器，没有造出机车、铁路、电报、自动走锭精纺机等等。它们是人的产业劳动的产物，是转化为人的意志驾驭自然界的器官或者说在自然界实现人的意志的器官的自然物质。它们是人的手创造出来的人脑的器官。"① 这充分说明人的精神具有能动的创造作用。

恩格斯也曾指出："根据唯物史观，历史过程中的决定性因素归根到底是现实生活的生产和再生产。无论马克思或我都从来没有肯定过比这更多的东西。如果有人在这里加以歪曲，说经济因素是唯一决定性的因素，那么他就是把这个命题变成毫无内容的、抽象的、荒诞无稽的空话。经济状况是基础，但是对历史斗争的进程发生影响并且在许多情况下主要是决定着这一斗争的形式的，还有上层建筑的各种因素：阶级斗争的各种政治形式及其成果——由胜利了的阶级在获胜以后确立的宪法等等，各种法的形式以及所有这些实际斗争在参加者头脑中的反映，政治的、法律的和哲学的理论，宗教的观点以及它们向教义体系的进一步发展。"② 在这个问题上，列宁也曾指出："关于观念的东西转化为实在的东西，这个思想是深刻的：对于历史很重要。"③ 列宁认为，观念、意识不仅能够反映客观世界，并且能够创造客观世界，强调了人的观念、意识和精神的创造性。人的精神在转化为物质的过程中，不是把在观念、意识反映的东西简单地复制出来，而是经过人脑的加工改造，创造出客观世界中原来没有的、具有新的观念形态的物质产品和新的事物，并在一定条件下通过人的实践活动使观念的产品变为现实的产品。在这里，意识的创造性充分体现了精神转化为物质的能动性。之后，斯大林又指出："新的社会思想和理论，只有在社会物质生活的发展向社会提出新的任务以后，才会产生。可是，一经产生，它们就会成为促进解决社会物质生活的发展所提出的新任务、促进社会前进的最重大的力

① 《马克思恩格斯全集》第 31 卷，人民出版社，1998，第 102 页。

② 《马克思恩格斯选集》第 4 卷，人民出版社，2012，第 604 页。

③ 《列宁全集》第 55 卷，人民出版社，1990，第 97 页。

量。正是在这里表现出新思想、新理论、新政治观点和新政治设施的那种极其伟大的组织作用、动员作用和改造作用……新的社会思想和理论在社会物质生活的发展所提出的新任务的基础上一经产生，就为自己开拓道路，成为人民群众的财富。”① 这句话说明新思想新理论作为一种重大力量对改造我们的客观世界和促进社会进步有着积极的推动作用。同时，斯大林还提出：“在国家和党的任何一个工作部门中，工作人员的政治水平和马克思列宁主义觉悟程度愈高，工作本身的效率也愈高，工作也就愈有成效；反过来说，工作人员的政治水平和马克思列宁主义觉悟程度愈低，就愈可能在工作中遭受挫折和失败，就愈可能使工作人员本身庸俗化和堕落成为鼠目寸光的事务主义者，就愈可能使他们蜕化变质——这要算是一个定理。”② 这段话表明人们学习马列主义的觉悟，对工作效率有着直接的影响，甚至决定着工作效率。

精神因素的核心功能是创建精神家园，创造精神动力。西方马克思主义的早期代表人物卢卡奇在《历史与阶级意识——关于马克思主义辩证法的研究》中指出：精神作为“使人的社会实践变得有意识和有活力”③ 的观点，包含“启发思想、改变思想之力”，也包含“改造物质环境、改变社会生活，使之与自己的理想愿望相协调的力量”，④ 因此，对个人而言，精神激发了人们去追求美好生活的勇气和力量。

在中国共产党的历史上，几代领导人针对精神转化思想也发表过相应的观点。如“人们的社会存在，决定人们的思想。而代表先进阶级的正确思想，一旦被群众掌握，就会变成改造社会、改造世界的物质力量”。⑤ 生产力有两项，一项是人，另一项是工具。工具是人创造的。工具要革命，它会通过人来讲话，通过劳动者来讲话。“提高劳动生产

① 《斯大林选集》下卷，人民出版社，1979，第 438 页。

② 《斯大林选集》下卷，人民出版社，1979，第 461 ~462 页。

③ 卢卡奇：《历史与阶级意识——关于马克思主义辩证法的研究》，杜章智、任立、燕宏远译，商务印书馆，1992。

④ 卢卡奇：《历史与阶级意识——关于马克思主义辩证法的研究》，杜章智、任立、燕宏远译，商务印书馆，1992。

⑤ 《毛泽东文集》第 8 卷，人民出版社，1999，第 320 页。

率，一靠物质技术，二靠文化教育，三靠政治思想工作。后两者都是精神作用。”[①] 毛泽东的论断说明，人的精神因素在不同的年代发挥的作用是不一样的，在战争年代转化为战斗力，在和平年代转化为生产力。事实上，说到底思想政治工作就是做人的工作，是提高人的思想觉悟的工作。因此，它既能有效促进战斗力和生产力的提高，也可以促进精神力量向物质力量的转化。邓小平指出：“我们共产党有一条，就是要把工作做好，必须先从思想上解决问题。”[②] “政治工作，在巩固新战士与提高其战斗力上，是应该而且能够发挥其极大作用的。”[③] 他还指出：“政治工作要落实到经济上面。”[④] 他要求政治工作必须落实到经济上，将之转化成具体的物质成果。江泽民指出：“按照马克思主义的唯物辩证法观点，在一定条件下，精神可以变物质，精神的力量可以转化为物质的力量。强大的精神力量不仅可以促进物质技术力量的发展，而且可以使一定的物质技术力量发挥出更好更大的作用。”[⑤] 他还说：“我们是唯物主义者，强调物质生产在社会发展中的决定性作用，但同时也充分肯定精神活动在人们改造客观世界的进程中的能动作用。在革命、建设和改革的各个历史时期，用革命精神武装起来的中国共产党人和中国人民克服了种种艰难险阻，创造了一个又一个人间奇迹。新中国刚刚成立时，毛主席就号召全党同志一定要保持革命战争时期的那么一股劲，那么一股革命热情，那么一种拼命精神，把革命工作做到底。实行改革开放以后，邓小平同志也一再要求全党同志坚持发扬五种革命精神，即革命和拼命精神，严守纪律和自我牺牲精神，大公无私和先人后己精神，压倒一切敌人、压倒一切困难的精神，坚持革命乐观主义、排除万难去争取胜利的精神。伟大的抗美援朝精神，‘两弹一星’精神、抗洪精神以及‘六十四字创业精神’等等，都是中华民族不懈奋斗精神的具体

---

① 《毛泽东文集》第 8 卷，人民出版社，1999，第 124～125 页。

② 《邓小平文选》第 1 卷，人民出版社，1994，第 184 页。

③ 《邓小平文选》第 1 卷，人民出版社，1994，第 6 页。

④ 《邓小平文选》第 2 卷，人民出版社，1994，第 195 页。

⑤ 《江泽民文选》第 2 卷，人民出版社，2006，第 231 页。

体现，都要继续坚持和发扬。”[①] 江泽民同志对新民主主义革命及改革开放初期的精神力量进行了系统的归纳，并要求全国各族人民继续弘扬“五种精神”，即解放思想、实事求是的精神，紧跟时代、勇于创新的精神，知难而进、一往无前的精神，艰苦奋斗、求真务实的精神，淡泊名利、无私奉献的精神。要顺利实现社会主义现代化，需要将这五种精神力量转化为巨大的物质力量。

精神在个人发展和国家建设的过程中同样重要。今天，中国面临新的发展机遇，习近平在总结前人经验的基础上，又提出“伟大抗战精神”[②] 是中国人民弥足珍贵的精神财富，永远激励中国人民克服一切艰难险阻，是为实现中华民族伟大复兴而奋斗的强大精神动力。

三 合力推动观

所谓合力推动理论是指社会历史的发展动力、发展过程、历史事变以及出现特殊人物等各种因素综合作用的结果推动了人类社会历史的前进。恩格斯曾经指出：“历史是这样创造的：最终的结果是从许多单个的意志的相互冲突中产生出来的，而其中每一个意志，又是由于许多特殊的生活条件，才成为它所成为的那样。这样就有无数互相交错的力量，有无数个力的平行四边形，由此就产生出一个合力，即历史结果。这个结果又可以看做一个作为整体的、不自觉地和不自主地起着作用的力量的产物。……但是，各个人的意志……虽然都达不到自己的愿望，而是融合为一个总的平均数，一个总的合力，然而从这一事实中决不应作出结论说，这些意志等于零。相反，每个意志都对合力有所贡献，因而是包括在这个合力里面的。”[③] 在这里，恩格斯认为一切历史事件的发生发展及变化，都是由各种各样的原因所引起的。这些各种各样的原因或各种力量互相作用、互相影响，共同促进事物的形成、发展。同时，他们之间互相作用的结果，总是体现在各种活动互相作用的合力

① 《论“三个代表”》，中央文献出版社，2001，第130~131页。

② 《习近平著作选读》第2卷，人民出版社，2023，第339页。

③ 《马克思恩格斯选集》第4卷，人民出版社，2012，第605~606页。

中。同样，能够对大学生精神动力培育顺利进行具有正向促进作用的力量也不可能是单一的。大学生的精神动力是大学生思想政治教育内部和外部的各种相关因素产生的动力。这些因素既包括社会因素、环境因素、人的因素、物的因素，也包括教育自身的因素等。新时代大学生精神动力培育，是诸多合力推动的结果。在这诸多合力因素中，每一种因素又包含许多子因素，无数子因素所产生的动力，就是新时代大学生精神动力的分力。大学生精神动力包含无数分力，无数分力又融汇成合力，即大学生精神动力。

在新时代中国，大学生是实现中国梦和现代化强国的主要力量，精神动力是他们进步与发展的内在动力，也是他们在社会上安身立命的精神支撑。同时，精神动力还是他们不断地加强修养、积蓄力量、整合思想、铸就辉煌的内在根源。新时代大学生，如果精神上具有强大动力，在自己的人生道路上一定能取得令人瞩目的成就，一定会实现自己的人生价值。

四　马克思主义精神动力理论中国化成果

马克思主义中国化就是把马克思主义与中国的具体实际相结合，按照中国的现实来解决中国的实际问题。无论是在革命战争年代还是在新中国成立后，精神动力培育一直是我们党在培养建设者和接班人的过程中比较重视的一个问题。

（一）毛泽东关于精神动力的论述

“人是要有一点精神的。”① 这是毛泽东关于精神动力的一个重要命题。毛泽东之所以提出这个命题，是和中国的现实国情密切相关的。因为这是中国革命的需要，也是中国建设社会主义的需要，更是人的发展的需要。“毛泽东精神动力论思想，不仅着眼于解决社会主义发展动力机制方面的问题，还在于解决社会主义发展过程中长期存在的防腐拒变

① 《毛泽东文集》第7卷，人民出版社，1999，第162页。

等深层次问题。”[①] 毛泽东在精神动力问题上的论述，体现了中国革命的时代背景，既反映了毛泽东个人的精神境界，也反映了我们共产党人的精神风貌，内涵丰富，见解独到，为我们研究大学生精神动力培育奠定了坚实的理论基础。

（二）邓小平关于精神动力的论述

实事求是是我们党每一个时期取得伟大胜利的马克思主义中国化的理论精髓。正如邓小平同志所说：“实事求是，是无产阶级世界观的基础，是马克思主义的思想基础。过去我们搞革命所取得的一切胜利，是靠实事求是；现在我们要实现四个现代化，同样要靠实事求是。”[②] 因此，邓小平关于精神动力的论述，也是从中国的现实国情出发，以实事求是的思想为指导。邓小平关于精神动力的论述是关于社会主义精神文明建设的一项重要内容。邓小平是一位伟大的爱国主义者，他历来倡导坚持和弘扬中华民族的优良传统，以爱国主义来提升民族凝聚力，培育和激发推进民族振兴和社会主义现代化的强大精神动力。1984 年 6 月，在科学总结中国革命和建设经验的基础上，邓小平首次提出了“精神动力”的概念：“对马克思主义的信仰，是中国革命胜利的一种精神动力。”[③] 之后又提出：“要懂得些中国历史，这是中国发展的一个精神动力。”[④] 在这里，邓小平提到的精神动力的意思其实与精神支柱是一致的。邓小平关于精神动力的论述“是邓小平社会主义发展动力新学说的重要内容，是对科学社会主义理论的重大贡献”[⑤]。在对中国未来的展望中，邓小平论述了中国发展与精神动力之间的关系，即中国在未来发展过程中精神动力将起到的作用。在未来中国发展的进程中，需要把每一个中国人的积极性都调动起来，形成中华民族的整体合力，即

---

① 黄爱军：《毛泽东精神动力论思想成因及启示》，《毛泽东思想研究》2001 年第 1 期。
② 《邓小平文选》第 2 卷，人民出版社，1994，第 143 页。
③ 《邓小平文选》第 3 卷，人民出版社，1993，第 63 页。
④ 《邓小平文选》第 3 卷，人民出版社，1993，第 358 页。
⑤ 管文虎：《邓小平精神动力论探析》，《毛泽东思想研究》2000 年第 5 期。

精神动力。邓小平以上所表述的精神动力，就是调动人的积极性的一种激励因素，也是民族团结统一的凝聚力。它以马克思主义理论为指导，以传统的革命精神、科学文化精神和爱国主义精神为主体，以社会主义信念和共产主义理想为支柱，是推动中国社会主义向前发展的动力体系。

邓小平关于精神动力的论述可以总结如下。第一，坚持解放思想和实事求是的思想路线，发挥精神动力的作用，推动各族人民遵循马克思主义的辩证唯物主义和历史唯物主义原理，实现社会主义现代化。第二，更加重视社会主义精神文明建设。邓小平认为，精神文明为物质文明发展提供智力支持和精神动力，精神文明在社会主义现代化建设中提供了有力的思想保证。因此，他认为精神文明建设是社会主义的本质特征。第三，强调新时代中国社会的主旋律是爱国主义、集体主义、社会主义，它们是推动中国社会发展的最重要、最伟大的精神动力。第四，在建设中国特色社会主义现代化的进程中，必须高度重视因忽视精神动力作用所产生的不良影响或因忽视精神动力可能造成的严重危害。因此，他指出："搞四个现代化一定要有两手，只有一手是不行的。……经济建设这一手我们搞得相当有成绩，形势喜人，这是我们国家的成功。但风气如果坏下去，经济搞成功又有什么意义？"[①] 这些观点集中体现了邓小平自我国改革开放以来，在社会主义市场经济体制确立的过程中对精神文明建设的要求，即强调物质文明建设和精神文明建设两手都要抓两手都要硬的思想。

（三）江泽民关于精神动力的论述

江泽民关于精神动力的论述是对马克思主义中国化的精神动力理论的继承、丰富和创造性的发展，可以表述为"学习先进人物的崇高精神（点）→塑造优秀群体的奋斗精神（面）→弘扬、培育伟大的民族精神（体），这种点→面→体的逻辑顺序，使这一理论成为一个完整的、系

① 《邓小平文选》第3卷，人民出版社，1993，第154页。

统的、具有严密逻辑顺序的发展的科学体系”①。同时，在深化改革的进程中，江泽民也时刻强调精神动力对人的积极作用。1994 年 1 月，江泽民强调：“我们的宣传思想工作，必须以科学的理论武装人，以正确的舆论引导人，以高尚的精神塑造人，以优秀的作品鼓舞人，不断培养和造就一代又一代有理想、有道德、有文化、有纪律的社会主义新人，在建设有中国特色社会主义的伟大事业中发挥有力的思想保证和舆论支持作用。”② 无论是科学的理论、正确的舆论，还是高尚的精神或优秀的作品，在精神动力培育过程中都将起到非常重要的作用。不论是武装、引导，还是鼓舞或造就，都说明培育的手段或方式很重要。

（四）胡锦涛关于精神动力的论述

胡锦涛曾指出：“一个社会是否和谐，一个国家能否实现长治久安，很大程度上取决于全体社会成员思想道德素质。没有共同理想信念，没有良好道德规范，是无法实现社会和谐的。要切实加强社会主义先进文化建设，不断增强人们的精神力量，不断丰富人们的精神世界。”③ 自中国进入 21 世纪以来，经济不断提速，价值取向多元，这时，社会的和谐与稳定，需要每一个社会成员共同维护。只有大家自觉提高思想道德素质，具有良好的精神风貌和强大的精神动力，才能实现“两个一百年”奋斗目标和中国梦。

（五）习近平关于精神动力的论述

习近平同志曾指出：“实现中国梦必须弘扬中国精神。这就是以爱国主义为核心的民族精神，以改革创新为核心的时代精神。这种精神是凝心聚力的兴国之魂、强国之魂。爱国主义始终是把中华民族坚强团结

---

① 张首先、杨直凡：《浅谈江泽民精神动力观的思维逻辑》，《重庆邮电学院学报》（社会科学版）2004 年第 4 期。

② 《十四大以来重要文献选编》（上），人民出版社，1996，第 647～648 页。

③ 《胡锦涛文选》第 2 卷，人民出版社，2016，第 290 页。

在一起的精神力量，改革创新始终是鞭策我们在改革开放中与时俱进的精神力量。全国各族人民一定要弘扬伟大的民族精神和时代精神，不断增强团结一心的精神纽带、自强不息的精神动力，永远朝气蓬勃迈向未来。”① 习近平同志又告诫青年大学生：“人的一生只有一次青春。现在，青春是用来奋斗的；将来，青春是用来回忆的。人生之路，有坦途也有陡坡，有平川也有险滩，有直道也有弯路。青年面临的选择很多，关键是要以正确的世界观、人生观、价值观来指导自己的选择。无数人生成功的事实证明，青年时代，选择吃苦也就选择了收获，选择奉献也就选择了高尚。……要历练宠辱不惊的心理素质、坚定百折不挠的进取意志，保持乐观向上的精神状态，变挫折为动力，用从挫折中吸取的教训启迪人生，使人生获得升华和超越。”② 作为青年人中的佼佼者，新时代大学生应该在成长的过程中磨炼自己，超越自己。在实现中国梦的征途上，“精神的力量是无穷的，道德的力量也是无穷的。中华文明源远流长，蕴育了中华民族的宝贵精神品格，培育了中国人民的崇高价值追求。自强不息、厚德载物的思想，支撑着中华民族生生不息、薪火相传，今天依然是我们推进改革开放和社会主义现代化建设的强大精神力量”。③ 2022 年 5 月 10 日，习近平总书记在庆祝中国共产主义青年团成立 100 周年大会上的讲话强调：“奋斗是青春最亮丽的底色，行动是青年最有效的磨砺。有责任有担当，青春才会闪光。青年是常为新的，最具创新热情，最具创新动力。党和人民事业发展离不开一代又一代有志青年的拼搏奉献。只有当青春同党和人民事业高度契合时，青春的光谱才会更广阔，青春的能量才能充分迸发。青年是社会中最有生气、最有闯劲、最少保守思想的群体，蕴含着改造客观世界、推动社会进步的无穷力量。”④

总结领导人的话，可以得出一个结论：在中国共产党的领导下，在

---

① 《习近平谈治国理政》，外文出版社，2014，第 40 页。

② 《习近平谈治国理政》，外文出版社，2014，第 54 页。

③ 《习近平谈治国理政》，外文出版社，2014，第 158 页。

④ 《习近平谈治国理政》第 4 卷，外文出版社，2022，第 274 页。

中国革命、建设和改革开放的伟大实践中，培育出了具有马克思主义中国化的精神动力，马克思主义中国化的精神动力理论，既反映了近代以来中国人民争取民族独立和人民解放的现实追求，又反映了在中国特色社会主义道路上实现国家富强和人民共同富裕的光荣梦想。它丰富和完善了马克思主义理论，成为马克思主义理论的重要组成部分，为新时代大学生精神动力培育研究奠定了坚实的理论基础。

第二章

新时代大学生精神动力培育的时代价值

精神动力是一个国家和民族发展的重要支撑力量，具有重要性和必要性。每一个民族在每一个时代都需要精神动力的支撑，凭借精神动力支撑才能顺利实现其近期目标和长远目标。今天，中国特色社会主义进入新时代，全面小康已经建成，我们正迈向现代化强国的新阶段。新时代大学生精神动力培育，内化于心是基础，外化于行是关键。因此，把握新时代大学生精神状态和成长环境，探究新时代大学生精神动力培育的价值和功能、特点及规律，进一步发现和揭示新时代大学生精神动力生成的时代性和培育的规律性等问题，是更好地解决新时代大学生成长成才问题的战略需要。

第一节　新时代大学生精神动力培育的客观需要

一　培育精神动力是适应时代进步的客观要求

研究新时代大学生精神动力培育的时代价值，是在研究精神动力相关概念基础上的必然延伸，是从另一个视域或角度探究新时代大学生精神动力培育的重要性与必要性。明晰新时代大学生精神动力培育的意义，是思想政治教育的题中之义，也是实现新时代大学生全面发展的有效途径，更是适应时代进步的客观要求。

新时代大学生生长于社会主义市场经济体制确立与社会转型时期。这一时期，物质文明建设在我国取得了显著成就，人们的物质生活水平也得到逐步改善。然而，精神文明建设、精神生活水平却表现出了一定的不平衡性与不协调性，社会风气受到严重影响。社会上重物质、轻精神，重功利、轻意义的风气潜移默化地蔓延到正处于人生观、世界观和价值观形成时期的大学生群体中，导致大学生对学习、理想、信念等缺乏动力。

事实证明，精神动力在人类社会实践中逐渐形成，并具有巨大的推动作用。人是推动人类历史发展的主体，培育新时代大学生的精神动力是时代和社会发展的客观要求。2013 年 5 月 4 日，习近平指出："中国梦是国家的、民族的，也是每一个中国人的。国家好、民族好，大家才会好。只有每个人都为美好梦想而奋斗，才能汇聚起实现中国梦的磅礴力量。中国梦是我们的，更是你们青年一代的。中华民族伟大复兴终将在广大青年的接力奋斗中变为现实。"① 作为继往开来、承前启后的一代，新时代大学生必须把正确的思想理论、价值取向等各类精神因素内化，使其形成积极的精神动力，将个人梦想与中国梦紧密地结合起来，把精神的"长城"建立在自己的意识和日常生活、学习、工作之中，这是国家和人民对青年才俊寄予的厚望。青年兴则国家兴，青年强则国家强。事实证明，大学生是青年力量中最积极、最有生气的力量，他们精神动力的方向的正确性，精神动力的力量的稳定性和持久性，都直接关乎"中国梦"的实现。因此，现代社会对大学生精神动力的培育比以往更加迫切，更加重要。

二 培育精神动力是实现人的全面发展的有效途径

马克思主义认为，人的发展应是全面的发展，它是社会进步的重要标志。成为全面的人是人与动物的本质区别。动物没有思想和精神世界，只有本能。而人在实现全面发展的过程中既需要物质推动力，也需

① 《习近平谈治国理政》，外文出版社，2014，第 49 页。

要精神推动力。物质需要是人的基础性需要。人还有各种精神需要，追求至善、至美，追求自身品格之完善与发展，以达到一种崇高的精神境界。新时代大学生接受过良好教育，祖国和民族的未来与其息息相关，他们的全面发展受到了党中央及国家相关教育部门的高度重视，是实现中华民族伟大复兴的根本保证。2004 年，中共中央、国务院印发了《关于进一步加强和改进大学生思想政治教育的意见》，文件明确提出，大学生思想政治教育要以促进其全面发展为主要目标。

人的全面发展，是“指人的智力、体力在社会生产过程中尽可能多方面地、充分地、自由地和统一地发展”。[①] 根据马克思主义关于人的全面发展的学说，我们党对新一代大学生的培育目标一直都是比较明确的，培育社会主义“四有”新人就是当前精神动力培育的目标。那培育精神动力为什么是实现人的全面发展的有效途径呢？

第一，解决利益失衡问题。合力追求利益，是无可厚非的，这是世界丰富多彩的内在依据。中国社会中的一些不公平、不公正、不正义的问题，导致大学生出现心理失衡、精神懈怠的现象。

第二，控制道德失范。当今中国，人们处于“泛功利化”浪潮之中，传统道德规范正面临危机，个人主义、拜金主义和享乐主义在大学生中逐渐蔓延开来。一旦道德丧失，整个社会就要分崩离析。

第三，缓解社会焦虑。当前，中国社会处于一个结构转型期。在现阶段，焦虑在社会中成为一种普遍现象。社会焦虑，是指在社会成员中普遍存在着一种比较紧张的心理状态，体现为焦躁、不安、不满，主要表现是生存焦虑、发展焦虑、感情焦虑。2006 年《中共中央关于构建社会主义和谐社会若干重大问题的决定》指出：“注重促进人的心理和谐……引导人民正确对待自己、他人和社会，正确对待困难、挫折和荣誉……塑造自尊自信、理性平和、积极向上的社会心态。”[②] 这对缓解社会焦虑具有指导意义。

① 张耀灿、陈万柏主编《思想政治教育学原理》，高等教育出版社，2001，第 130 页。
② 《改革开放三十年重要文献选编》（下），中央文献出版社，2008，第 1652 页。

第四，防止信仰弱化。信仰弱化是当前中国处于转型期的一个重要表现。信仰危机已成为人们精神生活的严重障碍。现实生活中，大学生之所以出现这样或那样的问题，最重要的原因就是信仰迷茫和精神迷失。信仰不仅仅是个人的一种纯粹的精神寄托，还关乎社会成员之间的根本利益。因此，正确的信仰是必要的，它可以束缚或超越个人利益，是社会凝聚力和向心力的源泉。

第五，防止精神懈怠。在今天这个时代，虚无主义抬头。培育精神动力，就是要引导大学生相信“知识改变命运”“奋斗改变命运”。新时代大学生要获得成功的关键因素是什么？是知识。最终的成功都是靠自己不懈的努力与奋斗，靠成长成才过程中培育的精神动力。

总之，培育大学生精神动力，可以帮助大学生站在马克思主义的立场、运用辩证唯物主义的观点和方法理解、分析国内外复杂的形势和问题，加强对大学生的思想引导，有利于正确处理价值取向多样化与指导思想一元化之间的矛盾，还可以将大学生的思想和行为朝着文明健康的方向引领，防止其消极精神因素的增长，更好地帮助他们坚定正确的精神追求，以期精神动力持久、稳定地发挥作用，促进大学生的全面发展。

三　培育精神动力是调适大学生精神状态的现实需要

建设和发展中国特色社会主义的共同理想和伟大实践，极大丰富了中国人的生活追求、思想认识，活跃了人们的精神文化生活。总体来看，新时代大学生展现了奋发有为、积极进取、追求美好生活的精神状态，绝大多数人的精神状态和精神品质与追求同实现中国梦的精神动力要求，总体上是适应的。但与此同时，不少大学生的精神状态还有一个调整和适应的过程，目前在一些领域和一些方面，还存在与实现“中国梦”的精神动力要求明显不相称或不太相适应的问题，这反映了进行大学生精神动力培育的必要性。

（一）对中国梦及其实现本真意义的错误认识论

追求和实现中国梦，必先正确理解中国梦。对中国梦存在错误的理解和认识，是无法形成实现中国梦的精神动力的。在当今社会，仍然存在一些故意误解、有意曲解，甚至着力消解中国梦本真意义的错误论调。

1. “物化”中国梦

中国梦里有强国的内涵也有富民的内涵，但如果片面地把富民与实现富裕的物质生活联系在一起，把中国梦的实现与社会主义核心价值观的内在联系割裂开来，就忽视了中国梦的精神品位和价值意义，从而使中国梦的实现缺乏精神气质和精神引领。

2. “空化”中国梦

中国梦里有理想也有现实。忽略我国还将长期处于社会主义初级阶段的现实国情，一味地追求梦想，把中国梦与中国特色社会主义事业的总体布局及历史发展割裂开来，便导致中国梦真正的本质丧失、“空化”中国梦的问题。

3. “泛化”中国梦

中国梦里有目的也有手段。中国梦以人民为目的，以人民为手段。但它不是一个什么东西都可以装进去的万能容器。比如把中国梦当成一种口号或形式化的东西任意宣传，并不一定会增强中国梦论述的影响力和号召力，反而可能会导致中国梦论述丧失其严肃性和规定性。

4. “西化”中国梦

中国梦是“家国之梦”，体现了整个中华民族和中国人民的整体利益，是中华民族复兴的精神旗帜。有人从“中国梦与其他别国梦想相通”的论述中得出中国梦就是要照搬西方模式和西方道路的错误结论，甚至把中国梦与“宪政梦”“西方梦”等同。虽然，中国梦的追求和实现并不拒绝借鉴与吸收其他先进经验，包括西方的先进经验，但中国梦必须在中国特色社会主义道路的理论制度框架下实现。

5. “虚幻”中国梦

梦想是对暂时没有实现的愿望的一种美好追求，有梦想才有动力。而有人却把梦想误解为虚幻，认为中国梦也是一种虚幻的反映。他们错误地认为因为不知道用什么方法解决现实中的问题，所以只好做梦。把中国梦误读为“黄粱梦”、“南柯梦”和“白日梦”等。

总而言之，对中国梦的误解、误读会误导新时代大学生对中国梦的理解与认识，这些简单消极且带有明显错误倾向的观点，会消解中国梦论述的社会影响力和大众认同感，对新时代大学生实现“中国梦”的精神动力具有危害性和破坏性。

（二）与指导性思想不合拍的诸多错误思潮

实现中国梦，必须坚持和巩固马克思主义的指导地位，这也是中国特色社会主义伟大实践在意识形态领域的根本保障，也是赋予中国特色社会主义“理论特色”的重要标志。但现实中还存在一些形形色色的错误思想，如“新自由主义”观点、“全盘西化”主张、“文化复古主义”论调、“民主社会主义”思潮。这些错误思想观念的基本论调，是要放弃或取消马克思主义在意识形态领域的指导地位，有人借口中国应与世界接轨，主张在意识形态领域去马克思主义化；有人借口中国社会已经思想观念多元化了，主张放弃马克思主义在意识形态领域的一元化指导地位；有人借口中国搞改革开放和市场经济，主张在意识形态领域也搞所谓的“放开化”“市场化”；有人借口马克思主义是外来的，主张在意识形态领域搞“民族化”和“本土化”。这些形形色色的主张，以各种各样的方式表现在理论研究、大众传媒等思想文化领域。如果任凭这种现象存在和蔓延，就会削弱马克思主义的指导地位，混淆社会视听、让人民大众是非难辨、迷失方向，就难以形成实现中国梦的精神力量。

（三）与实现中国梦的自信心要求不符合的思想状况

追求和实现中国梦，必须坚定对中国特色社会主义的道路自信、理论自信、制度自信和文化自信。没有这样的自信，中国梦的精神力量是无法凝聚和形成的。但目前存在与坚定这种自信的要求不相称的两种情况。

1. 毫无自信

面对日趋激烈的国际竞争和文化软实力较量，我国的思想文化领域一定程度地存在“民族自卑感”和“弱势心态”问题，社会生活领域则普遍存在文化自觉意识脆弱和社会心态文化纠结的问题。“言必称希腊”和“西方月亮比中国月亮圆”的情况和情结在很大程度上不仅普遍存在，而且在许多人那里根深蒂固。这些情况表明了对建设和发展中国特色社会主义的自信的缺失。如果失去了追求和实现中国梦的自信精神，那再谈激发和凝聚实现中国梦的精神动力是毫无可能的。

2. 盲目自信

存在这样一种情况，一部分人、一部分地区或某些领域，脱离马克思主义的指导或全党全国人民团结奋斗的共同思想基础，失掉对马克思主义的理论自信和信仰自信，大谈特谈所谓的“自信”。比如那种自以为是的做法、另搞一套的举动、与主流舆论和趋势格格不入的所谓独树一帜，这与坚定“三个自信”的精神、原则和要求是背道而驰的。这种状况很可能演化为某种偏执的“民族主义”、狭隘的“本土主义”或夜郎自大式的“地方主义”，甚至滋生出某种偏离全党全国工作大局的“自我中心主义”或故步自封的“保守主义”。与这些现象和做法相联系的思想观念和精神状况，与谱写中国梦的篇章和实现中国梦的精神要求是不相称的。

（四）存在“梦想”物质化、自利性、狭隘性的思想观念

由于种种原因，在当下社会生活的诸多领域，存在物质利益诉求过分凸显和片面追求物质利益的现象，这导致“精神品质”的“物化”色彩浓重，“精神动力”结构中的利己主义和个人主义因素突出，这与追求和实现中国梦所需要的精神动力相去甚远。可以说，人们在现实生活中并不缺乏实现“个人梦想”的各种各样的“精神动力”，但这些“动力”与追求国家梦、民族梦和集体梦的精神动力要求并不完全一致。一些人所追求的“个人梦”甚至偏离了追求梦想的正确轨道，一些人甚至以牺牲绝大多数人利益、愿望和要求的做法来错误谋取个人

"梦想"的所谓彻底实现或顺利实现，一些人在极其狭小的自我空间中构筑起脱离时代、脱离实际、脱离社会的"梦想"天地。在一些人的思想世界里，只有自我的、物质的、狭隘的梦想，难以看出那种脱离了低级趣味的、有益于人民的、高尚的梦想。这些梦想的精神境界和精神状态，与追求和实现中国梦所要求的精神力量毫无共通性可言，反映的只是物化的、自利的、狭隘的思想观念，是没有容纳力和包容性的。这与实现中国梦所要求的精神力量，极不相称。

显然，一些错误思想观念和消极精神状况的存在，干扰了人们关于中国梦论述的正确理解，也妨碍了人们追求和实现中国梦宏伟目标的社会实践。因此，帮助人们消除对中国梦的错误认识，批判那些与追求和实现中国梦目标要求不相符合的错误思想观念，引导人们把思想认识统一到实现中国梦的伟大实践中来，是凝聚实现中国梦强大精神动力的重要环节。

第二节　精神动力培育的基本价值

"价值是客体对主体的意义，表示客体对主体需要的满足。"[①] 精神动力培育的价值指的是"主体在精神生产和精神追求的实践活动中，通过主客体的相互作用，精神动力所具有的合乎促进人的全面发展和社会全面进步的目的"[②] 而培育出的一种肯定的有意义的关系。思想政治教育的精神动力培育价值包括个体价值和社会价值。即在任何社会形态下，个人与社会的发展都离不开一定的精神动力，因为精神动力能满足个人与社会发展的要求。在人类社会发展的过程中，一直推动着个人和社会向前发展的就是精神动力，这是精神动力的基本价值所在。精神动力越是满足于个人和社会的发展，它所产生的推动力就越大，这时它的价值也就越大。在当今实现中华民族伟大复兴的中国梦的征程中，精神

① 袁贵仁：《价值观的理论与实践：价值观若干问题的思考》，北京师范大学出版社，2006，第1页。

② 黄丽春：《论精神动力的现代价值》，《中州学刊》2004年第3期。

动力培育的价值更为突出。

一　精神动力培育的个体价值

精神动力的个体价值是指精神动力对个体内在的促进作用，它能有效地满足个人的基本需要，促进个人积极主动地去努力、奋斗，使个人的成长成才与全面发展得以实现。

（一）指引正确的行动方向

对个人而言，内在性、自觉性是精神动力的本质属性。每个人的成长、进步与发展，都离不开动力的推动，这种动力既包括内在的动力，也包括外在的动力。这里的内在动力就是个体的内在精神力量。新时代大学生需要把外在的动力变为自己内在的精神力量，才能实现自己的人生理想。个体主体一旦形成了精神内驱力，就会获得推动个体主体自觉行动和不断发展的内在力量，这种动力越强，对大学生个体的成长和发展的价值就越大。

在人的精神动力中，人生的理想追求尤为突出。它指引并推动着个体朝着自己的人生目标去努力。正如马克思在《青年在选择职业时的思考》一文中所写的："如果我们通过冷静的研究，认清所选择的职业的全部力量，了解它的困难以后，我们仍然对它充满热情，我们仍然爱它，觉得自己适合它，那时我们就应该选择它，那时我们既不会受热情的欺骗，也不会仓促从事。"① "在选择职业时，我们应该遵循的主要指针是人类的幸福和我们自身的完美。……人只有为同时代的人的完美、为他们的幸福而工作，自己才能达到完美。如果一个人只为自己劳动，他也许能够成为著名的学者、伟大的哲人、卓越的诗人，然而他永远不能成为完美的、真正伟大的人物。"② "如果我们选择了最能为人类而工作的职业，那么，重担就不能把我们压倒，因为这是为大家做出的牺

① 《马克思恩格斯全集》第40卷，人民出版社，1982，第4页。
② 《马克思恩格斯全集》第1卷，人民出版社，1995，第459页。

牲；那时我们所享受的就不是可怜的、有限的、自私的乐趣，我们的幸福将属于千百万人，我们的事业将悄然无声地存在下去，但是它会永远发挥作用，而面对我们的骨灰，高尚的人们将洒下热泪。”[①] 可见，马克思在青少年时期就确立了为整个人类的幸福而努力工作的远大理想。正是这个远大的理想，才使他把自己的一生献给了无产阶级和人类解放的伟大事业，使他成为历史上最伟大的人物之一。远大的理想正是推动马克思一生革命实践活动的强大的精神动力。

中国古代教育就注重志向教育，强调早立志、立大志。《左传·襄公二十七年》记载：“志以发言，言以出信，信以立志，参以定之。”[②] 宋陈亮《上孝宗皇帝第二书》：“论治则曰立志，论事则曰从权。”[③]《孟子·万章下》：“故闻伯夷之风者，顽夫廉，懦夫有立志。”[④] 人们认为一个人要有所发展、取得成就，就一定要把立志成才作为自己的成功的开端或基础。这种立志，其实就是一种活力的激发和精神动力的培育，这种活力或精神动力一旦被激活，就会不断地增强个体行动的方向性和目标性，不断地激发个体的积极性、主动性和创造性，推动个体不断向前发展。人的精神动力是人的主体力量的表现，它的激发与人的积极性、主动性和创造性的调动有关。当人失去精神动力，就会丧失人的主体性。当人的思想获得解放，观念得到更新，就会处于高度的兴奋状态，这时，精神就会为人的实践活动提供强大的动力。

（二）提供强大的进取力量

大学生精神动力培育的本质是通过对大学生予以思想政治教育，使大学生产生主观能动性，而能动性的结果就是推动其有目的、有意识的行为，以达到自己预期的目标，这就是积极进取的力量。众所周知，观念的变革与思想活力的激发可以产生一定的精神动力，推动人的发展。

---

① 《马克思恩格斯全集》第 1 卷，人民出版社，1995，第 459 页。

② 《春秋左传正义》，中华书局，2009，第 4332 页。

③ 《陈亮集》，中华书局，1987，第 10 页。

④ 杨伯峻译注《孟子译注》，中华书局，2010，第 214 页。

美国学者英格尔斯在《人的现代化》一书中曾作了相关论述，他认为："人的现代化就是要把传统的人变为现代的人。现代人具有的共同特征是，准备和乐于接受他未经历过的新的生活经验、新的思想观念、新的行为方式；准备接受社会的改革和变化；思维广阔，头脑开放，尊重并愿意考虑各方面的不同意见、看法；注重现在与未来，守时惜时，具有强烈的个人效能感；办事讲效率；注重计划；尊重知识，获取知识；具有可依赖性和信任感；重视专门技术；乐于让自己和后代选择离开传统所尊敬的职业，对传统教育和智慧敢于挑战；相互了解、尊重并自尊；了解生产及过程，等等。"① 但这一切都不是与生俱来的，是在长期的教育和实践活动中产生的。此外，英格尔斯还归纳了现代人的特征，包括知识结构、思想观念、思维方式、生活方式和行为方式等，其中最重要的是现代的思想观念和思维方式。他认为人的观念的现代化是实现人的现代化的重要前提，只有人的思维方式与思想观念发生了变革，才能为人的现代化提供强大的精神动力和坚实的思想基础，人才能成为现代社会所需要的人。

另外，人作为社会生活和实践的主体，具有潜在的能力和能量。人的潜在的能力能量的开发是至关重要的，它在很大程度上对人的成长、发展和事业成功有着重要的影响。这种能力能量就是我们所讲的精神动力。众所周知，人的精神世界蕴藏着巨大的精神潜能，利用好这股潜能，直接关系到人的健康成长。首先，精神动力的有无决定着精神潜能的开发是否可能。只有具有了一定的精神动力，精神潜能才具有开发的可能。一个精神萎靡不振的人，很难想象他能主动开发自身的精神潜能，形成积极进取的精神状态。然而，一个已经经过培育且具备了积极精神动力的人，就能展现积极主动的精神状态。精神动力越强，产生的推动作用就越大，如一个人如果树立了为实现中华民族伟大复兴的中国梦的远大理想，就会产生强大的精神动力，形成坚强的意志，推动个人的意志潜能的培育与开发；精神动力越弱，产生的推动作用越小，一个

① A. 英格尔斯：《人的现代化》，殷陆君编译，四川人民出版社，1985，第 22 页。

人如果只具有为个人幸福而奋斗的个人理想，他的精神动力就小得多，遇到困难和挫折时，情绪起伏、意志动摇的可能性也就更大。其次，一种精神动力的培育和形成可以推动多种精神潜能发挥作用。人的潜能是精神动力的一个重要方面，人的潜能能否得到激发，很大程度上受到人的精神动力的制约。一个人如果有了理想信念，就会产生精神动力，推动自身潜在的意志和情感力量发展成精神力量。反之，精神动力又推动人的潜能的发展。人的潜能有多种，如发展潜能、创造潜能。人的发展潜能主要是通过学习来实现的，一个人能否持之以恒地学习，往往取决于是否确立了正确的学习观念、学习动机和学习兴趣，也就是说一个人确立了正确的学习目的、动机和兴趣，有了持之以恒的学习动力，对自身的学习的积极性、主动性、创造性便具有强大的推动作用。

（三）提升主体的综合素质

身体素质和心理素质是人的基本素质。除此之外，还应具备一定的科学文化素质和思想道德素质。实践证明，人的精神动力越强大，其思想道德素质和科学文化素质就越能得到提高。今天，我们不断强调要加强大学生的素质教育，促进大学生素质的全面提高，其中最重要的一项内容就是要提高大学生的思想政治素质，大学生的科学文化素质和身心素质的提高依赖于思想政治素质的提高。

江泽民同志曾经强调："思想政治素质是最重要的素质。不断增强学生和群众的爱国主义、集体主义、社会主义思想，是素质教育的灵魂。"① "培养什么人、如何培养人，是我国社会主义教育事业发展中必须解决好的根本问题。正确认识和切实解决好这个问题，事关党和国家的长治久安，事关中华民族的前途命运。我们党始终高度重视大学生思想政治教育工作，高度重视从政治上思想上促进大学生健康成长。"②

胡锦涛同志指出："大学生的思想政治状况、道德品质、科学文化

---

① 《江泽民文选》第 2 卷，人民出版社，2006，第 332 页。

② 《十六大以来重要文献选编》（中），中央文献出版社，2006，第 632 页。

素质和健康素质如何，不仅直接关系现阶段中华民族的素质，而且直接关系未来中华民族的素质。特别是大学生思想政治素质如何，更是直接关系到党和国家的前途命运。要使大学生成长为中国特色社会主义事业的合格建设者和可靠接班人，不仅要大力提高他们的科学文化素质，更要大力提高他们的思想政治素质。切实加强和改进大学生思想政治教育工作，培养造就千千万万具有高尚思想品质和良好道德修养、掌握现代化建设所需要的丰富知识和扎实本领的优秀人才，使大学生们能够与时代同步伐、与祖国共命运、与人民齐奋斗，这对于确保全面实施科教兴国战略和人才强国战略，确保我国在激烈的国际竞争中始终立于不败之地，确保实现全面建设小康社会、进而实现现代化的宏伟目标，确保实现中华民族的伟大复兴，具有重大而深远的战略意义。只有真正把这项工作做好了，才能确保党和人民的事业代代相传、长治久安。”① 同时，《关于进一步加强和改进大学生思想政治教育的意见》指出：“加强和改进大学生思想政治教育的主要任务，一是以理想信念教育为核心，深入进行树立正确的世界观、人生观和价值观教育。要坚持不懈地用马克思列宁主义、毛泽东思想、邓小平理论和“三个代表”重要思想武装大学生，深入开展党的基本理论、基本路线、基本纲领和基本经验教育，开展中国革命、建设和改革开放的历史教育，开展基本国情和形势政策教育，开展科学发展观教育，使大学生正确认识社会发展规律，认识国家的前途命运，认识自己的社会责任，确立在中国共产党领导下走中国特色社会主义道路、实现中华民族伟大复兴的共同理想和坚定信念。同时，要积极引导大学生不断追求更高的目标，使他们中的先进分子树立共产主义的远大理想，确立马克思主义的坚定信念。二是以爱国主义教育为重点，深入进行弘扬和培育民族精神教育。要把民族精神教育与以改革创新为核心的时代精神教育结合起来，引导大学生在中国特色社会主义事业的伟大实践中，在时代和社会的发展进步中汲取营养，培养爱国情怀、改革精神和创新能力，始终保持艰苦奋斗的作风和昂扬

① 《十六大以来重要文献选编》（中），中央文献出版社，2006，第633页。

向上的精神状态。三是以基本道德规范为基础，深入进行公民道德教育。要引导大学生自觉遵守爱国守法、明礼诚信、团结友善、勤俭自强、敬业奉献的基本道德规范。四是以大学生全面发展为目标，深入进行素质教育，促进大学生思想道德素质、科学文化素质和健康素质协调发展，引导大学生勤于学习、善于创造、甘于奉献，成为有理想、有道德、有文化、有纪律的社会主义新人。”①

《关于进一步加强和改进新形势下高校宣传思想工作的意见》强调：“意识形态工作是党和国家一项极端重要的工作，高校作为意识形态工作前沿阵地，肩负着学习研究宣传马克思主义，培育和弘扬社会主义核心价值观，为实现中华民族伟大复兴的中国梦提供人才保障和智力支持的重要任务。总之，做好高校宣传思想工作，加强高校意识形态阵地建设，是一项战略工程、固本工程、铸魂工程，事关党对高校的领导，事关全面贯彻党的教育方针，事关中国特色社会主义事业后继有人，对于巩固马克思主义在意识形态领域的指导地位，巩固全党全国人民团结奋斗的共同思想基础，具有十分重要而深远的意义。”② 马克思主义作为意识形态，是“科学的意识形态”，实质反映的是社会化大生产发展的客观要求，是同人类解放的客观进程是联系在一起的。在党的二十大报告中习近平总书记指出：“意识形态工作是为国家立心、为民族立魂的工作。牢牢掌握党对意识形态工作领导权，全面落实意识形态工作责任制，巩固壮大奋进新时代的主流思想舆论。健全用党的创新理论武装全党、教育人民、指导实践工作体系。”③

综上所述，加强思想政治教育，培育并增强大学生的爱国主义、集体主义和社会主义的理想和信念是新时代大学生形成强大精神动力的前提。只有提高大学生以思想政治素质为核心的各方面素质，才能促进大

---

① 《关于进一步加强和改进大学生思想政治教育的意见》，中华人民共和国教育部，http：//www. moe. gov. cn/jyb_xwfb/gzdt_gzdt/moe_1485/tnull_3939. html，最后访问日期：2024 年 3 月 11 日。

② 《关于进一步加强和改进新形势下高校宣传思想工作的意见》，https：//www. gov. cn/xinwen/2015 –01/19/content_2806397. htm，最后访问日期：2024 年 3 月 11 日。

③ 《习近平著作选读》第 1 卷，人民出版社，2023，第 36 页。

学生的全面发展。

二 精神动力培育的社会价值

一个社会的发展与政治、经济、文化的发展息息相关，一个社会的发展更离不开精神动力的推动。因此，精神动力培育的社会价值主要体现在政治价值、经济价值、文化价值等方面。

（一）政治价值

精神动力能满足政治生活的需要并不断地推动政治生活的发展，政治的发展离不开一定的精神动力。

1. 精神动力的政治引导价值

任何阶级和集团为了维护“自身的政治统治、实现自身的政治目标，必然要形成强大的精神动力以引导和推动着本阶级的政治实践向着一定的方向不断发展”。[①] 不论是无产阶级还是资产阶级，为了实现本阶级的政治目标和任务，为了维护和实现本阶级的根本利益，必然要进行政治教育和政治动员以统一政治行动，推动政治实践的发展。要坚持正确的政治方向、实现一定的目标，必须加强政治教育，培育、创造和提供精神动力。“掌握思想教育，是团结全党进行伟大政治斗争的中心环节。如果这个任务不解决，党的一切政治任务是不能完成的。”[②] 无产阶级的根本目标就是要推翻资产阶级及一切剥削阶级的统治，以实现共产主义的远大理想。为了实现在不同时期的政治任务与历史使命，无产阶级就要加强思想政治教育，培育并形成强大的精神动力。今天，在新时代大学生的思想政治教育过程中，必须运用马克思主义理论，共产主义的理想、信念，以及中国特色社会主义的各项方针政策来进行思想政治教育，不断提高人们的政治觉悟，培育强大的精神动力，以实现中华民族伟大复兴的中国梦。

---

① 骆郁廷：《精神动力论》，武汉大学出版社，2003，第128页。

② 《毛泽东选集》第3卷，人民出版社，1971，第1094页。

2. 精神动力的政治协调价值

精神动力的政治协调价值体现在它能有效地协调各种政治关系，包括阶级内部、阶级之间的关系，民族关系和国际关系等。在社会主义初级阶段，处理人民内部的矛盾问题，特别是党同人民群众之间的关系问题是无产阶级政治生活的主题。因此，协调好党同人民群众的关系是我国社会政治关系首要的任务。我国在社会主义初级阶段的“政治问题主要是对人民群众的态度问题，同人民群众的关系问题”[①]。精神动力不但能够密切与协调党同人民群众的关系，而且还能协调其他各种政治关系。

3. 精神动力的政治稳定价值

人心稳定，则政治稳定；人心不稳，则政治不稳。一定社会经济、政治本身的发展状况决定了人心是否安定，同时，思想政治教育掌握群众、影响人心的状况也在很大程度上影响了人心的安定。“思想政治教育能够根据政治与经济的相互关系来教育和引导群众自觉地变革或维护一定的政治上层建筑。”[②] 然而，当上层建筑与经济基础不相适应时，就必须具备政治变革意识，以一种巨大的精神动力去促使人们用新的政治上层建筑取代原来的政治上层建筑，实现政治的进步与变革，使政治稳定迈上一个新的台阶。当两者相适应时，就应该引导和教育人们树立政治稳定意识，形成强大的精神动力去维护社会的政治稳定，保证国家的长治久安。

总而言之，思想政治教育与精神动力在维护和巩固社会政治稳定问题上都具有积极作用。今天，在实现中华民族伟大复兴的中国梦的征途上，我们必须坚持改革、发展和稳定的大局。因为稳定是前提，只有社会稳定，改革的进程才能进一步得到深化，发展的脚步才能更快。对于新时代大学生而言，必须进一步接受思想政治教育，树立稳定压倒一切的意识，正确看待改革、发展、稳定三者之间的关系，以形成强大的精神动力，自觉参与维护安定团结的政治局面和国家的长治久安。

---

① 《十四大以来重要文献选编》（中），人民出版社，1997，第 1799 页。

② 骆郁廷：《精神动力论》，武汉大学出版社，2003，第 130 页。

（二）经济价值

精神动力培育的经济价值主要反映在其能促进社会生产力的发展上。精神动力属于上层建筑，其受到经济发展的制约。而经济发展却离不开精神动力的推动。二者相辅相成，互为条件。

"精神动力能通过推动生产力中人的素质的提高进而有效地推动社会生产力的发展。"[①] 物的因素和人的因素共同构成了生产力。其中，生产工具和劳动对象属于物的因素，而智力因素和非智力因素属于人的因素。两者相比较而言，人的因素在生产力发展的过程中起到了决定性的作用。其主要表现为人们对先进的科学技术知识的掌握、人的思想道德素质和科学文化素质决定发展。"人是生产力中最具有决定性的力量。包括知识分子在内的我国工人阶级，是推动我国先进生产力发展的基本力量。我国农民阶级和其他劳动群众，同工人阶级紧密团结，是推动我国社会生产力发展的重要力量。不断提高工人、农民、知识分子和其他劳动群众以及全体人民的思想道德素质和科学文化素质，不断提高他们的劳动技能和创造才能，充分发挥他们的积极性主动性创造性，始终是我们党代表中国先进生产力发展要求必须履行的第一要务。"[②] 由此得出，劳动者的素质，特别是思想道德素质在社会生产力发展中的重要作用是不可低估的。新时代大学生是实现伟大复兴的中国梦的主要力量，他们是时代的佼佼者，是青年中的精英，具有较高的科学文化素质。是否能成为发展先进生产力的决定性力量，取决于他们是否具有较高思想道德素质。只有加强思想政治教育，培育新时代大学生巨大的精神动力，才能使他们的思想道德素质及科学文化素质得到整体提高，使生产力的发展从根本上得到推动。因此，精神动力培育在促进新时代大学生自觉提高科学文化素质、思想道德素质及发展生产力等方面都具有重要的价值。

---

① 骆郁廷：《精神动力论》，武汉大学出版社，2003，第 123 页。

② 《论"三个代表"》，中央文献出版社，2001，第 156 页。

精神动力具有的经济价值体现在“它能通过促进生产关系的变革与发展来有力地促进生产力的发展”。[①] 虽然生产力的发展引起并决定了生产关系的发展和变革，但生产关系的发展和变革最终却是由人来实现的。因为，一个人的精神状态和思想观念，深刻地影响着生产关系的变革和发展。当两者相适应时，就会促使这种生产关系顺利发展。相反，就会促使这种生产关系发生变革，旧的生产关系必然被新的生产关系所取代。因而，精神动力推动生产关系的发展和变革是必然的。

今天，社会主义经济制度的自我完善内在地包括社会主义生产关系的变革。在中国特色社会主义条件下，精神动力对生产关系的推动和变革是社会主义生产力发展的客观需要。因为人的思想观念产生了变革才导致了经济体制的改革。精神动力一旦产生，作为经济发展的前提条件——良好的经济环境和经济秩序就能得以建立，生产力的促进与发展便有了保障。良好的经济环境和经济秩序的形成，不仅要依赖法律、行政等手段来规范，还依赖于对人的思想道德教育，以完善法治与德治相结合的社会主义市场经济体制。因为，法律规范是他律，起到强制性外在约束的作用。道德规范是自律，表现为自觉的内在约束。二者相辅相成，互为条件互为目的。促进和达到内在约束是外在约束的最终目的。只有不断加强他律与自律的建设，使他律内化为自律，形成诚实守信的意识、高尚的职业道德、自觉保护环境的生态伦理等，强大的精神动力才能形成。这样，才能建立和完善社会主义市场经济秩序，形成良好的经济环境，我国社会主义社会生产力的发展才能得到有力的推进。

（三）文化价值

1. 核心文化的构建价值

所谓核心文化是与整体文化相比较而言的，二者相辅相成。一方面，核心文化是整体文化的重要组成部分，整体文化的方向、性质及发展水平受核心文化制约。另一方面，整体文化的发展是由核心文化的发

---

① 骆郁廷：《精神动力论》，武汉大学出版社，2003，第125页。

展所推动的。但是，核心文化的发展不是自发的，而是一个需要精神动力推动的自觉的过程。众所周知，文化建设的核心是思想道德建设。而这里所讲的思想道德建设不是一般的文化建设，实质上是一种价值观建设。它所要建设的是一种对其他文化的建设起着决定性作用的核心文化。众所周知，一定的文化既是一定价值观的载体，又要以一定的价值观为核心。在新时代中国，无论是社会文化建设，还是基层文化建设，都要以价值观建设为核心，都要着眼于文化精神的建构。

首先，在文化精神的建构中，民族精神的培育、传承、弘扬是核心。时代的发展赋予了民族精神以新的时代内涵。当前，社会主义核心价值观就是我们民族精神赋予的新的时代内涵，习近平总书记指出："培育和弘扬核心价值观，有效整合社会意识，是社会系统得以正常运转、社会秩序得以有效维护的重要途径，也是国家治理体系和治理能力的重要方面。"[①] 党的二十大报告指出："社会主义核心价值观是凝聚人心、汇聚民力的强大力量。"[②] 社会主义核心价值观包括：富强、民主、文明、和谐，自由、平等、公正、法治，爱国、敬业、诚信、友善。这24个字把国家、社会和个人的价值要求融为一体，继承了中华民族的优秀文化传统，吸收了世界文明的有益成果，体现了社会主义的本质要求，体现了时代的特征。社会主义核心价值观要求新时代大学生将之内化为自己的精神追求，外化为一种自觉的行动。其次，大学是培育大学生精神动力的主要场所，校园精神也是文化精神建构的一部分，它在新时代大学生精神动力培育过程中起着巨大的推动作用。在大学校园中，文化建设就是知识文化的建设，既包含文化知识的运用与传播，也包括文化、知识的创造等。通常而言，人们往往容易忽视价值观念的建设而更重视文化载体的建设，容易忽视思想道德水准的提高而更重视科学文化水平的提高。因此，大学生的思想道德建设在校园中往往会遭遇一些意想不到的阻碍，甚至被忽略或放任自流。事实上，思想道德建设更需

① 《习近平谈治国理政》，外文出版社，2014，第163页。
② 《习近平著作选读》第1卷，人民出版社，2023，第36页。

要自觉地、系统地进行。

总之，一个国家或社会，要培育出强大的精神动力，进而使思想道德建设的发展得到强有力的推进，促进整体文化的发展，就必须树立和形成思想道德建设的正确观念和态度，科学地把握文化精神与文化知识的关系，高度重视思想道德建设的核心地位和决定性作用，营造全社会、全民族重视思想道德建设的良好氛围。

2. 先进文化发展的价值

先进文化首先要符合时代发展的本质要求，代表着先进阶级的根本利益，是反映先进的生产力与先进的生产关系的性质与要求的文化。而发展现代科学技术、先进文化艺术和社会主义的思想道德都是发展中国特色社会主义的重要内容。江泽民同志曾指出："在当代中国，发展先进文化，就是发展有中国特色社会主义的文化，就是建设社会主义精神文明。"①

精神动力推动先进文化的发展所起的作用主要表现在以下几方面。首先，符合时代发展的客观要求，精神动力培育反映了中国社会主义先进生产力的发展要求与先进生产关系的本质和要求，代表我国工人阶级和广大劳动人民的根本利益。其次，改造落后文化。让广大人民群众认清落后文化产生的根源、消极影响，用科学、积极、健康的先进文化代替迷信、愚昧庸俗的落后文化。最后，克服并消除腐朽文化。精神动力能推动人们认清腐朽文化对社会的危害并自觉摒弃腐朽文化、改造落后文化，促进先进文化的发展。

3. 文化创新的价值

文化创新与文化创造是相辅相成的。文化创新就是指要"创造文化发展的自然进程所不能形成的、反映时代发展的本质需要与特征、与原有文化相比具有质的发展与进步的新型文化"。② 在新时代中国，文化创新就是要创造反映建设中国特色社会主义伟大实践的本质需要和具有

① 《论"三个代表"》，中央文献出版社，2001，第158页。

② 骆郁廷：《精神动力论》，武汉大学出版社，2003，第134页。

时代特征的崭新、先进文化。进行文化创新，就必须有文化创新的意识或精神，形成文化创新的精神动力。在信息时代，如果缺乏文化创新意识或创新精神，传统的文化观念就会束缚人们的思想和行为，一旦思想和行为被束缚，任何文化创新都将成为空谈，与文化发展相关的任何突破或飞跃也将难以实现。而作为一种推动力的精神动力，可以促使人们树立文化创新意识，克服一切腐朽、落后、封建、迷信等消极文化观念的影响，创造性地发展先进文化。

综上所述，我们必须发挥精神动力在经济、政治、文化建设等方面的重要作用，提升科学文化素质和思想道德素质，培育和弘扬民族精神与时代精神，调动新时代大学生的积极性、主动性和创造性，为实现中华民族伟大复兴的中国梦而奋斗。

第三章

新时代大学生精神动力培育功能与生成规律

精神动力在其形成与发展的过程中，会体现出其内部本质的、固有的必然联系，这就是不依赖于人的意志为转移的客观规律。大学生精神动力培育作为一项教育活动本身就应该遵循一定的规律。研究新时代大学生精神动力培育，最重要的目的就是找到大学生精神动力的内在的、本质的联系，揭示其形成、发展的客观规律，为大学生精神动力的培育提供更为有效的科学依据。与此同时，大学生精神动力培育涉及学生教育的各个方面，因此要推行全面化、全程化的精神动力培育理念，就一定要建立健全规范、民主、高效、开放、和谐的大学生精神动力培育工作机制，促进大学生精神动力培育工作的科学化、规范化和人性化。

第一节　新时代大学生精神动力培育的功能

人类社会的发展是一个从必然王国逐步走向自由王国的历史过程。随着科学技术的不断进步，精神动力的作用就显得越来越重要。资产阶级虽然发现了精神动力在现代化条件下的重要作用，却无法从根本上解决精神动力问题。必须在社会主义条件下，在马克思主义的世界观和方法论的指导下，树立崇高而远大的理想，精神动力才能发挥出它本身的巨大作用。

一　精神激励功能

“所谓激励，狭义上是指激发，鼓励，即通过各种形式的外部刺激，使人们产生一种奋发向上、士气高昂的进取精神。广义上的激励是指运用多种手段，充分调动人们的积极性和创造性，为社会主义现代化建设事业提供强大的精神动力。”① 而“精神激励，是指通过满足主体的精神利益需要（包括荣誉、尊严、情感、自我实现等），来激发和调动其积极性与主动性。通过满足主体精神利益而产生的感召力、推动力，可以激励人们为着崇高的理想和目标而奋斗拼搏”。② 当然，强调精神激励的同时并不是否定物质激励，两者都是精神动力培育的一部分。精神激励在促使人们攀登进取的过程中，使人们强烈的自尊、自信、自豪的积极心态能够得到培育。当身处顺境时，戒骄戒躁，再接再厉，积极进取，力争更大的进步；当身处逆境时，励精图治，脚踏实地，坚持不懈，不被困难所打倒，用积极乐观的心态面对挫折，用坚韧不拔的毅力创造佳绩。精神激励功能主要表现在以下几方面。

第一，激励新时代大学生调动其在生活、学习等方面的积极性、主动性和创造性，把个人目标与国家、社会的利益结合起来，并为之努力奋斗。

第二，激励新时代大学生产生强烈的认同感、归属感，把自己的理想信念与国家的长远利益结合起来，形成高尚的道德品质。

第三，激励新时代大学生树立远大的理想，把个人梦与中国梦有机地结合起来，创造一个有价值的人生。

激励功能在精神动力培育过程中的作用是巨大的。古代先贤们奋发图强、百折不挠的事迹以及他们高尚的人格和坚韧不拔的精神，激励着一代又一代优秀的中华儿女前赴后继地为完成时代赋予的任务而勇往直

---

① 张耀灿、陈万柏主编《思想政治教育学原理》，高等教育出版社，2001，第 76 页。

② 刘力波：《马克思主义中国化的民族精神动力分析》，《华中科技大学学报》（社会科学版）2008 年第 4 期。

前、坚持不懈。正如毛泽东所说："自从中国人学会了马克思列宁主义以后，中国人在精神上就由被动转入主动。"① 因此，马列主义传入中国以后，作为一种精神动力，其激励功能在每一个时期都发挥了巨大的作用。在新民主主义革命时期，面对民族危机，中国人民在中国共产党人的领导下，浴血奋战、百折不挠，进行了反帝反封建斗争，最终推翻了"三座大山"的压迫；在社会主义革命和建设时期，各族人民继续在党的领导下自力更生、发奋图强，创造了社会主义革命和建设的伟大成就，建立起独立的比较完整的工业体系和国民经济体系；在改革开放和社会主义现代化建设新时期，在以邓小平、江泽民等为代表的中国共产党人的领导下，各族人民解放思想、实事求是，对社会主义道路进行了探索，成功开创中国特色社会主义，并成功把中国特色社会主义推向21世纪，继而坚持和发展了中国特色社会主义；党的十八大以来，中国特色社会主义进入新时代，以习近平同志为核心的党中央，自信自强、守正创新，以伟大的历史主动精神、巨大的政治勇气、强烈的责任担当，统筹国内国际两个大局，采取一系列战略性举措，推进一系列变革性实践，实现一系列突破性进展，取得一系列标志性成果，党和国家的事业取得历史性成就、发生历史性变革，推动我国迈上全面建设社会主义现代化国家新征程。

总之，过去所有的努力和我们今天所取得的伟大成就，都是精神动力强大的激励功能的真实反映。今天，精神动力的激励功能，必将在新时代大学生的成长成才的道路上为其提供持续的动力支撑。

二　价值导向功能

价值导向功能是民族精神具有的另一重要功能。因为它不仅集中反映了一个民族的根本价值取向，而且体现了一个民族的主流价值观、世界观、人生观。在中华民族发展的历史长河中，民族精神为中华民族文化的价值体系指明了方向，引导并推动着个体成员的人生发展和目标追

① 《毛泽东选集》第4卷，人民出版社，1991，第1516页。

求。例如，历史上，中华民族以“立德、立功、立言”为对永恒和不朽的追求，在精神上和行动中都将其体现得淋漓尽致，孟子的“舍生取义”，司马迁的“人固有一死，或重于泰山，或轻于鸿毛”，文天祥的“人生自古谁无死，留取丹心照汗青”，范仲淹的“先天下之忧而忧，后天下之乐而乐”，顾炎武的“天下兴亡，匹夫有责”，毛泽东的“为人民利益而死，就是死得其所”，周恩来的“为中华崛起而读书”，邓小平的“我是中国人民的儿子，我深爱着我的祖国和人民”等，这些思想都表明了人的行为和根本价值取向在很大程度上受精神观念的影响。

总而言之，民族精神不仅能规范和引导民族成员向前发展，保证整个社会的安定有序，还能把整个民族紧紧凝聚和团结起来，使民族成员同心同德、齐心协力地为本民族和国家的整体利益自觉调控个人的行为，将民族和国家的共同价值目标转化为个人的自觉行动，从而实现个体目标与整体目标的契合。在这种精神动力的指导下，每当中华民族面临危难时，我们都始终坚定不移地朝着救亡图存的方向，奋发图强、坚贞不屈，不断地涌现出一批批甘为祖国抛头颅、洒热血的英雄人物。也正是得益于精神动力的这种价值导向功能的推动，我们也才取得了建设中国特色社会主义和改革开放的巨大成就。今天，要实现中华民族伟大复兴的“中国梦”，需要一代又一代青年大学生的努力和奉献。大学生作为担负建设祖国重任的人才，他们的爱国情感，直接关系到祖国和民族的生死存亡。所以，必须培育大学生的精神动力，使他们继承革命前辈的昂扬斗志，热爱祖国，热爱人民，发扬爱国主义精神。

三　民族精神自觉功能

在马克思主义中国化的内涵中，一个最重要的方面，就是中华民族要独立自主地将马克思主义基本原理运用于中国革命、建设与实践的过程中，以此来促进马克思主义与中国实际相结合，使马克思主义在中国土地上扎根、开花和结果。要实现这一目标，就要求我们每一位成员把主体意识明确地树立起来。因为“民族主体意识是维护民族独立和存在的思想文化前提”。[①] 从某种意义上讲，一个民族要防止被其他民族所同化，甚至防止自身的消亡，就必须具备民族主体意识。一个民族的成员如果具备了民族主体意识，就会珍惜和热爱自己的民族及民族文化，就会去正确地看待自己民族的现状、前途和命运，并自觉地组织起来为本民族的发展而奋斗，积极地参与社会实践活动。每当遇到民族危亡或外来民族的入侵时，便会齐心协力地保护本民族的生存和发展。众所周知，民族自觉的功能本身就是中华民族精神的内在特征。要在实践中调动和培育本民族的主体意识，增强本民族的自觉性、独立性和主动性，必须充分发挥自身的主观能动性，高扬中华民族精神。

中华民族自古以来就形成了爱好和平、团结统一、自强不息、勤劳勇敢的民族精神，几千年来世代相传。这些民族精神集中体现为坚持本民族的主体性，即努力拼搏、积极上进、锲而不舍的进取精神，包含了对于人的主观能动性的肯定。这样的精神追求必然有力地支撑着中华民族迎接各种挑战，面对各种困难。中华民族无论面临何种困难，始终独立自主地屹立于世界民族之林，保持着本民族的独立和国家的特色。当国家、民族面临或遭受危难时，无数仁人志士和爱国群众会自觉地团结起来保家卫国，“表现了中国人民不甘屈服于帝国主义及其走狗的顽强的反抗精神”。[②] 今天，在新形势下，这些精神资源依然产生了巨大的能量，使马克思主义中国化成为具有雄厚群众基础的整个中华民族的探索与追求目标。

四 社会凝聚功能

所谓凝聚，是指人的思想、感情、心血等集中地体现在某一事物之上。从国际层面而言，由于经济全球化的不断深入，国与国之间的相互影响日益加深，联系也越来越紧密，这也导致了各国的思想文化相互渗透，相互激荡。从国内情况看，随着社会主义市场经济体制的日趋完善

---

① 方立天:《民族精神的界定与中华民族精神的内涵》,《哲学研究》1991 年第 5 期。

② 《毛泽东选集》第 2 卷，人民出版社，1991，第 632 页。

以及人与人之间利益关系的微妙变化，人们的价值取向也呈现多样化的趋势，随之出现了各种各样的思想活动。民族凝聚力的重要性也随之凸显出来。我们中华民族精神恰好具有凝聚本民族成员的功能。因为民族精神是民族文化的合理内核与精华积淀，它对于一个民族具有强大的凝聚价值和整合价值，是民族凝聚力的重要源泉。当一个民族发展了自己的文化，形成了本民族自己的民族精神，并使民族精神成为本民族强大的凝聚力，这个民族才能从自在阶段进入自为阶段。反之，如果缺乏民族精神作为基础支撑，没有它的感召力，民族文化就会随着与其他民族文化之间的相互交融而被同化或销蚀，民族情感、信仰就会逐渐淡化，民族的风俗习惯也会逐步消失，从而难以在遭遇突变时展现出本民族应有的凝聚力和向心力。

在漫长的历史长河中，中华民族精神体现出“巨大的思想统摄性，它可以超越地域、阶级、种族、时代的界限，用中华民族优秀文化传统哺育每一个中华儿女，使其凝为一体，同心同德地为民族整体利益和长远利益不懈地奋斗”①，中华民族精神中的“厚德载物”“以和为贵”等优秀传统，就是中华民族凝聚力的重要思想基础。所谓“厚德载物”，就是“宽容而爱好和平的精神”②，而“以和为贵”，就是提倡多样性的统一，重视不同事物的相成相济。正是在这种凝聚力的推动下，中华民族才得以实现民族融合。到了近代，中国各民族团结统一，发展成为现代意义上的中华民族。伴随着弘扬和培育中华民族精神的事业的不断开展，中华民族的凝聚力也必将进一步得到增强。

五　教育塑造功能

中华民族的每一个成员需要真理和科学理论的灌输，而精神动力对于一个民族的成员而言就具有重要的教育塑造功能。这是因为，精神动

① 张岱年、方克力主编《中国文化概论》，北京师范大学出版社，1994，第394～395页。

② 王俊义、黄爱平编《炎黄文化与民族精神》，中国人民大学出版社，1993，第5～13页。

力是一个民族在一定的政治、经济、文化的基础上，在长期的生产活动和社会实践发展过程中，“对不同时代人们的理想、信念、价值观念和世界观加以提炼、升华并加以传承的精华”。[①] 这种精神动力一旦形成，就会被广大群众所遵守、信奉、认同，在物质生活和精神生活中发挥“教科书”般的作用，深刻影响着生活在这个社会环境中的各族人民。著名的美国文化人类学家鲁思·本尼迪克特曾经这样描述：“生长于任何社会的绝大部分个人，不管其制度的特异性如何，总是毫无疑问地认定了社会所指定的行为。”[②] 对生活于这个社会的民族成员进行精神动力培育，能使他们形成符合特定民族生存发展要求的道德规范、价值取向、心理特征、思想品德、思维方式等，使他们成为社会的人。在中华民族5000多年的发展史上，教育塑造功能产生了巨大的影响力。如以爱国主义为核心的中华民族精神，培育了一代代前赴后继为国家、民族的独立和解放抛头颅洒热血的仁人志士。今天，在中华民族实现“中国梦”的征途上，以马克思主义为指导，继承中华民族创造的一切精神财富，不断强化团结一心的精神纽带、增强自强不息的精神动力，培育新时代大学生，必将有助于提升新时代大学生的素质，使我们在实现中华民族伟大复兴的中国梦的过程中收到事半功倍的效果。

第二节　新时代大学生精神动力生成规律

精神动力是一定主体的精神动力，一切精神动力都是人脑对外部动因的自觉内化。因此，大学生的行为动因必须通过大学生的头脑转变为意志动因，外化为高尚行为，内化为精神动力，这是研究精神动力的一条重要规律。

---

① 刘力波：《马克思主义中国化的民族精神动力分析》，《华中科技大学学报》（社会科学版）2008年第4期。

② 鲁思·本尼迪克特：《文化模式》，张燕、傅铿译，浙江人民出版社，1987，第241页。

一　教育内化规律

马克思主义认为，人的行动的一切动力都必须通过人的头脑转变为人的意志动机，才能使人行动起来。如果不经过人的头脑的内化，就不可能实现精神的动力化，也就是说应实现内在精神向外在行为的转化，以此推动人的行动。

（一）精神动力的客观内化及因素

精神动力的教育内化规律主要表现为通过教育引导，客观的存在必须通过人的头脑转化为主观意识，这种主观意识一经在头脑中形成，就会成为推动主体去改造世界的社会实践活动的强大精神动力。

精神动力的内化过程实质上就是主观反映客观的过程，即由物质到精神、由精神到物质的过程。由物质到精神的过程是客观存在上升为主观意识的过程；由精神到物质的过程是主观见之于客观的过程，是主观意识推动社会实践，并在实践中得到检验和发展的过程。一种正确思想或精神的形成，往往需要从物质到精神，再由精神到物质，即实践—认识—实践，经过不断反复循环才能完成。精神动力的产生发展就是一个永无止境的过程。每一次的循环上升，都会使精神动力的发展进入一个新的阶段。

无论哪个国家哪个时代的人，精神动力的形成都需要其行为动力经过头脑的内化，如此，精神动力才能成为推动其行为的自觉的、内在的动力。而推动这种行为的因素有两种，即物质因素和精神因素，它们是推动人类从事一切活动的因素。只有当这些因素内化为一定头脑中的意志动机，才能转变为推动人行动的动力。因此，物质因素和精神因素都必须通过人的头脑转变为人的意志动机，再转变为人的精神动力。今天，实现“两个一百年”奋斗目标和中华民族伟大复兴的“中国梦”都是我们的精神因素。新时代大学生肩负着国家和民族赋予的历史重任，只有把这些精神因素通过内化转化为自己的意志动机，才能形成推动自身行动的精神动力。

（二）精神动力的主体内化及前提

人的精神动力的产生与人的需要有着本质的、内在的、必然的联系。精神动力的内化是一定主体根据自身需要进行的内化。“一定精神只有反映和契合一定主体的内在需要，才能为一定的主体所内化，成为指导和推动主体自觉满足自身需要的活动的精神动力。精神契合主体需要越高，主体内化程度越深，产生的精神动力越大。”① 人为了满足自身的需要，就会有一定的目的性意识，这种目的性意识一旦契合主体的需要，就会被主体所内化，生成主体内在的精神动力，以指导和推动主体去开展一定的社会活动。马克思指出：“人们奋斗所争取的一切，都同他们的利益有关。”② 他还说：“任何人如果不同时为了自己的某种需要和为了这种需要的器官而做事，他就什么也不能做。”③ 这说明人的行为动力来自人的需要或人的利益，而这种需要只有人意识到了，并且形成了一定的意识，才能成为推动人的行为的自觉的动力。

大学生精神动力的形成主要是通过教育手段实现的，它形成于内表现于外。所谓形成于内就是形成在大学生的头脑之内，就是人脑对一切外部动力的吸收内化、精神化。表现于外就是在头脑中形成的意志和动机一定要外化为人的行动，推动人的社会实践活动，进而推动客观事物的前进、发展。例如，我们用雷锋精神、焦裕禄精神教育新时代大学生，目的就是让他们把这种精神转化为一种自觉行为，表现在生活和学习中就是乐于助人、甘于奉献。如果这种精神动力不形成于大学生的头脑内部，大学生不把外部动力内化为一种自觉的动力，即使外部动力成为其一种动机或精神动力，也不可能外化成他们的行为并推动他们的行为发展。因此，内化与外化是辩证统一的，内化是精神动力形成的前提，外化是精神动力实现的结果。

---

① 骆郁廷：《精神动力论》，武汉大学出版社，2003，第210页。

② 《马克思恩格斯全集》第1卷，人民出版社，1956，第82页。

③ 《马克思恩格斯全集》第3卷，人民出版社，1960，第286页。

二　制度形塑规律

制度形塑规律，顾名思义，即制度的形成和塑造的规律，它是大学生精神动力培育的基本保障，同时具有规范、强制和稳定的作用。它不仅会让大学生思想政治教育工作更加流畅地运行，也会使精神动力培育更加有效。因此，通过制定、塑造和完善制度政策，可以使精神动力培育工作真正做到“有法可依、有法必依、执法必严、违法必究”。[①] 当前，思想政治教育面临诸多挑战，把握大学生精神动力制度形塑规律应充分发挥制度规范的组织协调、领导监管和激励考核在思想政治教育中的作用，为大学生精神动力培育工作高效、规范进行提供保障。

1. 制度形塑的现实性

大学生精神动力培育要根据时代发展要求和大学生的现实需要制定、修订、完善相关政策和规则，制度形塑要进行周密的调研，要综合听取学生、教师、教育家、家长和社会意见。

2. 制度形塑的实效性

在精神动力培育的过程中，要培养教育主体的法治意识和纪律观念，也要培养受教育主体的法制意识和纪律观念。在强化制度权威性的同时增强主客体对制度的认同感，并将学校章程、守则内化为每一个个体的日常行为规范。

3. 制度形塑的全局性

制度形塑必须从全局出发，体现其可行性与公平性。要保证每一个主体要素的权利和义务、职责的明确统一，公平性、透明性和可行性是制度形塑能够有效发挥作用的基本前提。缺乏对这些制度的认同感和执行力，一切教育都会打折扣。制度形塑分为宏观和微观两方面。宏观制度形塑是指中央颁发的有关高校大学生道德教育、素质教育、学生管理、学生服务等一系列纲领性文件及各地教育主管部门根据各地不同条件制定、颁布的有关学生教学管理的规章、制度、条款条例。这些规章

① 《改革开放三十年重要文献选编》（下），中央文献出版社，2008，第907页。

制度具有理论高度，内容丰富，同时囊括了保障大学生思想政治教育顺利进行的纲领性文件。如党中央、国务院制定并颁布的《关于进一步加强和改进大学生思想政治教育的意见》《普通高等学校学生管理规定》《高等学校学生行为准则》《高等学校校园秩序管理若干规定》《普通高等学校学生安全教育及管理暂行规定》《国家教育考试违规处理办法》等。这些文件都是从国家战略高度和全局性长远利益出发而做出的宏观指导，为我国高校大学生思想政治教育的发展指明了方向和基本原则，也为我们进行大学生精神动力培育指明了方向。微观制度是由各个基层单位在我国现行的宏观教育体制和宏观环境大背景下，为了本单位或机构达到某些具体目标制定的制度规范，具有很强的针对性。它包括高等学校思想政治理论课教学、大学生日常生活思想政治教育、大学生行为管理和大学生服务等几方面的规章制度，同时还包括对大学生思想政治教育部门、队伍、各类资源的管理规范及协调制度等。微观制度在推动学风、班风、院（系）风和校风建设等方面都发挥着重要作用，为保证宏观制度形塑、大学生思想政治教育和精神动力培育的有效性提供了重要保障和具体实施渠道，是对宏观制度的丰富、完善。

4. 制度形塑的科学性

无论是制度本身还是制度的执行都要体现出科学性，要让学生和教师都能真正感受到规章制度的制定和执行都是为了学生更好地发展和维护学生与教师的根本利益。因此在体现客观化、人性化的同时，还要追求制度的科学化建设，保证制度在促进精神动力培育有序运行时能够发挥激励和保障作用。众所周知，制度是大学生思想政治教育工作得以有效进行的基本保证。因此，制度建设还要以大学生思想道德素质的提高和发展为主要目标，充分发挥制度教育内涵的作用，把制度的外部规范作用转化为内在自律意识和道德奉献精神。要让学生、辅导员、班主任、任课教师及思想政治教育工作者都能从制度运行和实施中受益。

三　文化感染规律

“文化是一个复杂的整体，它包括知识、信仰、艺术、道德、法律、风俗，以及作为社会成员的人所具有的其他一切能力和习惯。”① 文化分为广义文化和狭义文化。广义文化即指“与自然现象不同的人类活动的全部成果，它包括人类创造的一切物质的与非物质的东西”②。狭义文化“指一种精神，即作为精神层面的文化，是精神现象、精神方式、精神载体”③。

新时代，在大学生精神动力培育过程中，文化精神是最为内在、最为核心的内容，它是反映大学生思想意识、文化品位、精神面貌的一种精神文化形态，是在长期的文化教化和培养过程中积淀、整合、提炼出来并为大学生所认同的一种价值观念体系和群体意识。“教育过程实质上就是文化化人的过程，是将人类已经发展起来的先进文化成果转化为个体内在本质力量、促进人的精神生活全面发展的过程，是引导个体能够驾驭外部世界对个人才能的实际发展所起的推动作用的过程。”④

从文化精神的培育入手，是新时代提升大学生精神动力培育的有效途径。党的二十大报告指出，“中国共产党人深刻认识到，只有把马克思主义基本原理同中国具体实际相结合、同中华优秀传统文化相结合，坚持运用辩证唯物主义和历史唯物主义，才能正确回答时代和实践提出的重大问题，才能始终保持马克思主义的蓬勃生机和旺盛活力”。⑤ 事实上，“思想政治教育只有根植于中华民族优秀文化沃壤之中，并从传统文化与现代文化的相互激荡中才能获得发展的文化动力。唯有如此，思想政治教育发展才具有历史的继承性和深沉的文化底蕴”。⑥ 陈秉公曾阐述思想政治教育目标和内容设计的文化依据，认为人格素质是文化积淀的结果，有什么样的文化就会塑造什么样的人格。习近平总书记指出，“在 5000 多年文明发展中孕育的中华优秀传统文化，在党和人民伟

① 泰勒：《原始文化》，蔡江浓编译，浙江人民出版社，1988，第 1 页。
② 郑杭生主编《社会学概论新修》，中国人民大学出版社，2003，第 67 ~ 68 页。
③ 曾小华：《文化·制度与社会变革》，中国经济出版社，2004，第 56 页。
④ 沈壮海：《思想政治教育的文化视野》，人民出版社，2005，第 26 页。
⑤ 《习近平著作选读》，人民出版社，2023，第 14 页。
⑥ 张耀灿、郑永廷、吴潜涛、骆郁廷等：《现代思想政治教育学》，人民出版社，2006，第 69 页。

大斗争中孕育的革命文化和社会主义先进文化，积淀着中华民族最深层的精神追求，代表着中华民族独特的精神标识”。[①] 因而，在大学生精神动力培育过程中，对文化熏陶规律的探寻具有重要意义。

1. 文化的凝聚力

文化是一个民族的灵魂，是民族认同和民族凝聚的基础，也是一个民族全体成员所共同拥有的精神家园。众所周知，一个民族行为准则和最深层的精神追求是由自身民族文化的发展积淀而形成的，与此同时，人们的归属感和认同感也由此形成。事实上，一个民族的价值选择、伦理道德、思维方式、心理结构和行为特征等都深受本民族文化的影响。一个民族如果要形成强大的凝聚力，离不开本民族的文化血脉和文化传统。否则，这个民族的人民就会失去本民族的根而失去方向，心灵也会失去归属。这种在文化上找不到归属的精神状态就是美国著名学者塞缪尔·亨廷顿所描述的文化上的精神分裂症。因而，我们可以得出这样的认识：当今世界，一个国家或民族要形成强大的综合国力，只依靠科技、经济、国防是绝对行不通的，还必须依靠民族凝聚力。因为它是综合国力的核心和灵魂。

随着我国社会主义市场经济的迅猛发展，新时代大学生也面临着许多诱惑，他们中的一部分人信仰迷失、道德滑坡、生活茫然……恰好，文化培育着同经济发展相适应的社会心理、精神风貌和价值观念，具有明显的价值引导和凝聚功能，可以使市场经济的缺陷得以修正。因为人生理想、社会理想和奋斗目标等包含于文化之中，文化不仅能统一新时代大学生们的意志和行动，还能促进他们之间形成和谐的人际关系。文化中蕴含的“道德规范、风俗习惯等具有约束性和制约性功能，可以对大学生的社会行为产生规范和教化作用，有助于他们把单纯的物质利益追求提升为一种社会责任感，优化整个社会环境，为和谐社会的建设创造良好的文化氛围”。[②]

---

① 《习近平谈治国理政》第 2 卷，外文出版社，2017，第 36 页。

② 李云智：《当代社会发展的文化动力》，《北京工业大学学报》（社会科学版）2013 年第 2 期。

2. 文化动力

文化是贯穿于人类社会发展始终的动力因素。党的十六大和党的十七大报告都明确指出文化建设的重要性，党的十七届六中全会提出建设社会主义文化强国的目标，更是把建设文化强国提到的一个新的高度。在全面建设社会主义现代化国家新征程上，我们必须以更坚定的历史主动精神，不断推进文化自信自强，大力发展文化事业、文化产业，不断激发全民族文化创新创造活力，夯实社会主义文化强国的根基，增强实现中华民族伟大复兴的精神力量。当前，我国正处于现代化建设的关键时期，社会发展不仅需要经济增长，更需要文化动力的推动。

党的二十大报告指出："中国式现代化是物质文明和精神文明相协调的现代化。物质富足、精神富有是社会主义现代化的根本要求。"[①]文化动力作为社会发展动力系统中的一个子系统，主要是指人的精神生活领域的活动及其成果对人的活动和社会发展所具有的推动力量。马克思主义社会发展动力理论认为，推动社会发展的动力系统是一个包含需要、生产力、生产关系、经济基础、上层建筑及精神文化等多元要素的复杂系统。在历史发展的过程中，在承认经济动力决定作用的基础上，必须看到上层建筑诸因素对社会发展的影响。新时代，文化已不再是经济的附属品，尤其是文化作为一种产业兴起以后，文化作为一种精神要素直接产生了经济效益，创造出巨大的社会财富，改变了传统的产业结构，形成了新时代社会重要的新型产业，成为世界经济的新增长点。另外，文化还可以通过对人的教化与培育全面提高人的文化素质，为经济发展提供强大的后备人才和智力支撑。

四　榜样示范规律

孔子曾说："见贤思齐焉，见不贤而内自省也。"[②] 榜样示范是指通过树立典型，以先进人物的先进事迹、先进思想为榜样，教育新时代大

---

① 《习近平著作选读》第 1 卷，人民出版社，2023，第 19 页。

② （清）刘宝楠：《论语正义》，中华书局，1990，第 155 页。

学生提高思想认识、政治觉悟和道德素质的一种方法。榜样示范规律则是指教育者以先进人物的思想观念、政治观点、道德实践为示范，教育受教育者向先进人物看齐，通过学习和接受榜样的思想、行为方式，渐渐形成符合国家、民族所需要的思想品德的一种精神动力培育规律。

1. 示范性

榜样是精神的良药，榜样的力量是无穷的。榜样具有正确、积极健康的世界观、人生观和价值观。我们可以通过榜样示范，引导受教育者树立起正确的世界观、人生观和价值观。遇到困难时，我们可以找一个具有优秀的品质的参照作为受教育者的榜样，让他们模仿榜样，通过榜样引导他们走出困境，实现自己的梦想。正因为榜样具有示范性，受教育者才会向榜样学习，学习借鉴榜样为人处世、积极面对生活和困难的方式方法，以此帮助自己在未来的人生道路中走向成功。中国历史上涌现过很多英雄人物，今天的各行各业也有许多值得我们学习的榜样，包括航天英雄、科学家、劳动模范、奥运冠军……习近平在《从小积极培育和践行社会主义核心价值观》一文中曾说："大家要把他们立为心中的标杆，向他们看齐，像他们那样追求美好的思想品德。"①

2. 代表性

榜样通常是某个行业里最具代表性的人，同时具有良好的个人品质和精湛的业务能力，他们也是行业里最值得大家尊敬的人。习近平同志曾在全国思想工作会议上强调："多宣传报道人民群众中涌现出来的先进典型和感人事迹，丰富人民精神世界，增强人民精神力量，满足人民精神需求。"② 比如亲民爱民、艰苦奋斗、迎难而上的"人民好公仆"焦裕禄；全心全意为人民服务的共产主义战士雷锋；刻苦钻研、淡泊名利，感动中国的科学家朱光亚；教育行业里将火热的心扑在党的教育事业上的"背篓老师"余启贵……他们都是各自所处行业中的榜样，品德高尚，业务精湛，他们是时代的先锋、民族的楷模。

---

① 《习近平谈治国理政》，外文出版社，2014，第 183 页。

② 《习近平谈治国理政》，外文出版社，2014，第 154 页。

3. 生动性

榜样来源于生活，存在于社会之中，能将抽象的理论诠释为实实在在的典型事例，能够给受教育者生动、直观的感受。中央电视台每年进行的“感动中国”道德人物评选活动，就是对人们灵魂的一次洗礼，用一种光辉的人性美传递着正能量。“感动中国”提名的每一个人物，都具有无私奉献的精神和高尚的情操，他们的事迹是真实动人的，他们的品质值得全国人民敬仰和学习。这些具体的事例，不仅有利于受教育者理解，更有利于增进他们感情的认同。教育主体和客体之间的相互交流也因之更加容易。因此，在大学生精神动力培育的过程中，发挥榜样示范的生动性的作用，更有利于大学生接受和认同教育者的观点和理念，从而使精神动力培育起到良好的效果。

4. 激励性

激励是指一个有机体在追求某些既定目标时的意愿程度。它具有激发动机、鼓励行为、形成动力的含义。在进行精神动力培育的过程中，榜样的优秀品质是受教育者追求的目标和方向，它犹如指引方向的北极星和照亮黑暗的灯塔。另外，榜样的思想道德素质还代表着社会发展规律，体现着时代的先进性。当然，榜样示范想要取得良好的效果，就必须让榜样所具有的高尚品质被受教育者内化，使之成为其内在潜质。因此，激励使受教育者主动追求积极向上、自我完善的品质，内心树立坚定的信念，脚踏实地地克服每一个困难，一步步接近自己的理想，这就是榜样激励性作用的体现。

五　整合规律

精神动力的整合规律是指因环境、受教育程度的不同，每个人的精神动力具有差异性、分散性和复杂性特征。为了形成强大统一的精神合力，须整合这些分散、复杂的动力，使其成为集中、统一、融合的合力，唯如此才能推动社会的发展进步。

1. 思想与行动的统摄整合

统一的思想是实现统一行动的前提条件。“为了保证革命的成功，必须有思想和行动的统一。”[1]

马克思、恩格斯曾深刻地指出，“统治阶级的思想在每一时代都是占统治地位的思想。这就是说，一个阶级是社会上占统治地位的物质力量，同时也是社会上占统治地位的精神力量……作为思想的生产者进行统治，他们调节着自己时代的思想的生产和分配；而这就意味着他们的思想是一个时代的占统治地位的思想”。[2] 这段话充分说明了统一思想是统一行动的前提。一方面，这种意识形态统摄表现为一定阶级内部的思想统摄，最终形成统一的阶级意识；另一方面，本阶级的思想统摄其他社会成员的思想，扩大自身对其他阶级和阶级成员的影响，成为社会的统治思想。实质上，精神动力培育中对意识形态的统摄，就是要运用社会的主导思想来教育和影响社会成员，将社会成员的思想认识统一到社会的主导思想的基础上，纳入社会的主导思想中，达成共识，形成合力。众所周知，以马克思主义为指导的社会主义意识形态是我国社会占主导地位的意识形态。改革开放以来，伴随着经济生活的多样化，思想观念和价值取向也变得多样化，大学生中也出现了一些问题，如“政治信仰迷茫、理想信念缺失、价值取向扭曲、诚信意识淡薄、社会责任感缺乏、艰苦奋斗精神淡化、团结协作观念较差、心理素质欠佳等”。[3] 在这种情况下，更需要坚持用马列主义、毛泽东思想、邓小平理论、“三个代表”重要思想、科学发展观和社会主义核心价值观来教育新时代大学生，这是进行推动大学生社会实践活动的精神动力培育的需要，更是实现中华民族伟大复兴的中国梦的需要。

《资本论》中有一段话：“一个骑兵连的进攻力量或一个步兵团的抵抗力量，与单个骑兵分散展开的进攻力量的总和或单个步兵分散展开的抵抗力量的总和有本质的区别，同样，单个劳动者的力量的机械总和，与许多人手同时共同完成同一不可分割的操作（例如举重、转绞

① 《马克思恩格斯全集》第 18 卷，人民出版社，1964，第 385 页。

② 《马克思恩格斯选集》第 1 卷，人民出版社，1995，第 98 页。

③ 郑水泉：《深刻认识加强和改进大学生思想政治教育的重大战略意义》，《高校思想政治教育》2005 年第 3 期。

车、清除道路上的障碍物等）所发挥的社会力量有本质的差别。在这里，结合劳动的效果要末是个人劳动根本不可能达到的，要末只能在长得多的时间内，或者只能在很小的规模上达到。这里的问题不仅是通过协作提高了个人生产力，而且是创造了一种生产力，这种生产力本身必然是集体力。”① 这说明，统一的行动是形成社会合力、实现共同目标的前提。思想与行动完美统一是社会实践的本质需要，两者的统一必须加强精神动力的统摄。社会成员在社会实践活动中的密切协作、相互配合是社会实践活动深入开展的必要条件。

2. 交流沟通整合

新时代大学生都是具有一定思想意识、愿望和目的的人，而且每一个大学生的思想意识、愿望、目的都不尽相同，具有多样性和差异性。交流沟通是不同思想主体充分交流的过程，是进行整合的前提和基础。在精神动力培育的过程中，交流与沟通是形成共同的、一致的、正确的思想意识与愿望目的的必要手段。只有在交流沟通的基础上，才能形成推动社会实践活动的共同的精神动力。

精神动力的交流沟通不是单向的交流沟通，而是一个双向的沟通过程。不是其中一方主动传递，另一方被动接受。灌输的单一教育方式所产生的教育结果是显而易见的。交流沟通的优势在于双方互为信息的传递者和接受者，积极主动参与交流，逐步了解对方，加深理解，寻求一致，双方通过不断地交流沟通，逐渐把多样性与差异性整合起来，把思想统一到正确的观点上，这样才能克服交流双方思想认识的片面性，使正确的思想成为指导和推动社会实践的主导思想。同时，各种不同的思想在民主的交流与沟通中才能发现其错误之处，再加以分析与对比，才能用正确的思想克服错误的思想。只有通过深入地交流与沟通，才能渐渐地将大家的思想统一到正确的理性认识上来。只有在交流与沟通中不断地整合，大学生的思想觉悟才会不断地提高，精神动力也才能不断地增强。在进行不同思想的沟通整合过程中，我们应该坚持

① 《马克思恩格斯全集》第 23 卷，人民出版社，1972，第 362 页。

"团结—批判—团结"的方法，促进正确的思想在沟通整合中不断地发展。

六 强化规律

精神动力的强化是指主体选择一定的精神因素作为其干预行为的动力的过程，即通过不断改变行为结果产生的刺激因素来达到增强某种精神因素的动力作用的过程。精神动力作为一种推动人的实践活动的精神形态的动力，必须用实践活动的结果来强化。只有通过不断强化实践的结果，精神动力才能在实践中不断地得到增强、发展。

1. 直接性

精神动力强化的直接性是指"精神转化为实践的结果对精神动力的形成与发展直接产生的强化作用。主要表现为实践结果对理论形态的精神动力的强化或精神动力的理论强化"。① 在认识世界的过程中，客观事物及社会实践的发展规律会反映在人的头脑中，然后经过筛选、加工后转变为一定的思想，继而形成一种规律性的认识，人们会以这种规律为依据，提出社会实践活动的预期目的或推测结果，对客观世界进行改造，以达到实践活动的预期目的或预想效果。同时，一定思想理论离不开社会实践的检验，如果正确思想理论离开了社会实践结果的直接强化，就不可能成为正确的思想理论。因此，在大学生精神动力培育的过程中，我们不能忽视社会实践活动结果，它能直接强化正确精神动力的形成与发展。

2. 间接性

精神动力的间接强化是精神转化为实践的结果对精神动力的形成与发展间接产生的强化作用。② 众所周知，精神动力的间接强化就是社会实践产生的结果被人们加以不同的阐释和评价而形成的一种刺激，间接地强化人们的行动，它主要表现为价值强化。人们运用一定的思想理

---

① 骆郁廷：《精神动力论》，武汉大学出版社，2003，第 242 页。

② 骆郁廷：《精神动力论》，武汉大学出版社，2003，第 244 页。

论指导社会实践，最终是为了使社会实践的结果满足主体的需要，当这种社会实践的实际结果满足了社会、组织，甚至个人的发展需要时，就会获得正面评价或相应的奖励。这种正面的评价或奖励作为一种刺激，不仅会对人们的价值取向和价值观产生间接强化的作用，还会间接有效地促进一定精神动力的形成。在中国革命、建设和改革开放的过程中，我们党就是运用了马克思主义做指导，才找到了一条具有中国特色的社会主义道路，形成了中国化的马克思主义。马克思主义中国化的形成与发展就直接体现了这种间接强化的价值。今天，在实现中华民族伟大复兴的中国梦的征途中，我们党经过长期实践和积累所形成的毛泽东思想、邓小平理论、“三个代表”重要思想、科学发展观和社会主义核心价值观，就是我们培育新时代大学生精神动力的重要思想理论。大学生应自觉践行这些理论和价值观，并将其内化为自身的素质，形成率先垂范的高尚品格，间接地促进精神动力的形成。

3. 反复性

在培育新时代大学生的精神动力时，仅仅依靠直接强化和间接强化规律是不能完成形成与发展精神动力的目的的。还必须对他们所学到的思想理论、价值观及塑造的人格进行反复强化，如此才能发挥思想理论和价值观的作用，进而推动大学生的精神动力的形成与发展。

一定的思想理论发展为精神动力，必须经过社会实践的反复强化。毛泽东同志曾指出：“只有人们的社会实践，才是人们对于外界认识的真理性的标准。”[①] 任何一种思想理论，作为客观事物和社会实践发展规律的反映，只有应用于社会实践并得到检验，才能辨其真伪。比如马克思主义理论就是被无产阶级革命和社会主义革命、建设反复实践证明了的正确的科学的真理，所以才显示了强大的生命力，成为推动世界无产阶级解放全人类的伟大事业的强大精神动力。事实证明，被实践检验的正确的思想或真理性的理论，会被广大人民所接受、认同和信奉，化为人们头脑中的坚定信念，成为指导人们实践活动的精神动力。

① 《毛泽东选集》第 1 卷，人民出版社，1991，第 284 页。

第四章

新时代大学生精神动力现状及问题分析

自 1991 年以来，教育部每年都会对我国大学生的思想政治教育状况进行滚动调查，主要采取问卷、座谈、访谈等多种形式。调查显示，当前大学生精神动力状况整体呈现先进积极、健康向上的态势。但是，在肯定我们取得一定成绩的同时，对大学生在具体实践中存在的精神动力缺失现象也不容忽视。

第一节　新时代大学生的时代性特征

新时代大学生是一个个性明显、独特的群体，他们是整个社会中文化水平较高的群体，不仅具备实现自我价值的诸多条件，还拥有实现自我价值的远大目标。进入新时代，他们显示出比较独特的思想和行为特点。

一　新时代大学生的思想行为特点

新时代大学生生长在中国特色社会主义改革开放的转型时期。总体上而言，他们的思想状况是积极、健康、向上的。由于经济全球化步伐和社会主义市场经济发展速度的不断加快，新时代大学生受到西方文化思潮和价值观念的冲击，面临多种思想文化、价值观念和道德观念，他们难以选择。更重要的是，互联网技术的迅猛发展，对新时代大学生的思想及道德观念产生了强大的冲击，他们的思想呈现一些新特点。这些特点令人喜忧参半，辩证地体现了新时代大学生自我矛盾的实际情况。

（一）自主意识强，对父母亲人和电子产品的依赖性也强

新时代大学生都成长在改革开放继续深化发展的特殊阶段，这个阶段无论是物质资源还是精神资源都异常丰富，国际环境、社会环境和家庭环境都予以他们极大的影响。教育普及程度、网络技术普及程度都使他们呈现思想早熟、行为独立的特征，对周围事物的变化发展有着自己的独立见解。第一，崇尚公平、正义，自主意识强烈，热衷于自我崇尚、自我奋斗，重视自我价值、自身利益；第二，渴望民主、平等，不畏惧权威强势，敢于挑战传统，不墨守成规；第三，独树一帜，与众不同。新时代大学生喜欢新颖、有个性的事物，力图彰显个性，无论从衣着外表还是兴趣爱好都追求个性化，与众不同。这些特征相对于过去“70后”“80后”的整齐划一无疑是一大进步。然而，事物发展总具有两面性，尽管在个性方面显示出特立独行的特征，一部分新时代大学生在某些方面仍显示出很强的依赖性。第一，对父母亲人的依赖性强。新时代大学生中独生子女居多，在成长的过程中，父母长辈给予了太多无微不至的关怀与帮助，想尽一切办法为他们提供优越的生活环境与物质生活条件。衣来伸手饭来张口的情况已成为常态，靠父母长辈安排一切的依赖思想也极为严重。因此，在大学这个“小社会”里，他们虽然远离父母亲人，但依然离不开父母的指导与帮助，一部分大学生也存在生活不能自理的现象。比如，不会独立拆洗被套、不会手洗衣物等。第二，对网络的依赖性强。新时代大学生被称为“网络原住民”，信息时代给他们提供了广阔的空间，他们热衷于网聊、网购和网游，成为“宅男”“宅女”，不出门就可知天下事。第三，对手机的依赖性强。近年来，随着手机技术的迅速发展，手机功能愈发强大，手机已经成为新时代为大学生不可或缺的通信工具，无论是在大街上还是在教室、宿舍里，“低头一族”随处可见，对手机的依赖严重影响了人与

人之间的交流。

（二）心怀理想，趋于务实

“理想信念是世界观、人生观和价值观的集中体现，在人的精神世界中处于核心的地位。”① 新时代大学生通过在学校的理论学习和社会实践将大部分书本知识和实践活动内化提升为自己的价值观念，外化为一种自觉的行动。他们的思想主流是积极向上的，他们自立自强，勇于拼搏，对共产主义的远大理想充满信心。热爱党、热爱祖国、热爱社会主义也成为新时代大学生的普遍共识。同时，新时代大学生的价值追求也越来越务实。主要体现为以下几点。第一，对主流价值观高度认同。在云南大学“精神生活共同富裕下新时代青年的精神需要及实现路径研究”课题研究过程中，通过问卷调查发现，90%以上的学生认同“做人比做事、做学问更重要”②，这反映出新时代大学生更加理性的做人做事态度，人品才是最高的学问。同时也反映了高校思想政治教育的突出效果，为精神动力培育奠定了良好的基础。第二，人生态度与人生价值观念趋于务实。经历了理想与现实的对比，尤其是经历了高考的洗礼、目睹了日趋激烈的社会竞争等，新时代大学生学会了正视关系自身前途与命运的各种现实问题，普遍表现出积极乐观、不断进取的精神状态，对个人的目标选择越来越理性务实。这反映了新时代大学生务实的一面。同时，面对社会生活中出现的一些不文明行为和不良现象也表现出正确的价值评判。第三，多元化的价值追求。新时代大学生在价值追求上表现出多元化的特点。一方面，他们有强烈的爱国之心，关心国家的大事要事。如94.2%的学生表示关注“神舟九号与天宫一号成功对接，蛟龙号下潜突破7000米大关，第一艘航空母舰辽宁舰正式交付海军”；97.8%的学生对“国务院批准设立地级三沙市，管辖西沙群岛、中沙群岛、南沙群岛的岛礁及其海域”表示满意；96.4%的学生对

① 彭绪琴：《当代大学生理想信念教育研究》，中共中央党校出版社，2008，第29页。

② 云南大学2022教育教学研究项目“精准供给理念下习近平新时代中国特色社会主义思想概论课实践性研究”（项目编号：2022Y37）的研阶段性成果，待发表。

“中国就钓鱼岛及其附属岛屿领海基线发表声明，对钓鱼岛及其附属岛屿开展常态化巡航监测，坚决维护钓鱼岛及其附近岛屿主权”表示赞同。[①] 2016 年的调查表明，高校学生对调查所列的 12 个时事热点问题均表示高度关注，九成以上的学生对“习近平总书记赴美、英等多国进行国事访问，开启中国大外交时代”“抗日战争胜利 70 周年”“北京获得 2022 年冬奥会举办权”“屠呦呦获 2015 年诺贝尔生理学医学奖”表示关注。访谈中，大学生普遍表示，以习近平同志为核心的党中央全方位推进中国特色大国外交，积极参与全球治理，倡导打造人类命运共同体，极大地增强了国人的民族自信心和自豪感。[②] 另一方面，他们的目的性很强，既注重自身价值追求又注重自身利益追求。

以上几个方面反映了新时代大学生心怀理想且趋于务实的特点，这些行为特点都是价值追求多元化发展的直接结果。

（三）道德认知强，运用理论指导实践的能力弱

联合国开发计划署教育顾问德怀特·艾伦曾指出：“教育有两个目的：一个是要使学生变得聪明；一个是要使学生做有道德的人。如果我们使学生变得聪明而未使他们具有道德，那么，我们就为社会创造了危害。”[③] 大学时期既是大学生人生观、世界观、价值观形成的重要时期，也是道德观形成的重要时期。道德观对整个人生的影响是极大的。教育部 2016 年高校学生思想政治状况滚动调查表明，大学生思想主流持续积极健康向上。这一滚动调查已持续 25 年，全国大学生思想政治教育发展研究中心于 2016 年 1 ~5 月开展了相关调查。调查采用问卷调查与座谈访谈相结合、线上调查与线下调查相结合的方式进行。线下调查在京、津、黑、沪、浙、赣、鲁、豫、鄂、粤、川、渝、滇、陕、宁、新

① 《2013 年高校学生思想政治状况滚动调查》，http：//www. moe. gov. cn/jyb_xwfb/gzdt_gzdt/s5987/201306/t20130603_152702. html，最后访问日期：2024 年 1 月 24 日。

② 《2016 年高校学生思想政治状况滚动调查》，http：//www. moe. gov. cn/jyb_xwfb/gzdt_gzdt/s5987/201605/t20160531_247095. html，最后访问日期：2024 年 1 月 25 日。

③ 转引自《新华文摘》2005 年第 22 期。

16 个省（区、市）和新疆生产建设兵团开展。线上调查通过上海“易班”网进行。调查结果表明，当前大学生思想主流继续保持积极健康、向上向好的良好态势。数据显示：“90% 以上的学生赞同诚信意识、赞同做人最重要，同时，赞同‘金钱是人生幸福的决定因素’的比例明显下降。绝大多数学生对‘在无人监管时随意违反学校规章制度’等 13 种校园不文明现象持反对态度。”“在对校园不文明现象的调查中，90% 以上的同学反对‘利用网络和手机发布不健康、不负责任的信息’‘考试作弊’等校园不文明现象。”“98% 的学生赞同‘诚信是做人之本’。”“90% 以上的学生反对‘长明灯、长流水’‘考试作弊’‘未经同意，使用其他同学私人物品’等校园不文明现象。”[①] 以上调查数据充分表明，新时代大学生对思想道德品质和良好社会公德都十分看重。大多数大学生对道德品质是持认可态度的，他们也赞成做人要有诚信，认为诚信是为人处世的根本，并把诚信作为一个人的重要品德。他们坚持公平互利、高效守纪等新时期的道德观念。当国家和民族需要他们贡献力量时，他们的身影也到处都可以看到。如在北京冬奥运会、世博会、成都大运会、杭州亚运会的志愿者队伍中，绝大多数是大学生，他们与祖国同向同行、同频共振。

与此同时，新时代大学生的道德素质也呈现出较大的差异性和不平衡性。在道德修养、道德观念、道德标准等方面显得比较突出。新时代大学生在道德认知与践行方面存在不平衡性与不协调性。新时代部分大学生的道德素养不高、道德践行能力弱已经是大学校园中的一个亟待解决的问题。因此，有必要对大学生进行精神动力培育，提高新时代大学生的道德修养。

（四）部分大学生追逐功利，自制能力不强

新时代大学生绝大多数是独生子女，他们生长在市场经济体制不断

① 《2016 年高校学生思想政治状况滚动调查》，http：//www. moe. gov. cn/jyb_xwfb/gzdt_gzdt/s5987/201605/t20160531_247095. html，最后访问日期：2024 年 1 月 25 日。

发展与完善的时代，同时又受到国际国内各种思潮的影响。在行为方式上明显表现出功利性，做事讲求实效。部分大学生长期和父母一起生活，受到父母的呵护，缺乏社会锻炼，心智不够成熟，缺乏独立生活的能力。进入大学后，开始独自面对自己的日常生活，存在一定的困难。在生活方面，缺乏安排与规划，随意性大。作息时间缺乏规律，晚睡晚起。从众心理较强，往往不分是非、不顾后果。在学习方面，控制能力较差。这些行为特点反映了我们在学校教育过程中重知识轻德育，重成绩轻素质的特征。

（五）自主意识强，部分大学生自律能力弱

自主性，是指在学习和生活中行为的独立性和主动性，表现为独立自主地支配自己的言行。自律性是指自觉地按照道德要求、法律法规、规章制度等规范自己的行为。自主性与自律性相辅相成，自主性是在自律基础上的自主，自律性是自主行为的保证。

第一，有主见，有追求。大学时期是大学生独立生活与学习的一个重要阶段。经过大学的磨炼，大学生很快就具有了较强的主动性与独立性。首先，遇到问题主动处理，独立应对。新时代大学生虽涉世未深，但接收信息速度快，接收的信息量也大，因此遇事能够自己想办法处理。尽管有时解决问题的思路与方法不正确，但也体现出了大学生有主见的特点。其次，对未来怀有追求。新时代大学生心怀梦想，对未来充满理想与追求。但由于缺乏社会经验与阅历，有时会树立不切实际的目标。

第二，自主学习，自主生活，自主择业。首先，学习自主化。随着高校改革进一步深化，新时代大学生的自主学习能力增强，选课、听课以及考证升学等问题都由自己决定。其次，生活方式自主化。离开父母与家庭，大学生的生活方式自主化增强。作息时间的制定与安排，一日三餐的搭配与选择，每个月生活费用的开支与管理，与人相处的方式与方法等，全由大学生自己做主。最后，职业选择自主化。自 1999 年高校“并轨”以来，大学生普遍接受了“缴纳学费，双向选择”这样的

现实，还未进入大学就有了自主择业的思想准备。自主择业对大学生提出了挑战。一方面，要求大学生学好专业知识，具备过硬的科学文化素质；另一方面，要求大学生具备良好的思想道德品质和职业操守。对于“00后”的大学生而言，真正体现了“我的职业我做主”的特征。

第三，充实自我，调节自我，发展自我。大学是知识的殿堂，是文化的宝库。进入大学，接受高等教育，锻炼培养自己的科学思维方式，充实自我，是新时代大学生的基本目标。调节自我，是大学生进入大学必须经历的第二阶段。在接受科学训练之后，调节自己的思维方式和行为方式，形成科学处理问题的思路与方法，是大学生需要面对的新挑战。发展自我，是大学生求学的最终目的。只有正确认识大学的求学目标，形成积极的精神动力，大学生才能开辟一个新的天地。

第四，部分大学生不遵守道德规范。在道德规范方面，部分新时代大学生的问题较为突出，主要表现为无所畏惧、不负责任。首先，道德行为约束力弱，如大学生群体中存在婚前性行为现象。其次，社会公德意识较为淡薄。随地吐痰、扔纸屑，甚至课桌上涂鸦等。

第五，部分大学生不践行法律法规。新时代大学生，成长于我国社会主义法治进程不断完善的时期，但部分大学生对我国法律法规的认识与学习不够深入，因而在现实生活中难以把理论与实践有机结合，存在违法行为。尽管各高校都开设了《思想道德与法治》这门课，但相当一部分大学生学习法律法规只为了参加考试获得高分，并没有真正理解法律法规的含义和作用，没有真正践行法律法规的要求。

第六，部分大学生违反规章制度。规章制度是指社会成员必须共同遵守的行为规范。部分新时代大学生，习惯了在家的自由散漫，进入大学后依然我行我素，甚至因为违反规章制度而被相关部门处罚。如违反学校考试制度。每一所大学都制定了相关制度禁止作弊、替考等行为，但是在学校的期末考试、大学英语四六级考试、计算机等级考试等考试中，仍然有部分大学生违反学校的规章制度。

综上所述，新时代大学生的思想与行为特点反映了社会主义市场经济发展过程中，人的全面自由发展与经济转型之间的矛盾。事实上，大学生精神动力培育与市场经济的发展并不背离，尤其是市场经济所孕育的独立人格的发展机会，为我们培育大学生精神动力提供了契机。

二　新时代大学生的思想行为变化规律

进入新时代，我国社会主要矛盾已由人民日益增长的物质文化需要同落后的社会生产之间的矛盾转换为人民日益增长的美好生活需要同不平衡不充分发展之间的矛盾。这一情况也冲击了新时代的大学生，使他们的思想行为变化呈现一定的规律。

（一）新时代大学生思想行为变化的规律

新时代，在党的领导下，解决了许多长期想解决而没有解决的难题，办成了许多过去想办而没有办成的大事要事，党和国家的事业取得历史性成就、发生历史性变革，这些成就和变革使新时代大学生在很多方面都发生变化。具体反映在以下几个方面。

学业认知方面。在中小学阶段，大多数学生接受的是“填鸭”式教育。进入大学，大学的教学方式与中小学的教学方式对比强烈，因此学生中的分层也较为明显。一部分人继续保持良好的学习习惯，自律性强，能够合理安排学习、社团活动和体育活动等。一部分人对学习、掌握新知识的动力则开始逐渐减弱，自律性不够强。主要表现为上课听课不积极、不专心，缺乏学习的主动性和自觉性，人在课堂上，心却游离在课堂外，在课堂上打游戏、看视频等行为屡屡出现。当期末考试来临时，临时抱佛脚，搞突击复习，甚至只求考试不挂科即可。

生活认知方面。新时代大学生大多数是独生子女，从小就生活在备受关怀的家庭环境中。进入大学后，一部分大学生不能很好地适应大学宿舍的集体生活，还有一部分大学生以自我为中心，在大学这个“小社会”中因人际关系处理不当而生成矛盾，由此导致的焦虑、不安、紧张，甚至抑郁等心理问题呈逐年增多的趋势。另外，随着互联网的快速发展，新时代大学生热衷于利用自媒体平台进行自我表达与交流，如利用抖音等网络平台进行直播，寻找生活的乐趣。一部分大学生缺乏有效的自我管理，消费往往具有盲目性和随意性，很少对自己每月的开销有具体的计划，这就导致大学生每个月的生活费超出预期。

道德认知方面。习近平总书记指出：“道德之于个人、之于社会，都具有基础性意义，做人做事第一位的是崇德修身。”① 新时代大学生是社会实践中的主要力量，在时代交替中起着至关重要的推动作用，他们所受的教育决定着人类未来的发展。对于把我国建设成富强民主文明和谐美丽的社会主义现代化强国的使命和目标，大多数大学生都有一定的了解并表示认同，对24字社会主义核心价值观耳熟能详，对政治也表现出较高的热情。然而，新时代大学生因缺乏一定的认知能力，对一些社会问题的认知还比较片面。他们尚未真正步入社会，缺乏社会实践，所以对道德的认知大多局限于理论知识。

总体而言，新时代大学生的道德修养较好，中华优秀传统文化中的“仁义礼智信”“天行健，君子以自强不息”“言必信，行必果”“天下兴亡，匹夫有责”“修身齐家治国平天下”等道德观念，在他们的成长过程中潜移默化地影响着他们的思想和行为。与此同时，新时代大学生的身心发展尚未完全成熟，在思想行为上仍然存在盲目跟风现象，一些良好的道德行为没能充分表现出来。鉴于道德认知和道德实践的辩证关系，习近平总书记要求广大青年“把正确的道德认知、自觉的道德养成、积极的道德实践紧密结合起来，不断修身立德，打牢道德根基”。②

（二）新时代大学生思想行为变化的原因

进入新时代，我国在政治、经济、文化和社会等各方面均已发生了巨大变化，新时代大学生的思想行为变化规律也受到多种因素的影响，主要表现在家庭环境、校园环境、社会环境和大学生自身等方面。因而，可以从以上角度出发探求其变化规律产生的原因。

---

① 《习近平关于青少年和共青团工作论述摘编》，中央文献出版社，2017，第27页。

② 习近平：《在纪念五四运动100周年大会上的讲话》，人民出版社，2019，第11页。

第一，家庭环境。习近平总书记指出："家庭是社会的基本细胞，千千万万个家庭的家风好，子女教育得好，社会风气好才有基础。"[1]家庭的影响主要来自家风，"家风家教是一个家庭最宝贵的财富，是留给子孙后代最好的遗产"。[2] 众所周知，孩子的第一任老师是父母，新时代大学生都是"00 后"，在他们成长过程中，思想行为总是受到父母潜移默化的影响，这种影响的作用对他们来说是至关重要的。同时，新时代大学生是伴随着祖国的迅猛发展成长起来的，他们大多数人的家庭情况较改革开放初期有了很大的变化，他们大部分是独生子女，家庭条件较好，不管是父母还是祖辈都给予了许多的关怀和宠爱。家庭给予的保护和照顾让新时代大学生的抗挫折能力下降。

第二，校园环境。人创造环境，同样，环境也能够造就人。高校是知识与思想文化的集中地，是大学生群体的主要聚集地。校园环境对于大学生的思想行为具有极为重要的影响。当前，大部分高校在全面深化改革的浪潮中发展，然而，由于长期受传统办学经验的影响，部分高校在对大学生进行思想政治教育时还采用过去单一灌输的教学方式，没有根据新时代大学生思想实际情况进行改革，因此不能很好地激起新时代大学生的学习兴趣，未能取得正确引导其思想行为的理想效果。

第三，社会环境。进入新时代以来，国际国内环境发生了一系列的新变化。一方面，国际体系和国际秩序深度调整，世界进入新的动荡变革期；另一方面，我国已经迈上了建设社会主义现代化强国的新征程，人民生活水平不断提高。与此同时，社会上不仅出现了"历史虚无主义""新自由主义"等一些错误思潮，而且也产生了道德失范等不良现象，这些错误思潮和不良现象不可避免地影响着新时代大学生的思想和行为。

第四，大学生自身原因。新时代大学生身处学校这座象牙塔之中，

---

① 《习近平关于注重家庭家教家风建设论述摘编》，中央文献出版社，2021，第 23 页。

② 《习近平关于社会主义精神文明建设论述摘编》，中央文献出版社，2022，第 292 页。

世界观和价值观还未成熟定型，他们本身就容易受到外部环境等各种因素的影响。由于多数学生在上大学之前缺乏资金管理和时间管理的经验，进入大学后，面对这些需要自我管理的问题时还有些不知所措。一些大学生在遭受挫折和失败后，很长一段时间都不能控制自己的情绪，如再遇到类似的场景或者困难时，他们就会表现出焦虑、害怕甚至恐惧，不能很好地面对并解决问题。

（三）正确引导新时代大学生思想行为以及应对其变化规律的措施

第一，家庭层面。创造一个良好的教育环境是培养良好行为习惯的基础，这就要求家长能够给予孩子充分的关注。家风严谨有利于塑造家庭成员的优良品格。积极加强家风建设，有助于培养家庭成员的良好思想和行为。家庭氛围需要通过正确的思想观念来经营。努力营造温馨和谐的家庭环境，有助于培养孩子良好的行为习惯。对于孩子的关怀也要适度，不能过分宠爱，应该合理关心孩子，与孩子形成友好的相处方式。

第二，校园层面。在中国，大部分高校在党的领导下都形成了自身的办学风格，确立了自己的校风，体现着学校特有的精神风貌。具体表现在各校的校训当中，清华大学的校训为“自强不息 厚德载物”，复旦大学的校训为“博学而笃志，切问而近思”，浙江大学的校训为“求是创新”，南开大学的校训为“允公允能，日新月异”，中山大学的校训为“博学、审问、慎思、明辨、笃行”，云南大学的校训为“会泽百家，至公天下”……这些学校充分利用高校文化育人的环境，充分发挥各专业的育人作用，在培养人、塑造人的过程中把良好的校风融入高校精神文化建设当中，各方协同发力，形成了全方位立体化的思想政治教育格局。

第三，社会层面。众所周知，我国历史源远流长，传统文化中蕴含着很多优秀思想。习近平总书记强调：“只有全面深入了解中华文明的历史，才能更有效地推动中华优秀传统文化创造性转化、创新性发展，更有力地推进中国特色社会主义文化建设，建设中华民族现代文明。”[①] 新时代，我们要把马克思主义基本原理同中华优秀传统文化相结合，充分汲取古人的智慧，大力传承和弘扬中华优秀传统文化。在全社会加强社会主义核心价值观的传播，让社会主义核心价值观深入人心。同时，充分利用网络媒体的积极育人功能，把社会主义主流思想覆盖到网络媒体的各个角落，让新时代大学生在潜移默化中接受正确思想的引导，以达到潜移默化的育人效果。

综上所述，在新时代条件下，大学生思想行为及变化规律使新时代大学生精神动力培育面临着许多新挑战。面对大学生思想行为存在的诸多问题，不仅需要从管理层面高度重视思想政治教育工作，还需要家庭、学校、社会等各个方面形成合力，协同推进新时代大学生正确思想行为的发展。

第二节　新时代大学生精神动力现状及问题

科学的信仰在个人成长过程中发挥了积极的推动作用。青年兴则国家兴，青年强则国家强，新时代大学生的信仰状况不仅直接影响到青年的个人发展，而且影响着整个社会的稳定乃至民族复兴的进程和中国特色社会主义事业的发展进程。新时代必须加强对大学生马克思主义信仰的培育研究，增强他们对社会主义事业的认同感，落实我国教育立德树人的根本任务，培养合格的社会主义建设者和接班人。

一　信仰状况

习近平总书记强调：“我们要坚持马克思主义在意识形态领域指导地位的根本制度。”[②] 马克思主义是我们立党立国、兴党兴国的根本指

① 习近平：《在文化传承发展座谈会上的讲话》，人民出版社，2023，第 1 页。

② 习近平：《高举中国特色社会主义伟大旗帜　为全面建设社会主义现代化国家而团结奋斗——在中国共产党第二十次全国代表大会上的报告》，人民出版社，2022，第 43 页。

导思想，坚持马克思主义在意识形态领域的指导地位是中国特色社会主义制度体系的一项根本制度，是坚持和加强党对宣传思想文化工作全面领导的本质要求，是发展社会主义先进文化的有力保障。

贝尔曾说，现代主义的真正问题是信仰问题。现代化改变着人类，同时也改变着人们的信仰。随着时代的不断发展变化，无论是东方还是西方，无论是发达国家还是发展中国家，都面临着一个同样的困惑和难题，即信仰危机。

厦门大学张艳涛老师2014年曾对该校900名大学生进行了“研究型大学大学生信仰状况调查”。调查问卷共发出900份，回收842份，有效问卷813份。调查对象涵盖了理工科、文科、医科、商科和其他专业的在校大学生。[①] 2023年广州铁路职业技术学院李锦源老师选取了广东和贵州两所高校的800名非相关专业在校大学生作为调查采集样本，分析了解新时代大学生马克思主义信仰情况。[②] 调查结果表明，个别大学生在价值观、人生观、世界观等问题上存在一定程度的混乱与迷失。众所周知，信仰是人的精神世界很重要的一部分。信仰缺失必然导致心灵的空虚。正如弗洛姆所说：“信仰是一个人的基本态度，是渗透在他全部体验中的性格特征，信仰能使人毫无幻想地面对现实，并依靠信仰生活。”[③] 习近平总书记强调：“人民有信仰，国家有力量，民族有希望。”[④] 党领导人民经历了这么多艰难困苦走到今天，国家的物质财富极大丰富，但同时只有精神财富同样极大丰富，才能够汇聚起全国人民建设社会主义现代化国家、实现中华民族伟大复兴的强大精神力量。

因此，在新时代大学生精神动力培育过程中，必须加强新时代大学生的马克思主义教育，增强大学生对社会主义事业的认同感，落实我国教育立德树人的根本任务，培养合格的社会主义建设者和接班人。

---

① 张艳涛：《知识与信仰：当代大学生精神世界研究》，中国文史出版社，2014，第198页。

② 李锦源：《新时代大学生马克思主义信仰现状调查探究》，《科学咨询》2023年第9期。

③ 埃里希·弗洛姆：《为自己的人》，孙依依译，生活·读书·新知三联书店，1998，第184页。

④ 《习近平著作选读》第2卷，人民出版社，2023，第35页。

理想信念是人的精神世界的核心。在十八届中央政治局第一次集体学习时，习近平总书记指出："理想信念就是共产党人精神上的'钙'，没有理想信念，理想信念不坚定，精神上就会'缺钙'，就会得'软骨病'。"[①]"钙"指的是人的精神支柱，理想信念缺失或者弱化就如同人缺钙一样缺少了能够支撑人奋斗的精神动力，就矮下去了、弱下去了，又何谈共产党人的精神和奋斗目标呢？一个精神上"缺钙"的人，不可能承担时代所赋予的历史重任。追求远大理想、坚定崇高信念，是大学生健康成长、成就事业、开创未来的精神支柱和前进动力。

习近平总书记强调，"崇高的理想，坚定的信念，是中国共产党人的政治灵魂，是人民军队的精神支柱"[②]，"从艰苦卓绝的井冈山斗争到千难万险的长征路，从硝烟弥漫的抗日战争到摧枯拉朽的解放战争，从坚决捍卫国家主权、安全、领土完整的英勇斗争到抢险救灾、保卫人民生命财产安全的顽强拼搏，从支援国家经济社会建设的无私奉献到维护地区和世界和平的实际行动，崇高理想信念的灯塔指引人民军队一路向前"。[③]

进入新时代，作为一项系统工程，理想信念教育应遵循全员、全程、全方位育人理念，形成校内"小课堂"与社会"大课堂"的有机结合，善用"大思政课"，让学生与时代同频共振。在纪念中国人民志愿军抗美援朝出国作战70周年大会上，习近平总书记指出："在波澜壮阔的抗美援朝战争中，英雄的中国人民志愿军始终发扬祖国和人民利益高于一切、为了祖国和民族的尊严而奋不顾身的爱国主义精神，英勇顽强、舍生忘死的革命英雄主义精神，不畏艰难困苦、始终保持高昂士气的革命乐观主义精神，为完成祖国和人民赋予的使命、慷慨奉献自己一切的革命忠诚精神，为了人类和平与正义事业而奋斗的国际主义精神，

① 《习近平关于全面从严治党论述摘编》，中央文献出版社，2016，第57页。

② 习近平：《在庆祝中国人民解放军建军90周年大会上的讲话》，人民出版社，2017，第7页。

③ 习近平：《在庆祝中国人民解放军建军90周年大会上的讲话》，人民出版社，2017，第7~8页。

锻造了伟大抗美援朝精神。”[①] 可以说，没有理想信念，这些就不可能做到。

多年来，为了引导大学生树立崇高的理想和信念，高校思想政治教育工作者时刻关注着大学生的思想动态，及时寻找最佳方法解决大学生在思想上遇到的问题。在有关理想信念的问卷调查中，大学生的选择既反映出积极的一面，也反映出消极的一面。

当前我国正处在转型的关键时期，大学生作为民族的未来，其思想动态对整个国家的安定团结和社会稳定有着至关重要的作用。这些调查结果反映了这样一个现实，面对自己的理想和社会理想（为了他人和社会），大学生没有把二者很好地结合起来。一部分大学生优先考虑自己个人的发展，表现了较强的功利性。当前大学生精神动力培育问题越来越重要。进入新时代，在党的思想政治教育理论的指导下，新时代大学生对党的全面领导更具信心。教育部 2016 年大学生思想政治状况滚动调查表明，86.6% 的学生对“党的创造力、凝聚力、战斗力进一步增强”表示乐观。以习近平同志为核心的党中央在大学生心目中的形象更加鲜活、更加丰满，“亲民”“实干”“廉洁”“务实”等印象连续三年排在前列。[②]

二　道德状况

在中华民族 5000 多年的优秀传统中，我们早已形成了尊老爱幼、见义勇为、舍生取义、宽厚待人、艰苦朴素、勤劳节俭等传统美德。

2018 年 9 月至 2019 年 5 月，云南大学的唐艳婷对包括云南大学、昆明理工大学、云南农业大学等在内的 9 所高校的 12 个专业的在校大学生进行了“大学生道德能力”调查研究，覆盖大一、大二、大三、大四四个年级，共回收问卷 3036 份，有效问卷 2885 份，有效率

---

① 《习近平谈治国理政》第 4 卷，外文出版社，2022，第 74 页。

② 《2016 年大学生思想政治状况滚动调查表明大学生思想主流积极健康、向上向好》，http://www.moe.gov.cn/jyb_xwfb/gzdt_gzdt/s5987/201605/t20160531_247095.html，最后访问日期：2024 年 1 月 28 日。

95.02%。调查结果表明："2885 名在读大学生中，有 78.7% 的大学生认为日常思想政治教育工作对自己道德水平的提升有帮助。77.7% 的调研对象认为辅导员在其中起到了明显的作用。此外，78.7% 的受访对象认为校园文化活动对自己的道德发展有明显作用。作为主渠道的补充，高校日常思想政治教育对大学生道德提升发挥了明显作用。"[①]

不过，部分同学对自身的道德水平认知不够准确，高估了自身的道德水平，"96.34% 的大学生觉得自己的道德水平相当于或高于身边大学生的整体水平"[②]。在"为己"和"为他"两个方面存在明显矛盾，调查显示，"在处理自己与他人关系时，23% 的大学生赞成先己后人，54% 的大学生赞成利己但不损人，有 5% 的大学生赞成只要利己不顾他人"。[③] 也就是说 82% 的大学生把"为己"放在优先位置。此外，"一项对大学生婚前性行为观念的调查显示，42.28% 的大学生表示可能会与对方发生婚前性行为，其中仅有 31.33% 的大学生表示能对此行为负责，反映出大多数大学生缺乏相应的责任感"[④]。2019 年调查显示，大学生网络失范行为比较常见，其中网络责任侵权现象最为严重，例如"抄袭论文""网课替打卡"等。[⑤]

这些调查结果表明，新时代大学生的主体意识较以往增强了，社会责任感和奉献意识在逐渐淡化，甚至有部分学生对道德缺失等现象表示理解和宽容。这些现象令人担忧。马克思曾说过："作为确定的人，现实的人，你就有规定，就有使命，就有任务，至于你是否意识到这一点，那都是无所谓的。这个任务是由你的需要及其与现存世界的联系而

① 唐艳婷：《大学生道德能力培育路径研究》，博士学位论文，云南大学，2020，第 94 页。

② 段慧兰、陈利华：《大学生道德自我发展的问题及原因分析》，《湖南师范大学教育科学学报》2010 年第 6 期，第 51～54 页。

③ 喻永红：《当代大学生道德价值观的建构》，《黑龙江高教研究》2004 年第 5 期，第 52～54 页。

④ 段慧兰、陈利华：《大学生道德自我发展的问题及原因分析》，《湖南师范大学教育科学学报》2010 年第 6 期，第 51～54 页。

⑤ 时昕、卢佩言、李如齐：《大学生网络道德失范行为现状分析》，《学校党建与思想教育》2019 年第 16 期，第 67～68 页。

产生的。”[①]

由于经济全球化和价值取向多元化，新时代大学生在社会责任感和风险意识方面的表现不尽如人意。这体现了加强新时代大学生精神动力培育的必要性和紧迫性。中华民族5000多年来形成的优秀文化传统和美德，不仅是每一个中国人的历史之根，更是中华民族的历史之根，它是中华民族独特的精神标识。新时代大学生是杰出青年的代表，肩负着国家赋予的光荣使命，承担着社会发展的历史责任，应该义不容辞地成为时代精神的推动者和引领者。

三　认知状况

社会主义核心价值观，是新时代大学生精神动力培育的指导思想，也是实现中华民族伟大复兴“中国梦”的重要内容。社会主义核心价值观是推动国家发展最持久、最根本的内在驱动力，它反映着全社会的利益诉求并被全社会普遍接受。习近平在上海考察时曾强调，“培育和践行社会主义核心价值观，贵在坚持知行合一、坚持行胜于言，在落细、落小、落实上下功夫”。[②] 加强新时代大学生核心价值观教育，是精神动力培育的一项重要任务。中国矿业大学郭朝晖对15所高校的3300名在校大学生进行了社会主义核心价值观践行状况及影响因素研究。结果表明：“新时代大学生在诚实守信、仁爱友善、公平正义、遵纪守法和正确处理个人与国家、集体的关系等五个方面的践行度不高。”[③]

五个问题的平均得分分别为：诚实守信，68.27；仁爱友善，65.94；公平正义，65.22；遵纪守法，67.46；正确处理个人与国家、集体的关系，66.45。五个方面的标准差都超过了20分。

另外，对“清华大学、北京师范大学、南开大学、中国传媒大学、

---

① 《马克思恩格斯全集》第3卷，人民出版社，1960，第329页。

② 《习近平关于社会主义文化建设论述摘编》，中央文献出版社，2022，第109页。

③ 郭朝晖：《当代大学生社会主义核心价值观践行状况及影响因素研究》，《国家教育行政学院学报》2015年第1期。

宁波大学、南开大学滨海学院等10所大学进行的问卷调查显示：对于课堂听课情况，只有40%的人选择‘能集中精力听讲’，而41%的大学生选择‘喜欢听就听，多数时候心不在焉’，并且有4%的学生选择‘老师讲他的，自己忙自己的’；对于逃课情况，只有11%的学生选择从不逃课，而81%的大学生‘有选择性地偶尔逃课’，还有8%的大学生‘经常逃课’；对于‘平均每天自主学习时间’，47%的大学生选择1~3小时，而有33%的人选择1小时以下，4%的人选择‘从不’”。[①]关于“‘你的人生追求的最终目标是什么’的调查显示：青少年学生选择最多的前三项是家庭幸福、事业成功和赚很多钱，分别占了44.15%、35.73%、17.60%”。[②]西南大学黄蓉生老师进行的一项涉及全国18个省份63所高校的24000余名新时代大学生参与的诚信调查研究结果表明：“学生的主流是好的，但同以往相比，大学生的失信行为现象有扩大的趋势，例如，在大学生群体中，论文抄袭的状况较为突出，而且考试作弊已经超出了个别现象，在作弊的学生当中，其作弊动机还呈现出由追求‘及格过关’向追求‘高分’发展的新动向；在经济诚信方面，大学生的经济诚信意识主流健康积极，大多数人能正确判断经济失信行为，但部分学生的经济诚信意识存在一定的混乱；在高校中，缴纳学费和借贷学费的失信行为有蔓延的趋势；此外，在就业诚信上，大学生的诚信行为表现主流是好的，但失信行为时有发生并呈扩大趋势，其中，签订和履行就业协议环节的诚信行为表现差。”[③]

综上所述，新时代大学生在以上三个方面都存在一定的问题，这些问题直接反映出新时代大学生因精神动力的缺失而使自身的全面发展受到影响。在针对新时代大学生精神动力培育的具体环节中，要围绕着“国家走什么道路”这一关乎党和国家的前途命运的根本问题，开展各

① 《大学生活，能这样度过吗?》，《光明日报》2013年11月6日，第5版。

② 林岳新：《多元文化背景下青少年价值观培养研究》，中国社会科学出版社，2011，第25页。

③ 黄蓉生等：《当代大学生诚信制度建设及加强大学生思想政治工作研究》，经济科学出版社，2012，第21~59页。

种形式的活动，使新时代大学生深刻理解、牢固树立在中国共产党领导下走中国特色社会主义道路的理想信念，坚定“四个自信”。

四　情感状况

习近平曾指出，“一定要弘扬伟大的民族精神和时代精神，不断增强团结一心的精神纽带、自强不息的精神动力”。[①] 今天，在实现中华民族伟大复兴的“中国梦”的征途中，用民族精神与时代精神培育新时代大学生，是建设和谐文化的主旋律，也是深入学习社会主义核心价值观的精髓和主要任务。

一组山东师范大学关于“当前大学生民族精神教育状况”的调查报告数据显示：“认为民族精神是‘国之精粹’的大学生占56.4%，认为‘既有精华也有糟粕’的大学生占43.3%。对‘两弹元勋’邓稼先隐姓埋名数十年，专注于国家某项事业的研究，高达49.5%的大学生表示认同。对‘海归报效祖国’这一现象，认为这种选择是‘高尚并值得钦佩的’占了59%。‘当独自在国外生活，或祖国被辱时，民族自尊心最强’，66%的大学生认为民族精神会被大大激发。在‘面对涉及国家主权问题及日本首相参拜靖国神社等事件’问题上，93%的大学生持坚决反对态度。另外，56%的大学生认为‘和平演变’图谋不能从根本上影响中国人的民族精神。”[②]

另外，一组来自广西部分高职院校“对广西高职高专学生民族精神的弘扬和培育现状的调查”研究数据显示：“在对‘民族精神的内涵’了解这一问题上，选择了解的大学生占15.5%，选择基本了解的大学生占71.4%，选择不了解的大学生占13.1%。在‘爱国主义’问题上，选择‘作为一个中国人倍感自豪’的大学生高达92.8%。在‘重大社会事件的影响’方面，比如对‘中国在2008年经历了雪灾和“5·12”大地震后，你的感想是什么?’这一问题的选择上，选择‘为中国人所

① 《习近平谈治国理政》，外文出版社，2014，第40页。

② 田海花：《当前大学生民族精神教育状况的调查报告》，《山东省青年管理干部学院学报》2003年第6期，第45页。

表现出的坚强和勇敢而自豪’的大学生高达92%，选择‘对自己的鼓舞是巨大的，使自己重新认识逆境’的大学生也高达92%，选择‘这是整个民族空前团结的时刻，民族精神起着重要作用’的大学生还是高达92%。”[①]

通过以上两组调查数据，新时代大学生在民族精神方面总体上的表现趋势良好，但仍然不能掉以轻心。民族精神是中国精神的主要内容和重要组成部分，指“一个民族在长期共同生活和社会实践中形成的，为本民族大多数成员所认同的价值取向、思维方式、道德规范、精神气质的总和。反映了一个民族的心理特征、文化传统、精神风貌，是一个民族赖以生存和发展的精神支柱”。[②] 有人讲过，一个国家没有先进的科技，一打就垮；没有民族精神，不打就垮。中华民族精神是在中华民族5000多年历史发展中形成的，是中华民族发展壮大的强大精神动力。在大学生精神动力培育过程中，要使他们真切地认识到，民族精神不但能够促进我国经济建设的快速发展，还能够使经济社会在不断发展的过程中产生创新精神与动力。

五　意志力状况

时代飞速发展，道德滑坡与价值观念模糊不清等问题，以及意志力下降、减弱等问题层出不穷。新时代大学生又是如何审视、检查、评价自己的不足呢？作为一名高校思想政治理论课一线教师，笔者在给大学生上“思想道德与法治”“习近平新时代中国特色社会主义思想概论”等思政课时，给他们布置了“大学生人格缺失探析”“大学生价值困惑”“审视自己”“剖析自我”等作业与课堂讨论，要求他们写出或说出自己观察到的发生在他们自己身边的事实及对此的感悟。他们所写的内容既反映了新时代大学生在价值观、道德问题等方面的真情实感，也反映了新时代大学生在意志力方面的现实状况。

① 秦楚、辛燕：《对广西高职高专学生民族精神的弘扬和培育现状的调查研究》，《法制与社会》2009年第33期，第289页。

② 《思想道德与法治》，高等教育出版社，2023，第74页。

（一）意志力不强，容易受挫

新时代大学生意志力不够强，遇到困难容易受挫。新时代大学生大部分是“00后”，独生子女居多。大部分人的生活条件较为优越，而社会阅历有限，一部分人心智、心理承受能力不够强，意志力不够坚定。

> 新时代大学生基本上都是独生子女，在家中是家庭的中心。然而到了学校后，不少大学生仍然摆出一副唯我独尊的架势，在寝室里习惯差遣人做事，自己则悠然坐在一旁一派大将军的样子。（传播学　一年级　小何）

> 我们这一代几乎都是独生子女，一直生活在一个“以我为中心”的环境里，难免会养成这种坏习性。新时代大学生与其说都很自信，不如说都很自负——自己做的全是对的，和自己不同的就是错的。“没素质！”我们总是在议论别人甚至嘲讽别人的同时就忘记了自己也曾干过这种事！我们有时会讨厌一个人，因为他不听自己的话。在家里，我们是“太阳”，父母是“地球”，但在学校里，大家是平等的，没有人会心甘情愿地服从你，这一系列的“自我中心”意识，造成了一系列的心理问题和同学间的矛盾，实属新时代大学生人格的一大缺失。（教育学　一年级　小陈）

> 随着改革开放的不断深化，中国和世界各国的交流越来越多，同时，西方世界的个人英雄主义等意识悄悄地流入中国，个人英雄主义导致现在的大学生越来越重视自我，越来越重视自我意识的实现，而不考虑他人意愿，不愿意与他人合作。面对困难或打击，往往感到不知所措。（物理学　一年级　小李）

（二）渴望成功，容易迷失方向

新时代的大学生渴望成功，但也容易迷失方向。一部分大学生深受后现代主义思潮的负面影响，渴望成功而又缺乏应有的耐心和韧劲，一部分人沉迷于虚拟世界，游走在大学生活的边缘。有些大学生寄希望于所谓的“成功捷径”，有些大学生在遭遇失败后，心态浮躁、急功近利，甚至走上弯路或歪路。

人生不如意十有八九，我们的抗挫能力如此薄弱，在今后充满挑战的人生旅途中我们何以为生？（舞蹈学　二年级　小刘）

一路走来，我们一帆风顺，没有经历过挫折打击，我们是老师的宠儿，是父母的心肝宝贝。考上大学，自以为高人一等，只能接受鲜花与掌声，胜利与喜悦。在挫折和打击面前，我们变得不堪一击。然而大学人才济济，竞争激烈，压力超过了以往任何一个时期，我们变得特别害怕失败。（体育学　一年级　小杨）

以任何一个大学生为样本来分析大学生的成长史都不难看出，成功是他多年来几乎唯一的价值标准。他在课堂上应该成功地回答问题，他在考试中应该成功地排名前三，他在高考时更应该成功，就连他在学琴时也应该成功地考级，无论学校教育、社会教育还是家庭教育都始终灌输一个词——成功！一个人格健全的学生不见得会被看作榜样，一个情操高尚、精神蓬勃的学生未见得被看作榜样，但一个“成功”的孩子无论多么郁郁寡欢，无论多么压抑孤僻，无论其心理空间多么逼仄、精神世界多么苍白，他仍会得到广泛的认同，而他本人也会在长期的价值扭曲中丧失自我判断的能力。由于教育的书本化，他可能根本没有掌握自我调控的心理技能，与社会接轨的能力更是较低，人格“豆芽化”的学生在顺境中能平安无事，一旦遇到挫折和挑战，马上就会以失态的方式做出不可思议的应对，给自己和他人带来伤害，挫折教育内容的缺失塑造了一批人格、心灵不健全的“人才”。（教育技术学　二年级　小周）

（三）自觉性逐步提高，自制力逐渐增强

教育部2016年大学生思想政治状况滚动调查表明：大学生积极培

育和践行社会主义核心价值观，立志成长成才、提升道德素养、投身社会实践的意识进一步增强。92.8%的学生赞同“大学生应成为社会主义核心价值观的积极传播者和践行者”，98.0%的学生赞同“诚信是做人之本”，同比增长了1.4个百分点和1.1个百分点，广大学生对社会主义核心价值观的知晓率、认同度不断提升，培育和践行社会主义核心价值观的积极性明显提升。[①] 随着时代的发展和变迁，新时代大学生对诚信问题越来越关注，并向好的方向发展。

考试作弊、造假、随便毁约等行为在大学校园逐渐减少，许多同学能站在正义公平的立场上批评他人的不文明行为，过去那种买饭不排队，随地吐痰乱扔纸屑，在图书馆的书上乱画乱涂、做记号甚至撕页的现象已和新时代大学生群体渐行渐远。（管理学　三年级　小陈）

大学生们对实效的追求也日趋强烈，部分大学生们对在短期内不见实效的事嗤之以鼻，如人文精神、终极关怀，对身边发生的事、重大新闻，也通常是冷静的、冷漠的。（美术学　二年级　小卢）

大学四年来，我每天都在“目睹”自己内心的变化，为什么我有那么多困惑？生活中、社会上为什么有那么多我不懂的事情？我烦躁过、惶恐过；我想尽一切办法从身边的人那里寻找答案，可我渐渐发现，没有人能给我一个满意的答复。（计算机科学　四年级　小张）

2023年6月习近平总书记在文化传承发展座谈会上的讲话中指出：“中华优秀传统文化有很多重要元素，比如，天下为公、天下大

① 《2016年大学生思想政治状况滚动调查表明大学生思想主流积极健康、向上向好》，http://www.moe.gov.cn/jyb_xwfb/gzdt_gzdt/s5987/201605/t20160531_247095.html，最后访问日期：2024年1月28日。

同的社会理想，民为邦本、为政以德的治理思想，九州共贯、多元一体的大一统传统，修齐治平、兴亡有责的家国情怀，厚德载物、明德弘道的精神追求，富民厚生、义利兼顾的经济伦理，天人合一、万物并育的生态理念，实事求是、知行合一的哲学思想，执两用中、守中致和的思维方法，讲信修睦、亲仁善邻的交往之道等，共同塑造出中华文明的突出特性。”[①] 作为新时代的研究生，在新的起点上要继续推动文化繁荣、建设文化强国、建设中华民族现代文明，是我们在新时代新的文化使命。（思想政治教育专业　研究生二年级　小黄）

我曾经也认为马克思离我太远，而且曾经认为他的理论似乎对现实没有太大作用，但是，当我深入学习了马克思的辩证唯物主义哲学以后，我发现哲学确实是最根本的学科，它解决了我的人生观、价值观上的种种疑惑。我认为，大学生的价值困惑并非不能解决，只要我们树立正确的人生观、价值观，就能开创更美好的明天。（社会学　三年级　小白）

新时代大学生与以往的大学生有着许多不同，既有以往大学生不可企及的优势，又有与以往大学生不相同的心理体验和价值困惑，这就决定了我们不能一厢情愿地去确定教育教学内容、方式方法，而应该以更加科学的和现代的教育理念来指导我们的教育实践，来看待我们的教育对象。[②] 新时代大学生的价值困惑主要缘于理想信念的缺失、意志动力的缺乏与崩塌和人之为人的信念问题。儒家的人生哲学、道德理想、大同理想等，可以在马克思主义的指导下成为精神动力培育的根源性的信仰资源。

① 习近平：《在文化传承发展座谈会上的讲话》，人民论坛网，https：//baijiahao. baidu. com/s? id = 1775738262058160991&wfr = spider&for = pc，最后访问日期：2024 年 1 月 28 日。

② 邵龙宝、李晓菲：《儒家伦理与公民道德教育体系的构建》，同济大学出版社，2005，第 271 页。

第三节 新时代大学生精神动力缺失成因

社会存在决定社会意识。大学生精神动力属于社会意识形态领域，归根结底是由我国现实的社会存在决定的。因此，新时代大学生精神动力培育，也必须根据当今中国的社会条件和大学生所处的环境进行分析。从当今的社会现实看，主要归纳为客观和主观两个方面，即环境、教育的普遍特征和大学生的自身因素。具体情况分析如下。

一 环境因素的影响

（一）社会主义市场经济的冲击

世界经济全球化与中国市场经济的不断深化，提高了人们的物质生活水平。新时代大学生的成长过程也是社会主义市场经济体制逐步发展过程的投影。因此，在市场经济的冲击下他们也受到一些不良思想与文化的影响，一方面，形成了一些特有的观念和意识，如对金钱与商品、金钱与权力的认识，物质享受重于精神追求的错误思想；另一方面，在物欲横流的世界中渐渐迷失了方向与自我，深陷泥潭不能自拔。与精神追求与长远利益相比，新时代大学生更看重物质利益和眼前利益。中国市场经济体制的发展变化使人生价值标准在新时代大学生中发生了变化，一个人所获得的社会地位和拥有的财富成为一些大学生推崇的新的人生价值衡量标准。

（二）多元文化的冲击

经济全球化必然导致文化的多元化，文化的多元化必然导致价值观的多元化。随着改革开放的不断深化，全方位、多层次、宽领域的开放格局已经是一个不争的事实。一方面，在这种开放格局下各种社会思潮涌入国门，一些反马克思主义思潮或非马克思主义思潮乘虚而入。另一方面，西方敌对势力抓住一切机会，利用各种非政府组织和宗教团体以学术交流、社团资助等形式对青年大学生进行渗透。青年大学生涉世未深、阅历尚浅、思想单纯，他们的精神世界容易受到不同程度的干扰。另外，部分“90后”的青年大学生对西方的情人节、万圣节、圣诞节倍加关注，对西方的电影、动漫倍加赞扬，甚至认为这些源于西方的节日更有吸引力、更有乐趣、更有意义。这些崇洋媚外的行为与状况反映了部分大学生对中国传统文化所表现出来的不自信，令人担忧。

（三）传播媒介的消极影响

“媒介‘传播’的世界不是世界本身，而是已经被选择和解释过的世界。这个世界很可能是扭曲的、变形的，但它总是被当作真实存在的世界传播给受众。”① 在当今社会，离开传播媒介的生活是难以想象的。尤其对于一些追求时尚的新时代大学生而言，与各种传播媒介“为伴”已成为大学生的一种生活方式，缺少了QQ、微信、微博、抖音等大众传播媒介，生活瞬间就处于瘫痪状态。由于传播媒介的监管方式还落后于媒介本身的发展速度，大学生的价值观、人生观、世界观受到错误引导，不乏把“假恶丑”当作“真善美”、颠倒黑白、是非不分者。另外，电视传媒中的各种肥皂剧、穿越剧、搞笑剧以及夸大其词的广告、征婚等节目，对大学生精神动力培育产生种种不良影响。因此，作为传播媒介受众主要群体的新时代大学生，面对各种各样的信息时，必须具备对信息鉴别的能力，主动选择和接受社会大力倡导的主流意识，凝聚并传播正能量。

二　教育导向的影响

（一）家庭教育的影响

家庭是社会中的一个基本单位。把孩子培养成为道德品质高尚、行为规范得体、能够自主谋生之人是家庭的根本任务和主要目的。家庭是

① 居延安：《信息·沟通·传播》，上海人民出版社，1986，第184～185页。

孩子成长、启蒙的场所。父母是孩子的第一任老师，大学生的言谈举止都烙上了家长的印记。尤其在改革开放不断深化的过程中，各项制度还未完善，许多大学生生活在父母包办一切的家庭环境中，他们读书的目的就是光宗耀祖，发家致富，从幼儿园到大学，一路走来都遵从父母的意志，包括选择专业、学校、填报志愿等权利，几乎都被父母以爱的名义剥夺，甚至兴趣爱好也是父母权衡再三才决定的。因此，当这些大学生踏入大学校园后，发现理想与现实存在巨大差距，厌学情绪渐渐滋生。有的大学生认为学习是为了父母，有的大学生认为学习是为了找到理想工作，一旦在成长道路上遇到些许打击或挫折，就一蹶不振，根本没有精神动力可言。这种只注重眼前利益或只看重学习成绩，毫不过问大学生的思想、情感、理想、信念的行为，不仅严重地影响了大学生的身心健康，还阻碍了大学生的全面自由发展。因此，新时代大学生患上心理疾病的人数年年攀升，很多家长后悔莫及。

（二）学校教育的影响

改革开放以来，党中央高度重视中国的高等教育，经过多年的改革与探索，取得了一些可喜的成绩，也使中国的高等教育得到前所未有的发展。同时，中国的高等教育也面临一些困境。

1. 功利性

当前，中国高等教育已进入大众化阶段。但“一考定终身”的教育导向却一直未能得到改变。这种“唯考试论”的教育模式遍布全国，还有进一步扩大的趋势。即使进入大学，仍存在教师注重通过题海战术把学生培养成“考试机器”，学生注重通过死记硬背来获得高分的现象。如大学英语四六级考试、计算机等级考试，甚至国家级和省级的公务员考试，部分大学生为了取得高分而急功近利。这种急功近利的教育动机和学习动机，导致的结果是学生成为知识结构单一、高分低能或缺乏情商的学习机器，精神生活相当枯燥乏味，精神追求越来越单一。

2. 盲目性

目前，中国高等教育发展存在一定的盲目性。许多高校盲目追求排位和就业率。许多大学忽略了社会需求，在专业设置上表现出不科学、不理智、不专业的特点。造成人才培养与社会需求不协调，大批毕业生就业难的局面。这导致社会对我国高等教育的不满情绪越来越强烈。

3. 质量差

随着1999年“并轨”政策实施以来，高等学校的招生门槛降低，高等学校学生数量急剧上升。教育质量一直是我国高等教育发展进程中受到普遍关注的主题。由于学生数量增多，教师数量基本稳定，教育质量下降的问题日渐凸显。而教育质量差主要表现在科学文化素质和思想政治素质方面。这两方面又是大学生精神动力培育最为重要的内容。

综上所述，随着经济全球化与科技全球化进程的不断加快，国与国之间的竞争变成人才的竞争。而人才资源又是精神资源与智力资源两者的有效集合体。因此，高等学校在培养人才的过程中必须把受教育者的智力资源、精神资源充分培育并挖掘出来，才能培养全面自由发展的人才，才能推动社会的全面进步。

三　个体发展的偏差

新时代大学生个体发展的偏差问题突出，主要表现为精神追求失衡导致的精神动力缺失。新时代大学生都是“00后”，大部分成长于“6+1”的家庭结构。他们的思维方式、行为方式和自我定位与“70后”“80后”的大学生截然不同。主要表现在以下几方面。

第一，他们独立意识强，善于思考，不盲目认同别人的观点；他们学习能力较强，善于接受新鲜事物。由于生活在互联网时代，他们能熟练掌握电脑技术，可在互联网上获取大量的信息资源，这使得他们的思想较为成熟，有自己的思想和观点。

第二，他们特立独行，标新立异，对事物充满好奇心，不相信命运，认为只要自己坚持就能获得成功。

第三，他们自信张扬，但部分人缺乏奉献精神。自信张扬是“90后”大学生的一个共性。但另一方面，部分大学生还缺乏为他人、为社会、为国家奉献的意识。

第四，他们敢爱敢恨，想做就做，毫不掩饰自己的情感和喜怒哀乐。

总之，环境因素影响、教育导向错位、个体发展偏差等因素是造成新时代大学生精神动力缺失的主要原因。通过对这些问题的分析与探究，我们不难发现，新时代大学生的主流精神是积极、健康的，由于受到主客观因素的影响，在大学生群体中仍然存在一些亟须解决的问题。因此，加强大学生精神动力培育已经势在必行。

第五章

新时代大学生精神动力培育的主要内容

“信仰、信念、信心，任何时候都至关重要。小到一个人、一个集体，大到一个政党、一个民族、一个国家，只要有信仰、信念、信心，就会愈挫愈奋、愈战愈勇，否则就会不战自败、不打自垮。无论过去、现在还是将来，对马克思主义的信仰，对中国特色社会主义的信念，对实现中华民族伟大复兴中国梦的信心，都是指引和支撑中国人民站起来、富起来、强起来的强大精神力量。”① 高等教育是社会主义文化建设和精神文明建设的重要阵地，担负着培养德、智、体、美、劳全面发展的社会主义事业的合格建设者和可靠接班人的重任。如果缺乏“知识”与“能力”，大学生不但不能完成国家强盛和民族复兴的“中国梦”的光荣使命，也不能更好地实现自身的生存与发展。同样，如果失去了信仰与道德，大学生不仅不能把自身的价值和社会价值更好地结合起来，而且也将迷失自我，丧失生活的意义。因此，新时代大学生精神动力的培育，必须紧密结合时代发展的新要求，根据新时代大学生成长成才特点，以尊重人、解放人、开发人、为了人和塑造人为目标来实现大学生的精神动力培育。

① 习近平：《在庆祝改革开放40周年大会上的讲话》，人民出版社，2018，第42～43页。

第一节　信仰教育是新时代大学生精神动力培育的灵魂

“信仰是人们对某种体现着最高生活价值的对象的由衷不移地信赖和执着不渝的追求”,[①] 也就是指对某种理论、思想、学说极其信服，并以此为自己的行动指南。信仰能使人生更具有意义，正如弗洛姆所说：“信仰是一个人的基本态度，是渗透在他全部体验中的性格特征，信仰能使人毫无幻想地面对现实，并依靠信仰而生活。”[②] 在今天价值观多样化态势下，我们面对的问题不是大学生应不应该有信仰，而是大学生应该树立什么样的信仰，如何在信仰中更好地求知，或在求知中更坚定地信仰。这是思想政治教育需要深入研究的现实问题。

一　马克思主义信仰教育的现实意义

信仰不是与生俱来的，信仰的确立需要一个过程，也是个体社会化的过程。信仰的作用是在终极价值目标上给人以动力和精神支柱。在新时代中国，马克思主义信仰是主流信仰。“之所以说它是科学的信仰，是因为它建筑在对资本主义乃至全部人类历史的科学分析的基础之上，真正把握住了人类社会的趋势与规律；而且它完全不同于以往的宗教信仰，把理想王国归于彼岸的天堂乐土，而认为经过革命阶级的团结奋斗，可以将天国建立在人间，所以又科学地规划了人类实践的蓝图与途径。”[③]

1. 提高育人效果，发挥精神动力培育的功能作用

信仰本质上是自由的、主体性的，社会上信仰现象的多元化从来就是一个基本的现实。新时代中国正处于转型期，社会结构整体变迁，社

---

① 刘建军、韩海涛、张雷声：《命运的评说：马克思在当代》，中国人民大学出版社，1994，第 168 页。

② 埃里希·弗洛姆：《为自己的人》，孙依依译，生活·读书·新知三联书店，1998，第 184 页。

③ 鸣华、秦树：《信仰危机与现实冲突》，吉林人民出版社、黑龙江人民出版社、天津人民出版社、辽宁人民出版社，1992，第 3 页。

会分化有余而社会整合不足，此时最容易发生信仰危机。

高校思想政治理论课是马克思主义信仰教育的主阵地，是引导学生树立正确的世界观、人生观和价值观的主渠道。长期以来，就新时代大学生信仰教育及其成效而言，存在的主要问题是信仰教育的方式方法不当。教育领域中少数教育工作者重功利而忽视了信仰教育，或以灌输的方式进行说教式的信仰教育，使许多大学生自主性的信仰教育并未真正确立，反而导致说假话的风气盛行、不诚实的品行生成。实际上，一个人没有信仰就会缺少自我约束，就没有精神支柱，就容易忽视道德和真理，就容易忽视公平和正义，并衍生一系列的社会问题。习近平总书记在 2019 年 3 月 18 日学校思想政治理论课教师座谈会中强调“思想政治理论课是落实立德树人根本任务的关键课程。青少年阶段是人生的‘拔节孕穗期’”。[①] 因此，新时代大学生应该在追求知识的过程中，自觉树立理性的信仰，在实现自我价值的同时为社会创造更大的价值。习近平总书记同时强调要“让有信仰的人讲信仰”。[②] 这为广大教师指明了教育青少年的工作方向。在新时代大学生精神动力培育过程中，应当培养大学生有益于国家和民族发展的品质和才能。为祖国的建设做出贡献并不意味着失去个性，只有把个人的梦想融入实现中华民族伟大复兴的中国梦，才能凸显个人的价值。

2. 加强信仰教育，激发大学生的社会责任感和历史使命感

人不能没有信仰，也不能没有精神世界。信仰作为一种理性化的形式，是人安身立命的“主心骨”，也是人对社会存在和价值实践的思想反映，反过来又驱动和引导着人的价值实践，具有巨大的能动作用。

高等教育的根本任务是培养人才和立德树人，这是学校一切工作的出发点和落脚点。高等教育要促进人的全面发展和适应社会需要，要把提高大学生的思想道德素质放在首位。教育须有信仰，没有信仰的教育就不成其为教育，而只是教学的技术而已。我国高等教育承载着两大任

① 《习近平谈治国理政》第 3 卷，外文出版社，2020，第 329 页。

② 《习近平谈治国理政》第 3 卷，外文出版社，2020，第 330 页。

务，一个任务是培养社会主义事业的“合格建设者”，另一个任务是培养中国特色社会主义事业的“可靠接班人”。为此，高校思想政治教育要注重由内而外地激发大学生的社会责任感和历史使命感。在教学中，了解大学生的现实精神需要，积极引导他们树立社会主义核心价值观，培育和提升新时代大学生的“理论思维能力”，为培育大学的精神动力创造条件。

3. 在多元价值中确立和坚定马克思主义科学信仰

当前，中国特色社会主义进入新时代。在这一新的发展阶段，我国社会结构深刻变动、利益格局深刻调整、思想观念深刻变化。随着社会结构的转型，思想意识形态也必然随之转型，在意识形态领域应该唱响主旋律，倡导多样化，鼓励思想竞争，整合凝聚促进中国发展的“正能量”。

习近平总书记在党的二十大报告中强调：“实践告诉我们，中国共产党为什么能，中国特色社会主义为什么好，归根到底是马克思主义行，是中国化时代化的马克思主义行。”① 在新时代中国，马克思主义信仰是主流信仰，因为马克思主义是一种科学理论，同时也是一种科学的信仰。正如邓小平反复强调的那样：“坦率地说，中国不但要坚持马克思主义，而且，如果没有对马克思主义的充分信仰，中国革命也搞不成功。这种信仰是一种动力。”② 因此，新时代大学生需要科学地对待马克思主义。第一，全面准确地理解马克思主义。恩格斯曾说：“马克思的整个世界观不是教义，而是方法。它提供的不是现成的教条，而是进一步研究的出发点和供这种研究使用的方法。”③ 我们今天对待马克思主义唯一正确的态度，就是坚持解放思想、实事求是，真正理解和把握马克思主义的问题、立场、观点、方法和品格。第二，与时俱进地发展马克思主义。马克思主义的生命力就在于其与时俱进的理论品质，在于其具体情况具体分析，在于其坚持原则性与灵活性的统一。推进马克思主义时代化，是解决中国实际问题的客观需要。只有与中国国情相结

① 《习近平著作选读》第 1 卷，人民出版社，2023，第 14 页。

② 《十二大以来重要文献选编》（中），人民出版社，1986，第 512 页。

③ 《马克思恩格斯选集》第 4 卷，人民出版社，1995，第 742～743 页。

合、与时代发展同进步，马克思主义才能真正解决中国的实际问题，才能在中国发挥指导作用。第三，以持续发展的生态眼光完善马克思主义。大众化是马克思主义的内在属性和本质要求，马克思主义只有被广大人民群众所理解、所接受、所掌握，才能真正转化为认识世界、改造世界的强大物质力量。第四，站在人民群众立场上研究马克思主义。回归马克思主义的大众本性，在理论与实践的统一中创造性地发展和运用马克思主义。科学对待马克思主义，必须尊重群众，尊重实践，根据时代和实践的变化，创造性地发展和运用马克思主义。

因此，马克思主义信仰的确立，必须建立在对马克思主义理论的准确认识和理解的理性把握之上。加强马克思主义信仰教育，将马克思主义科学理论转化为大学生的世界观和方法论，武装青年大学生的头脑，助其厘清思想，有助于大学生走出多元价值、多样信仰的重重迷雾，提高价值判断能力和辨别能力，提高思想政治觉悟，升华人生境界，确立和坚定马克思主义科学信仰。

二　坚定新时代大学生信仰教育体系

2021 年 2 月 20 日，习近平总书记在《党史学习教育动员大会上的讲话》中强调："信仰信念任何时候都至关重要。对共产主义的信仰，对中国特色社会主义的信念，是共产党人的政治灵魂，是共产党人经受住任何考验的精神支柱。在新时代，坚定信仰信念，最重要的就是要坚定中国特色社会主义道路自信、理论自信、制度自信、文化自信。党的百年奋斗历程和伟大成就是我们增强'四个自信'最坚实的基础。"①重塑大学生信仰体系，是高校思想政治教育的核心和灵魂，也是精神动力培育的一项重要而迫切的任务。坚定大学生对马克思主义的信仰，丰富大学生的精神世界，是思想政治教育必须关注的重大课题。当前，巩固马克思主义信仰的主导地位，在中国特色社会主义建设实践中培育和造就一大批有理想、有道德、有文化、有纪律的共产主义新人，关键是

① 习近平：《在党史学习教育动员大会上的讲话》，人民出版社，2021，第 8 页。

要把马克思主义信仰落到实处，并不断地创新马克思主义信仰教育的方式方法，因为方式方法决定了效果。

1. 大学生信仰教育目标定位

大学生对马克思主义的信仰，有一个由感性到理性的认识与发展过程，只有到了理性阶段，才会做出马克思主义是“科学”而不仅仅是人们信奉的“主义”的判断。为此，必须在帮助大学生真正认识马克思主义的科学性的同时，促进大学生坚定地信仰马克思主义，特别是中国特色社会主义。马克思主义信仰是一种精神活动，但决不局限于单纯的精神活动。它具有强烈的实践性，它总是通过主体行为去实践其“真理”，并在“求真”中“求善”“求美”，可以说信仰是真善美的统一。新时代大学生应自觉成为理想远大、信念坚定、道德高尚、意志顽强的新一代，努力成为视野开阔、知识丰富、开拓进取、勇担责任的社会主义建设者和接班人，切实肩负起时代赋予的光荣使命。“人只有献身于社会，才能找出那实际上是短暂而有风险的生命的意义。”[①]

2. 新时代大学生信仰体系的主要内容

根据大学生的思想实际和认知能力的发展规律，以科学发展观为指导，整合高校思想政治理论课，对大学生信仰教育内容划分层次、突出重点，科学地构建信仰教育的内容体系，丰富理想信念教育的时代内容，把解决学生实际问题与确立科学信仰结合起来，确保信仰教育效果的持久发挥。

第一，学习并掌握马克思主义基本原理。习近平总书记指出：“无论时代如何变迁、科学如何进步，马克思主义依然显示出科学思想的伟力，依然占据着真理和道义的制高点。”[②] 马克思主义是科学的世界观和方法论，是新时代大学生建立科学信仰的基石，是新时代大学生信仰教育的根本。在高校，必须加强马克思主义基本原理的教育，因为它包含了辩证唯物主义、历史唯物主义、政治经济学原理，是新时代大学生

① 许良英、赵中立、张宜三编译《爱因斯坦文集》第3卷，商务印书馆，1979，第271页。

② 习近平：《在哲学社会科学工作座谈会上的讲话》，人民出版社，2016，第10页。

解决矛盾、认识世界、改造世界的理论武器。新时代大学生缺乏对马克思主义理论的深入了解，是导致他们没有确立马克思主义信仰的一个主要原因。因此，习近平总书记强调："要教育引导学生多读读马克思主义经典著作、当代中国马克思主义理论著作、中华优秀传统文化典籍等。要开出书单、指出重点，让学生正确理解经典著作，掌握马克思主义精髓，感知中华文化魅力，避免教条主义、本本主义，避免一知半解误读马克思主义。"①

第二，用习近平新时代中国特色社会主义思想凝心铸魂。习近平新时代中国特色社会主义思想是党的十八大以来，以习近平同志为核心的中国共产党人，把马克思主义基本原理同中国具体实际相结合、同中华优秀传统文化相结合的最新理论成果。习近平新时代中国特色社会主义思想，是当代中国马克思主义、二十一世纪马克思主义，是中华文化和中国精神的时代精华。这一思想立足于回答世界之问、时代之问、中国之问和人民之问，紧紧围绕新时代"坚持和发展什么样的中国特色社会主义、怎样坚持和发展中国特色社会主义""建设什么样的社会主义现代化强国、怎样建设社会主义现代化强国""建设什么样的长期执政的马克思主义政党、怎样建设长期执政的马克思主义政党"等重大理论问题，形成了一个内涵丰富、博大精深的科学理论体系，包含了"十个明确""十四个坚持""十三个方面的成就"和新时代中国特色社会主义思想的世界观和方法论。

第三，遵守社会主义的道德法律。赫尔巴特指出："教育的唯一工作与全部工作可以总结在这一个概念之中——道德。"② 当前，造成新时代大学生未能正确确立马克思主义信仰的另一个重要原因，是缺乏对社会主义道德以及法律信仰的遵循。

"法律是成文的道德，道德是内心的法律。法律和道德都具有规范社会行为、调节社会关系、维护社会秩序的作用，在国家治理中都有其

① 习近平：《思政课是落实立德树人根本任务的关键课程》，人民出版社，2020，第22页。

② 赫尔巴特：《普通教育学》，李其龙译，人民教育出版社，1989，第36页。

地位和功能。[1] 法律是准绳，任何时候都必须遵循；道德是基石，任何时候都不可忽视。“法安天下，德润人心。法律有效实施有赖于道德支持，道德践行也离不开法律约束。法治和德治不可分离、不可偏废”[2]要实现法律和道德相辅相成、法治和德治相得益彰。习近平总书记的这段话，既是对历史经验的总结，也是对治国理政规律的深刻把握。

第四，树立共同的理想信念。2021 年 9 月 1 日，习近平总书记在 2021 年秋季学期中央党校（国家行政学院）中青年干部培训班开班式上的讲话中指出：“中国共产党成立一百年来，始终是有崇高理想和坚定信念的党。这个理想信念，就是马克思主义信仰、共产主义远大理想、中国特色社会主义共同理想。理想信念是中国共产党人的精神支柱和政治灵魂，也是保持党的团结统一的思想基础。”[3] “党员干部有了坚定理想信念，才能经得住各种考验，走得稳、走得远；没有理想信念，或者理想信念不坚定，就经不起风吹浪打，关键时刻就会私心杂念丛生，甚至临阵脱逃。”[4] “形成坚定理想信念，既不是一蹴而就的，也不是一劳永逸的，也不是认为自己坚定就坚定的，而是要在斗争实践中不断砥砺、经受考验。”[5] “年轻干部要牢记，坚定理想信念是终身课题，需要常修常炼，要信一辈子、守一辈子。”[6] 无论过去、现在还是将来，对马克思主义、共产主义的信仰，对中国特色社会主义的信念，对实现中华民族伟大复兴的中国梦的信心，都是指引和支撑中国人民站起来、富起来、强起来的强大精神力量。心中有信仰，脚下有力量。因此，要引导教育新时代大学生正确认识社会发展规律和国家的前途命运，正确认识自己肩负的责任，坚定中国特色社会主义的道路自信、理论自信、制度自信和文化自信，自觉做共产主义远大理想和中国特色社会主义共同理想的坚定信仰者、忠实实践者，为崇高理想信念而不断奋斗。

---

① 《习近平谈治国理政》第 2 卷，外文出版社，2017，第 133 页。
② 《习近平谈治国理政》第 2 卷，外文出版社，2017，第 133 页。
③ 《习近平谈治国理政》第 4 卷，外文出版社，2022，第 522 页。
④ 《习近平谈治国理政》第 4 卷，外文出版社，2022，第 523 页。
⑤ 《习近平谈治国理政》第 4 卷，外文出版社，2022，第 523 页。
⑥ 《习近平谈治国理政》第 4 卷，外文出版社，2022，第 524 页。

第五，开设通识教育课程。由于经济全球化和价值观多元化，新时代大学生成为各种信仰力量争夺的对象。引导新时代大学生确立和巩固马克思主义信仰，当务之急是面对现实、迎接挑战。积极开设通识教育课程，举办宗教知识讲座，客观、理性地剖析宗教文化的起源、西方各种哲学派别的观点和本质以及西方社会思潮，科学地指导新时代大学生运用马克思主义的基本观点、方法和立场来分析问题、解决问题。

综上所述，在当今价值观多元化、信仰多样化的时代，要提高新时代大学生的思想政治觉悟，必须用马克思主义武装他们的头脑，用习近平新时代中国特色社会主义思想凝心铸魂，以马克思主义信仰教育和社会主义道德教育为重点，引导新时代大学生树立中国特色社会主义的共同理想信念，为实现中华民族伟大复兴的“中国梦”而奋斗。

第二节　道德教育是新时代大学生精神动力培育的精神支撑

大学时期是人生道德意识形成、发展和成熟的一个重要时期。在这个时期，牢固树立荣辱观，加强自身的思想道德修养，做一个知荣辱、讲道德的人，是大学生实现全面发展的重要条件。习近平指出：“广大青年要勇敢肩负起时代赋予的重任，志存高远，脚踏实地，努力在实现中华民族伟大复兴的中国梦的生动实践中放飞青春梦想。”[①] 这为新时代大学生的道德教育指明了目标。

一　中国梦视域下的道德教育目标

道德是经济基础决定的社会意识形态，“通过社会舆论、传统习俗、人们的内心信念来维系，是对人的行为进行善恶评价的心理意识、原则规范和行为活动的总和”。[②] 道德最初起源于人们经济生活中利益调节

① 《习近平谈治国理政》，外文出版社，2014，第 50 页。

② 《思想道德修养与法律基础》，高等教育出版社，2008，第 78 页。

的需要。作为社会意识形态和人们的行为规范要求，它不仅是社会文明进步发展的要求，还是个人去恶从善并不断超越自我的要求。从这个意义而言，道德只有内化于心，才能外显于行，它应该是在一定道德价值规范引导下人们自觉的意识形态。道德之于个人、社会，都具有基础性意义，做人做事第一位的是崇德修身。我们的用人标准是德才兼备、以德为先，因为德是首要的，是方向，一个人只有明大德，守公德、严私德，才能得其所用。修德，既要立志高远，又要立足平实。要立志报效祖国、服务人民，这是大德，养大德者方可成大业。要善于明辨是非，善于决断选择。“学而不思则罔，思而不学则殆。”道德，给人以精神理性。因而，正是道德性使人成为人。

习近平在《在纪念五四运动100周年大会上的讲话》中强调：“青年要把正确的道德认知、自觉的道德养成、积极的道德实践紧密结合起来，不断修身立德，打牢道德根基，在人生道路上走得更正、走得更远。面对复杂的世界大变局，要明辨是非、恪守正道，不人云亦云、盲目跟风。面对外部诱惑，要保持定力、严守规矩，用勤劳的双手和诚实的劳动创造美好生活，拒绝投机取巧、远离自作聪明。面对美好岁月，要有饮水思源、懂得回报的感恩之心，感恩党和国家，感恩社会和人民。要在奋斗中摸爬滚打，体察世间冷暖、民众忧乐、现实矛盾，从中找到人生真谛、生命价值、事业方向。”① 因此，培养新时代大学生良好的道德和社会责任感也是精神动力培育的内在要求。结合“中国梦”的实现要求，培养高尚的思想品德和塑造具有社会主义道德的理想道德人格，是新时代大学生道德教育的基本目标。

1. 培育高尚的思想品德

道德信仰教育目标的根本目标之一，就是培养社会主义思想品德，提高新时代大学生的政治、思想觉悟和道德水平。具体要求主要有以下几点。

第一，理论素质的要求。即努力学习马列主义、毛泽东思想、邓小

① 习近平：《在纪念五四运动100周年大会上的讲话》，人民出版社，2019，第11页。

平理论和“三个代表”重要思想、科学发展观和习近平新时代中国特色社会主义思想。当前，要以习近平新时代中国特色社会主义思想为指导，构建自己的精神支柱，学会运用马克思主义立场、观点、方法，分析现实社会生活中的政治、经济、文化现象，评价各种社会思潮，正确认识人类社会历史发展的客观规律。

第二，基本的政治要求。即要有爱国主义思想，成为一个忠诚的爱国主义者。要确立为建设中国特色社会主义而奋斗的政治方向，做一个自觉自愿的社会主义现代化事业的建设者和接班人。树立社会主义民主法制观念。做到知法、懂法，并学会运用法律武器保护自己的合法权益，维护社会的稳定。

第三，思想观念的要求。即要求树立竞争、自主、平等、创新、开拓等新观念，解放思想，克服旧观念的束缚。

第四，思想道德的要求。引导新时代大学生认同和践行社会主义道德，坚持集体主义道德原则，努力为人民服务，遵守爱祖国、爱人民、爱劳动、爱科学、爱社会主义的道德规范，自觉遵守社会公德、职业道德、家庭美德，在整个社会形成讲究道德、团结互助、平等友爱、共同进步的人际关系和良好的道德风尚，不断提高全民族的道德水平。

第五，辨别是非能力的要求。在提高观察能力、分析能力、创新能力的基础上提高辨别是非的能力，以及识别和抵制封建主义、资本主义腐朽思想的能力。

第六，心理素质的要求。即心理健康，大学生应具有较强的心理承受力和心理调适的能力，具备良好的个性心理品质和群体心理品质，培养自尊、自爱、自律、自强的优良品格。道德教育目标的内容应随着社会的发展和教育对象思想政治品德结构的变化而有所变化，并不断充实新的内容，使目标的含义更为深刻、丰富。

2. 塑造具有社会主义道德的理想道德人格

道德人格是新时代大学生通过道德生活意识到自己的道德责任和道德义务以及人生的价值和意义，从而自觉地选择的自己做人的范式。它是道德认识、道德情感、道德意志、道德信念和道德行为的有机统一，是大学生道德水平和道德境界的集中体现。大学生道德信仰是道德人格的主要组成因素。在社会生活领域里形成稳定的道德信仰是最终的目标归宿。“各级各类学校培养的人才，‘都应该有理想、有道德、有文化、有纪律，热爱社会主义祖国和社会主义事业，具有为国家富强和人民富裕而艰苦奋斗的献身精神，都应该不断追求新知，具有实事求是、独立思考、勇于创造的科学精神’。这是对社会主义理想道德人格的精辟概括。这种人格实质上就是有理想、有道德、有文化、有纪律的，集协调性、进取性、创造性和超越性于一身的中国现代社会主义理想人格。”① 陈秉公教授给现代社会主义理想道德人格归纳了以下十个具体特征：具有远大志向、有高尚的品德、关心社会生活、具有法纪观念、具有科学观念、具有自强意识、具有竞争意识、具有民主意识、具有创新意识、具有创业的冲动。这为我们的道德信仰教育提供了具体的目标方向。

当前，道德成为实现“中国梦”的一种重要的精神支撑。新时代大学生是青年群体中的精英，是社会风气的引领者，是实现“中国梦”的中坚力量，是宝贵的人才资源。正如习近平同志指出的：“广大青年一定要锤炼高尚品格。中国特色社会主义是物质文明和精神文明全面发展的社会主义。一个没有精神力量的民族难以自立自强，一项没有文化支撑的事业难以持续长久。青年是引风气之先的社会力量。一个民族的文明素养很大程度上体现在青年一代的道德水准和精神风貌上”。②

二　中国梦视域下的道德教育内容

人的精神境界的提高、人的自我完善和全面发展都是需要动力的推动来实现的，而道德的内在动力就具有这样的力量。“道德是培育理想人格、造就人们内在道德品质、调节社会行为、形成良好社会舆论和社会风气的重要手段。”③ 随着经济全球化与文化全球化的进一步加快，

① 陈秉公：《21 世纪思想政治教育工作理论创新体系》，吉林教育出版社，2006，第 274 页。

② 《习近平谈治国理政》，外文出版社，2014，第 52 页。

③ 罗国杰：《伦理学》，人民出版社，1989，第 68 页。

大学生的道德教育面临着巨大的挑战。一方面，在西方发达的资本主义国家凭借其强大的科技实力和经济实力不断向我国推行文化霸权主义和文化殖民主义的过程中，资本主义各种纷繁复杂的社会思潮涌入国门，给我们的道德教育增加了一定难度；另一方面，今天的中国正发生着广泛而深刻的社会变革，社会上出现了诸多违反道德规范的现象，社会思潮多样化、社会价值多元化，诚信缺失，道德失范等现象在一些领域中普遍存在。在微博、微信、QQ 等互联网新传媒工具的影响下，大学生的道德底线被强烈地冲击着。于是，部分大学生不同程度地产生了内心空虚、信念倒塌、理想迷失等问题。因此，在谈及中国梦与价值观的联系时，习近平同志指出："中国梦意味着中国人民和中华民族的价值体认和价值追求，意味着全面建成小康社会、实现中华民族伟大复兴，意味着每一个人都能在为中国梦的奋斗中实现自己的梦想，意味着中华民族团结奋斗的最大公约数，意味着中华民族为人类和平与发展作出更大贡献的真诚意愿。"[①] 在这个意义上，实现个人的梦想就为实现中国梦奠定了基础，实现中国梦就是实现中华民族的伟大复兴，就是要实现整个中华民族普遍认同的理想前景。显而易见，"中国梦" 在一定程度上明确了新时代大学生要坚持接受正确的世界观、人生观、价值观教育，要坚持在集体主义原则指导下的社会公德、职业道德和家庭美德等道德教育的基本内容。

（一）正确的"三观"教育是道德教育的基础

"世界观、人生观和价值观是人对世界、人生和社会生活的总体看法和基本评价，是人的精神世界的主体内容，也是其他方面观点和态度的基础和背景。从一定意义上讲，一个人的'三观'状况决定着这个人的精神面貌，决定着它是一个怎样的人。"[②] 从新时代大学生所面临的新情况新问题出发，习近平同志指出："青年面临的选择很多，关键

① 《习近平谈治国理政》，外文出版社，2014，第 161 页。

② 刘建军：《以理想信念为核心深入进行"三观"教育》，《高校思想政治教育》2004 年第 11 期。

是要以正确的世界观、人生观、价值观来指导自己的选择。无数人生成功的事实表明，青年时代，选择吃苦也就选择了收获，选择奉献也就选择了高尚。……要历练宠辱不惊的心理素质、坚定百折不挠的进取意志，保持乐观向上的精神状态，变挫折为动力，用从挫折中吸取的教训启迪人生，使人生获得升华和超越。”① 因此，对大学生进行正确的世界观、人生观、价值观教育，能够更好地让他们正确地认识整个社会的发展规律和国家的前途与命运，更准确地正视自身所肩负的历史责任。同时，对大学生进行正确的世界观、人生观、价值观教育，还能更直接地为他们提供思想和行为的价值标准、行为规范。习近平针对大学生认识实现中国梦的教育时曾指出：“要用中国梦打牢广大青少年的共同思想基础，教育和帮助青少年树立正确的世界观、人生观、价值观，永远热爱我们伟大的祖国，永远热爱我们伟大的人民，永远热爱我们伟大的中华民族，坚定跟着党走中国道路。”②

大学阶段是大学生世界观、人生观、价值观形成的一个重要阶段，大学生会因为缺乏对社会及环境等客观现实的正确认识而受一些思潮的影响。当前，各种社会意识和多元文化蜂拥而至，严重地影响着新时代大学生的健康成长。面对这些相互融合相互碰撞的社会意识和多元文化，我们同时面临机遇和挑战。一方面，各种思潮和价值观念的传入有助于推动思想文化创新、繁荣与发展，能激发新时代大学生们的创造活力与生命力；另一方面，多元的社会意识容易导致价值相对主义甚至价值虚无主义的负面影响。事实表明，负面的影响会使新时代大学生们萎靡不振，悲观失望，缺乏动力，无心向学。而正能量的影响不仅有助于新时代大学生们产生自我欣赏的价值情感体验，锻炼自我的道德意识，还有助于增强他们的受挫能力，从而做到身心和谐。就如习近平所说的：“始终保持积极的人生态度、良好的道德品质、健康的生活情趣。”③

① 《习近平谈治国理政》，外文出版社，2014，第 54 页。
② 《习近平谈治国理政》，外文出版社，2014，第 53 页。
③ 《习近平谈治国理政》，外文出版社，2014，第 53 页。

（二）“三德”是道德教育的基本内容

“广大青年要把正确的道德认知、自觉的道德养成、积极的道德实践紧密结合起来，自觉树立和践行社会主义核心价值观，带头倡导良好社会风气。要加强思想道德修养，自觉弘扬爱国主义、集体主义、社会主义思想，积极倡导社会公德、职业道德、家庭美德。”① 这是习近平2013年5月在同各界优秀青年代表座谈时对广大青年提出的希望。众所周知，在现代社会，人们的生活与公共生活、职业生活和婚姻家庭生活不可分割，个人品格的形成、完善以及践行也离不开它们。“三德”是社会主义道德的重要组成部分，“加强社会主义道德建设，倡导爱国、敬业、诚信、友善等道德规范，形成男女平等、尊老爱幼、扶贫济困、礼让宽容的人际关系，培育文明道德风尚，是社会主义精神文明建设的重要任务”。②

“三德”与个人品德是一个有机的整体，把社会、工作、家庭与个人四者统一在一个完善的道德体系中。个人品德是基础，只有个人品德提高了，才能由己及人，才能对家庭、集体和社会产生一定的积极影响。

第三节 知、情、意是新时代大学生精神动力培育的智力支持

知、情、意、行是构成人的思想品德的基本要素。其中，知、情、意属于主观范畴的内容，也是人的主观意识。而行属于外在的行为表现。知情意三者之间既各自独立，又相互影响，相互促进，共同构成一个有机的、完整的主观意识系统。在新时代大学生精神动力培育的过程中，应发挥知、情、意三者的作用，为精神动力培育提供智力支持。

① 《习近平谈治国理政》，外文出版社，2014，第52页。

② 《胡锦涛文选》第2卷，人民出版社，2016，第610页。

一 知时代精神，握时代脉搏

知，即认知。在精神动力培育过程中，指认知动力。知是基础，是人们对社会思想准则、行为规范等概念体系的认识和在此基础上形成的概念，以及对是非、美丑、善恶的评价。新时代大学生，应以时代精神为主旋律，以我国优良传统以及优秀文化为根基，追求远大理想，坚定崇高的信念。

（一）时代精神

时代精神是时代发展的产物，是人类文明在每一个时代的精神体现。人无精神则不立，国无精神则不强。一个伟大的时代需要伟大的精神作为支撑和动力。“时代精神是一个社会在最新的创造性实践中激发出来的，反映社会进步的发展方向，引领时代进步潮流，为社会成员普遍认同和接受的思想观念、价值取向、道德规范和行为方式，是一个社会最新的精神气质、精神风貌和社会时尚的综合体现。”① 作为青年中的精英的新时代大学生，是国家培养的宝贵人才资源。在建设国家创新体制的过程中，“培养什么人”“怎样培养人”“为谁培养人”是精神动力培育的核心内容。胡锦涛同志曾指出：“一个有远见的民族，总是把关注的目光投向青年，一个有远见的政党，总是要把青年作为推动历史发展和社会前进的重要力量。”② 当前，通过大学生精神动力培育不断地认知时代精神、实践时代精神，是大学生成长成人成才的迫切需要，也是实现中华民族伟大复兴的必然选择。

1. 时代精神是一种动力

时代精神是不同历史时期先进社会形态及其发展趋势在精神上的反映，是人们在现实实践中最积极、最活跃、最强劲的内在精神动力。但“时代精神”不是“世界之外的遐想”，而是这个时代中人民最精致、

① 包心鉴：《时代精神与当今人类文明》，《汉江论坛》2007 年第 8 期。

② 《胡锦涛文选》第 1 卷，人民出版社，2016，第 327 页。

最珍贵和看不见的思想精髓的集中体现。时代精神的内涵十分丰富，它作为一种动力主要体现在它以改革创新为核心。而改革创新能激励新时代大学生锐意进取。改革创新表现为一种突破陈规勇于创造的思想观念，表现为不甘落后、追求进步的责任感和使命感，还表现为一种坚持不懈自强不息的精神状态。这种精神状态成为推动新时代大学生接受思想政治教育的精神动力，为他们积极参与实践注入了鲜活的力量。当前，时代精神是新时代大学生精神动力培育的一项重要内容。在时代精神的激励下，社会上涌现出很多典型的先进事例，这些事例有利于推动大学生形成符合时代要求的、积极向上的精神风貌，有利于教育大学生抵御消极思想，不断提高自身基本素质，有利于增强大学生的凝聚力，有利于促进大学生思想政治教育的与时俱进。

今天，中国虽已取得举世瞩目的成就，但与发达国家相比较而言，差距依然明显。主要表现为我国的生产力水平与科学技术水平还相对落后，劳动者素质低。我国的国情决定了不可能选择资源型和依附型的发展模式，只有通过全面的改革创新，走创新型国家的发展道路，全面提高民族的自主创新能力，才能在日趋激烈的国际竞争中立于不败之地。创新的基础在人才，人才培养的阵地在大学校园。大学生是改革创新的后备军，用时代精神引导他们树立正确的世界观、人生观、价值观，可以激励他们树立勇于创新、善于创新的意识，不断缩小我国与世界发达国家的差距，为实现“两个一百年”奋斗目标和“中国梦”不懈努力。

2. 时代精神引领新时代大学生精神动力培育的前进方向

以改革创新为核心的时代精神，是新时代中国人民精神风貌的集中写照，是激发社会活力的强大精神动力，是中华民族在中国特色社会主义道路上不断创造新的辉煌的力量源泉。事实证明，改革创新是一个社会生机与活力的源泉。人类进入 21 世纪，信息、技术、人才、资本在世界范围内迅速流动，人才竞争日趋激烈，对人才的培养的要求越来越高。“培养什么样的人”“怎样培养人”“为谁培养人”“如何培养全面发展的人”等问题已成为新时代大学生精神动力培育的主要内容。党的十六大报告对“全面发展”做出了十分精辟的概括：“坚持教育为社会主义现代化建设服务，为人民服务，与生产劳动和社会实践相结合，培养德智体美全面发展的社会主义建设者和接班人。”① 这说明培养全面发展的“建设者和接班人”仍然是高等学校培养人才的主要目标。

高等学校是先进文化的传播地，大力推进文化创新是繁荣发展社会主义文化的需要。必须坚持以马克思主义为指导，坚持中国先进文化的前进方向，坚持贴近实际、贴近生活、贴近新时代大学生，在发扬民族文化的优秀传统的同时，汲取世界各民族文化的优点，丰富新时代大学生的精神世界，培育他们的精神动力，激励他们积极投身于中国特色社会主义现代化建设的伟大实践。

3. 时代精神是营造新时代大学生精神风貌的主要支撑

我们党提出了社会主义核心价值观，从国家、社会和个人三个层面提出了价值目标、价值取向和价值准则。社会主义核心价值观内在地要求新时代大学生形成符合时代要求的新风貌。这种新风貌就是新时代大学生要树立爱国主义理想和坚定的理想信念，积极创造社会价值与人生价值。当前，应弘扬以改革创新为核心的时代精神，正视由多元价值观带来的挑战，从新时代大学生的思想、行为特点出发，为新时代大学生的思维方式、生活方式、行为方式的形成和发展奠定情感基础，提供情感动力。

多年来，我国高等教育的发展与世界发达国家的高等教育之间还存在一定的差距，内部管理体制和人才培养模式与国家制定的教育目标也存在着一定的差距，精英教育影响着众多家长和学生，大众的教育观念与意识仍缺乏准确的定位。教育改革力度还有待进一步增强，缺乏创新性的特点依然明显。这些现象对培育新时代大学生精神动力产生了负面的影响。

每个时代都有每个时代的精神。实现中国梦必须走中国道路、弘扬中国精神、凝聚中国力量。核心价值观是一个民族赖以维系的精神纽带，是一个国家共同的思想道德基础。如果没有共同的核心价值观，一

① 《十六大以来重要文献选编》（上），中央文献出版社，2005，第31页。

个民族、一个国家就魂无定所、行无归依。中华民族能在几千年的历史长河中生生不息、薪火相传、顽强发展，就是因为中华民族有一脉相承的精神追求、精神特质、精神脉络。总之，时代精神为新时代大学生的成才提供了精神动力。它不仅帮助我们解决了“我是谁”的问题，还帮我们解决了“为了谁”的问题。从“天下兴亡，匹夫有责”到“为中华崛起而读书”，从“到祖国最需要的地方去”到“志愿服务西部计划”等，如此种种都反映了越来越多的新时代大学生以实际行动投身基层一线、报效祖国的决心和勇气。只有把自己的理想植根于现实的沃土，把个人成长与国家发展紧密地结合起来，在服务祖国、服务人民、服务社会中成长成才、创造美好人生，才能切实肩负起实现中华民族伟大复兴中国梦的光荣使命。

（二）时代精神内在地要求新时代大学生认识自我，掌握知识，坚定理想信念

1. 认识自我，掌握知识

新时代大学生成长于我国改革开放的发展时期，社会环境、学校环境、家庭环境给他们提供了较为优越的生活、学习空间。但这也导致他们对自我的认知不够，易好高骛远，眼高手低。大学生常常会出现自傲、自卑、虚荣等心理，这些心理又会产生诸多情绪，如优越感、盛气凌人、胆怯、畏惧、怀疑等，这些情况的出现会严重影响新时代大学生的心理健康，因此，正确的自我认知可以让新时代大学生客观、全面地分析自己的优缺点，扬长避短，实现自我价值。在精神动力培育的具体过程中，大学生对自我的正确认知会使他们处理好与客观环境、他人、生活、学习的矛盾，对实现自己的人生目标有着积极的推动作用。

随着科学技术的不断发展与社会的全面进步，知识对国家、社会和个人发展的推动作用越来越明显。实践证明，在人类实践的过程中，越往前发展，越需要科学知识的支撑。而知识就是精神动力的一个重要组成部分。“知识就是力量”“知识改变命运”等是当今社会对知识宣传最具正能量的语言。新时代大学生由于受到市场经济和我国处于社会转

型期等客观因素的影响，易受“拜金主义”“享乐主义”等思潮的荼毒，甚至会有急功近利的心态。尤其随着新媒体的兴起，多元文化及价值取向多元化导致部分大学生价值观混乱，一部分学生甚至认为“读书无用”。知识是人们认识客观世界的理论化、科学化、系统化的理论成果，而科学知识是人类历史发展过程中积累的精神财富，也是人类社会的重要资源，极具价值。在大学生精神动力培育的过程中，应积极引导大学生的求知欲，助其树立热爱科学知识的正确观念，自觉抵制一些消极的、带有低级趣味的腐朽观念，以增强大学生精神动力培育的实效性。

2. 理想信念

理想信念是人的心灵世界的核心。远大崇高的理想信念，决定了人生高尚充实。远大理想、崇高信念，是新时代大学生健康成长、成就事业、开创未来的精神支柱和前进动力。

（1）“中国梦”是新时代大学生的理想信念

当前，中国正处于转型的关键时期，实现中华民族的伟大复兴，这是时代发展给中国人民提出的要求，也是给新时代大学生提出的新要求。首先，实现中华民族的伟大复兴的“中国梦”，就需要我们树立共同的理想信念，它具有凝聚人心的功能与作用。其次，共同的理想信念是民族精神动力培育的内在要求。今天，共同的理想信念是我国社会和全体人民共同的政治信仰。历史证明，任何一个没有共同理想信念的国家或民族，最终都会因纷争难止而四分五裂。

习近平同志指出：“实现全面建成小康社会、建成富强民主文明和谐的社会主义现代化国家的奋斗目标，实现中华民族伟大复兴的中国梦，就是要实现国家富强、民族振兴、人民幸福。”① 习近平总书记在这里不仅表达了今天中华民族的共同理想信念，还颂扬了中华民族敢于拼搏、敢于追梦的光荣传统。同时，还阐述了“中国梦”所蕴藏的时代内涵。一方面，阐明了“中国梦”与富强、民主、文明、和谐的必

① 《习近平著作选读》第1卷，人民出版社，2023，第97页。

然联系。每个中国人的梦想最终汇集起来就是中国梦，每个人的梦是实现“国富民强、民族振兴、人民幸福”的前提条件。另一方面，也诠释了“中国梦”与“复兴路”的辩证关系，并指明了“五位一体”的总体布局。即“中国梦”的实现必须围绕着政治、经济、文化、社会与生态建设展开。从这个意义上而言，这段论述还展示了我们中国特色社会主义的道路自信、理论自信与制度自信。

马克思主义关于“每个人的自由发展是一切人的自由发展的条件”[①] 的论述对我们今天领会“中国梦”的精神实质有着指导意义。对个人而言，“中国梦”蕴含着每一个中国人的人生价值与人生追求，也是每一个中国人的“幸福梦”。每个人都有自己个人的人生理想，这种人生理想是实现自己人生的幸福与完美。当个人的幸福与完美得以实现，也就为他人的幸福与完美创造了实现的条件。当然，在追求理想目标实现的过程中，个人的理想只有与社会历史规律和价值标准相一致才能实现。之所以说“中国梦”等同于每一个中国人的“幸福梦”，是因为中国梦的目标是实现国家强盛、民族兴旺，而实现这一社会理想的根本目的就是让每一个中国人能幸福快乐。这里所提的幸福快乐，就是要让所有中国人共同分享我国改革开放以来所取得的成果，让每一个中国人更好地生活、更好地工作，拥有更好的生活环境，享有更好的社会保障，最终实现“人的全面自由发展”。实现“中国梦”，要靠一代又一代中国青年，而新时代大学生又是中国青年的精英，他们就是实现中国梦的中流砥柱。“历史和现实都告诉我们，青年一代有理想、有担当，国家就有前途，民族就有希望，实现我们的发展目标就有源源不断的强大力量。”[②]“中国梦是我们的，更是你们青年一代的。”[③]

（2）个人理想信念与社会理想信念的辩证统一

“中国梦”蕴含的理想内涵及观点为新时代大学生精神动力培育提供了有力的价值导向，要求我们在新时代大学生精神动力培育过程中要

① 《马克思恩格斯文集》第2卷，人民出版社，2009，第53页。

② 《十八大以来重要文献编选》上，中央文献出版社，2014，第277页。

③ 《十八大以来重要文献编选》上，中央文献出版社，2014，第277页。

客观地把握个人理想与社会理想之间的关系。马克思主义认为，人与社会是互为基础和前提的。社会的发展取决于每一个人对社会所做的贡献，即社会的发展是以人的发展为目的和价值衡量标准的。在这个系统中，人不仅要在劳动实践中发展自我，还要以创造性的劳动为社会做贡献，也就是说，个人理想的实现必须与人性的根本要求和社会的根本利益相一致。马克思认为，个人理想与社会理想是相辅相成、辩证统一的。

第一，“中国梦”蕴含了每一个中国公民所追求的利益，更代表着国家、民族的根本利益。当前，新时代大学生应以“中国梦”为价值导向来选择和确立自己的生活、道德、政治、职业等理想目标。一方面，个人理想离不开“社会理想”，一旦离开，个人理想就会失去基础，人生目标也将成为泡影；另一方面，社会理想的实现是以每个人的个人理想为基础的。新时代大学生，必须把个人理想与社会理想紧密结合起来，才能在学校生活与社会实践的过程中得到历练，从而具备过硬的心理素质与坚强的进取意志。这种个人理想与社会理想的有效结合主要体现为对国家高度的政治认同、对社会主义道德的虔诚坚守、对中国特色社会主义理想的坚定信念，只有个人理想与社会理想有效结合，实现国家富强、民族复兴才有思想基础和强大动力。

第二，走“中国道路”，坚定新时代大学生的信心。改革开放使中国迅速发展，为新时代大学生的成长成才提供了良好的生活、学习环境。然而，国际国内复杂多变的局势与矛盾，使新时代大学生在国家道路的选择上产生了困惑。在精神动力培育过程中，要一如既往地用马克思主义理论、毛泽东思想和中国特色社会主义的理论武装他们的头脑，坚定其走“中国道路”的信心，坚定为国家繁荣富强贡献自己的聪明才智的理想信念。中国道路，就是中国特色社会主义道路，是实现社会主义现代化、创造人民美好生活的必由之路，是实现中华民族伟大复兴的必由之路。只要拥有积极强大的精神动力，实现中华民族伟大复兴的中国梦就不会是遥不可及的神话。新时代大学生必须认识到，个人的发展必须把以国家发展为坚强的后盾作为前提，这样才能使自己的梦想成为现实。只有他们为实现自己的梦想而努力拼搏，中华民族才会在复兴之路上获得新的生命和巨大力量。

第三，弘扬“中国精神”，培育优秀品格。中国精神作为中国人民集体的精神结晶，体现着中国人民的思想意志，是激励中国人民不懈奋斗、自强不息的精神力量，支撑着一代又一代的中华儿女为实现民族之独立、国家之富强、人民之幸福而不断顽强拼搏、奋勇前进。无论是过去、现在还是未来，中国精神始终发挥着坚定理想信念、明确时代价值追求、整合社会意识、激发中国特色社会主义改革精神活力的作用，为实现中华民族伟大复兴提供源源不断的精神动力。

首先，中国精神生成于中华民族优秀传统文化之中。习近平总书记指出：“在5000多年文明发展中孕育的中华优秀传统文化，在党和人民伟大斗争中孕育的革命文化和社会主义先进文化，积淀着中华民族最深层的精神追求，代表着中华民族独特的精神标识。”① 其次，中国精神生成于中国共产党领导的伟大革命和社会主义建设之中。在革命、建设和改革开放的进程中，形成了“坚持真理、坚守理想，践行初心、担当使命，不怕牺牲、英勇斗争，对党忠诚、不负人民的伟大建党精神”②。如今中国精神具有全新的时代内涵，为中国人民建设强大的社会主义国家提供了无穷无尽的精神力量。再次，中国精神生成于中国特色社会主义的伟大实践中。实践证明，“中国精神”给予了我们“精气神”。正是因为一代又一代中国人秉持中华民族顽强拼搏、自强不息的中国精神，才会有今天中华民族的振兴与强盛。只要中国特色社会主义的伟大实践永远在路上、永不停止，中国精神成长的生命力就不会丧失。新时代新征程，弘扬“中国精神”就是要把以爱国主义为核心的民族精神和以改革创新为核心的时代精神在新时代大学生中发扬光大，使之深入每一个新时代大学生的心灵。

第四，凝聚“中国力量”，实现美好梦想。世纪之交，江泽民曾向

---

① 《习近平谈治国理政》第2卷，外文出版社，2017，第36页。

② 《习近平谈治国理政》第4卷，外文出版社，2022，第7页。

大学生明确指出："你们是承前启后、继往开来的重要一代。我国现代化建设的第三步战略目标将在你们这一代手中实现。你们树立什么样的理想，学到什么样的知识，具有什么样的能力，对于祖国和民族的未来关系重大。"① 这说明新时代大学生是青年中的精英，是践行中国梦的骨干力量。党的十八大以来，中国的综合国力持续提升，"创造了中国式现代化新道路，创造了人类文明新形态"②。坚持走和平发展的中国式现代化道路，积极倡导构建人类命运共同体，在坚持共商、共建、共享的原则基础上将中国的发展成果与世界人民共享；持续推动"一带一路"建设，以开放包容、互学互鉴、互利共赢的理念全方位、多途径推动与世界其他国家的交流、合作与共赢。中国用实际行动向世界展现了命运与共的中国精神，为保障世界人民的生命安全贡献了中国力量。新时代新征程，必须坚持"用中国精神激发中国力量，动员全体中华儿女共同创造中华民族新的伟业"③。当前，在实现中华民族复兴的道路上，新时代大学生的精神动力关乎国家和民族的前途命运。我们要积极引导新时代大学生正确地认识中国梦是国家梦、民族梦，更是每一个大学生的幸福梦。只有加倍努力地学习，保持健康的身体和积极的心态，才能为实现中国梦贡献自己的青春、勇气、力量和智慧。

二 增强爱国主义情怀

情，即情感，在精神动力培育过程中，指情感动力。是人在思想道德实践中评价自己或他人行为时，对一定的思想准则、道德规范所产生的内心体验。胡锦涛曾指出："对大学生进行思想政治教育，既要摆事实、讲道理，以理服人，耐心细致，循循善诱，进行疏导、开导、引导，不断提高他们的思想认识和精神境界；又要关心人、办实事，以情感人。"④ "坚持以人为本，贴近实际、贴近生活、贴近学生，努力提高

① 《十五大以来重要文献编选》，人民出版社，2003，第 1882 页。

② 《习近平谈治国理政》第 4 卷，外文出版社，2022，第 10 页。

③ 《十八大以来重要文献选编》（中），中央文献出版社，2016，第 83 页。

④ 《十六大以来重要文献选编》（中），中央文献出版社，2006，第 642 页。

思想政治教育的针对性、实效性和吸引力、感染力，培养德智体美全面发展的社会主义合格建设者和可靠接班人。”① 要以情感人，就是要充分发挥情感动力的作用，在大学生精神动力培育过程中增强实效性。

情感教育是人与人之间实现情感交流的一种积极的情感体验，是在彼此尊重的基础上通过情感交流深入受教育者内心，使其思维、观念等产生积极改变的一种教育方式。情感教育是一种隐性教育，往往能起到“润物细无声”的作用。自20世纪60年代情感教育理论产生以来，就得到广大教育者的认同和应用。情感教育具有推动作用、感染作用、沟通作用和调节作用。需要教育者在精神动力培育中先“动之以情”才能实现“晓之以理”。

情感是人们对客观事物的态度体验。因此，丰富的情感是人所具有的本质特征。在新时代大学生精神动力培育过程中，每个大学生都是具有独立情感的个体。作为教育者，应尊重每个大学生的个性和需要，以情动人、以情感人、以情育人、以情化人，把爱国主义、爱社会主义和集体主义融为一体，再潜移默化地渗透到大学的内心深处，使其产生强烈的共鸣，如此才能实现情感内化，实现精神动力培育的目标。

（一）爱国就是爱社会主义祖国

邓小平曾明确指出：“有人说不爱社会主义不等于不爱国。难道祖国是抽象的吗？不爱共产党领导的社会主义的新中国，爱什么呢？”② 这明确地阐述了社会主义与爱国主义之间的紧密联系。无论在什么情况下，都不能把两者对立起来。在社会主义的中国，爱国主义只有一种解释，那就是爱社会主义制度的中国。

实现中国特色社会主义共同理想和目标，需把爱国主义和社会主义内在地结合起来。这是因为，建设有中国特色的社会主义，把我国建设成为高度民主、文明的社会主义现代化国家这一共同理想，集中反映了

① 《十六大以来重要文献选编》（中），中央文献出版社，2006，第179页。
② 《邓小平文选》第2卷，人民出版社，1994，第392页。

全国各族人民的利益和愿望，是全体人民在政治上、道义上和精神上团结一致的基础，是克服一切困难，争取胜利的强大精神武器。为了实现这一共同理想，必须保护、尊重和发扬一切有利于民族团结、人民幸福、社会进步、祖国统一、实现梦想的积极思想和精神。只有这样，才能积极地行动起来，凝聚人心建设社会主义，并为实现中国特色社会主义的共同理想而奋斗。因此，爱国主义与爱社会主义是一致的。

（二）爱国主义、社会主义和集体主义的一致性

在中国，只有成为集体中的一员，个人才能在国家建设中发挥自己的聪明才智、实现自己的价值。“只有在共同体中，个人才能获得全面发展其才能的手段，也就是说，只有在共同体中才可能有个人自由。”①这里所指的集体，是社会主义的集体，而不是指剥削阶级国家的集体。他们还说：“在过去的种种冒充的集体中，如在国家等等中，个人自由只是对那些在统治阶级范围内发展的个人来说是存在的，他们之所以有个人自由，只是因为他们是这一阶级的个人。从前各个个人所结成的那种虚构的集体，总是作为某种独立的东西而使自己与各个个人对立起来；由于这种集体是一个阶级反对另一个阶级的联合，因此对于被支配的阶级说来，它不仅是完全虚幻的集体，而且是新的桎梏。”② 旧中国的爱国主义与集体主义不一致，是彼此分离的。新中国成立后，尽管那时我们还很落后、贫穷，但全国各族人民团结一致、奋力拼搏，为建设社会主义中国而贡献自己的力量。真正体现了一种爱国主义精神，如钱学森等老一辈科学家，不顾重重阻力毅然回到祖国的怀抱，在极为艰苦的条件下，使中国的工业、经济有了一定的发展，并在世界占有一席之地。他们的行为真正诠释了爱国主义明确的价值取向，是个人与集体、个人与国家之间关系的价值观的体现。当然，新中国是一个真实的且能够充分发挥个人自由的集体。在这个真实、民主的集体中，爱国主义与

① 《马克思恩格斯选集》第 1 卷，人民出版社，2012，第 199 页。
② 《马克思恩格斯全集》第 3 卷，人民出版社，1960，第 84 页。

集体主义在本质上是一致的，坚持爱国主义就是坚持集体主义，坚持集体主义就是坚持社会主义。一方面，社会主义运动是集体主义产生和发展的客观基础，而集体主义又是社会主义事业走向成功所必须坚持的价值导向；另一方面，建设中国特色社会主义就是集体主义在国家、民主、个人关系上的体现。三者相互渗透、相互联系、相互促进。这是科学社会主义的本质所决定的。

今天，中华民族爱国敬业等优秀品质被新时代大学生所继承。在祖国和人民利益受到损害时，他们用自己的行动告诉全世界爱国是什么。汶川地震、北京奥运会、上海世博会……，大学生志愿者的身影无处不在，他们做着自己力所能及的事，默默无闻地奉献着。他们能与同胞团结起来维护国家的利益，为了祖国的利益可以牺牲个人的利益。对需要帮助的人积极施以援手，用他们的实际行动诠释了新时代大学生对伟大祖国的热爱，用他们瘦弱的身体撑起了中华民族的脊梁。这些行为诠释了物质决定精神的真正含义。同时，在一定条件下，精神的力量可以转化为物质的力量。然而，在新时代大学生中依然存在不思进取、考试作弊、缺乏诚信、急功近利等不良现象，因此，新时代大学生精神动力培育依然有必要。

对于在成长中的大学生而言，无论是个人情感、家庭情感，还是国家、民族情感，对他们的成才都很重要。其中，国家情感和民族情感是最大的情感。在新时代大学生的精神动力培育过程中，应该怀着极大的热情对待每位学生，给他们注入恒久的精神动力，予以他们积极的情感体验，使其保持良好的情绪状态。

三　加强新时代大学生意志力的培养

意，即意志。意志动力，是指在精神动力培育中，人的意向或内部思想向外部稳定行为转化过程中遇到困难和挫折时所表现出来的顽强意志和努力心态。意志力没有好坏之分，只有强弱之别。相对于知、情两个方面，关于意在大学生精神动力培育过程中的要求既更重要也更严格。

意志力是在社会实践活动中逐渐形成的，并不是与生俱来的。大学阶段正是大学生意志力形成的关键阶段。意志对认知、情感会产生很大的影响。一个意志力强的人，对学习的坚持、对情感的信念都会很强。笔者对1000名在校大学生进行的意志力测试调查研究数据表明：2%的大学生意志很坚强，20%的大学生意志较坚强，70%的大学生意志品质一般，8%的大学生意志较薄弱。[①] 意志薄弱主要表现为缺乏奋斗目标、缺乏意志的果断性、缺乏意志的自控性、缺乏意志的坚定性。在新时代大学生精神动力培育过程中，应该加强以下几方面的教育。

（一）树立奋斗目标

一个人应该树立明确的行动目标，并深刻地认识到它的社会意义，让自己的行为服从社会目的并形成一以贯之的意志品质，即这种意志品质在时间上能表现出一种持续性。意志品质具有两个基本特征。第一，明确行动目的及社会意义。只有明确了自己的行动目的，才有为之奋斗的目标；只有明白为什么而行动，明确行动的社会意义，才会很好地履行自己的社会义务。第二，主动调节自己的行为。一个确定了目标并坚持自觉行动的人，能把社会要求作为自己行动的准绳，把社会公德内化为自己的品德，适时地调节自己的行动。不论遇到任何阻碍和危险，面对的只要是符合预定目的或社会要求的事，也能付出自己全部的热情和力量，毫不退缩，勇往直前。行动的持续性既是坚强意志产生的源泉，又是坚强意志的表现，它是个人坚定的信仰和立场的体现。

第一，培育新时代大学生的果断力。果断力是指一个人善于明辨是非，不失时机地做出正确决断并坚持执行的一种意志品质。一方面，它表现为深思熟虑和勇敢。没有对事物的深刻认识，便不能明辨是非，只能是左右摇摆或独断专行；没有勇敢的品质，便不能当机立断，往往表现为举棋不定，患得患失。另一方面，意志的果断性还要求迅速果敢与

① 云南大学2022教育教学研究项目“精准供给理念下习近平新时代中国特色社会主义思想概论课实践性研究”（项目编号：2022Y37）的研阶段性成果，待发表。

机动灵活相结合。

第二，培育新时代大学生的自控力。自控力是一种意志品质，也是一种抗干扰能力，反映的是一个人在意志行动中，能有效控制自己的情绪和言行的一种品质。抗干扰包括抗内部干扰和抗外部干扰两个方面。抗内部干扰即抗自己情绪的干扰，它表现为高度的自控力和忍耐力。自控力强的人，能控制自己的情绪冲动，不会让羞涩、恐惧、愤怒、悲哀、失望等消极情绪干扰自己而导致懒惰、拖沓、暴躁等消极行为产生。抗外部干扰，是指不受困难的客观环境及诱惑的影响而一如既往地达成预定目标或计划。有自控力的人不但情绪稳定，而且能够排除多种干扰，注意力高度集中，思维深刻而敏捷，使自己坚持执行已做决定。

第三，培育新时代大学生的忍耐力。忍耐力是指一个人坚持自己的决定，以顽强的毅力去克服人生中将要面对的一切困难，顺利实现自己树立的预定目标的一种意志品质。一方面表现为有充沛的精力和顽强的毅力。一个具有坚韧性品质的人，不但能够紧张而热情地工作，而且还能做到锲而不舍，善始善终。在困难面前不会裹足不前，即使面临各种扰也不为所动，竭尽全力克服困难；在失败面前不气馁，而且坚毅有恒，百折不回；在成绩面前不居功自傲，不停滞不前，而是再接再厉，不断登攀。另一方面，经得起长时间的磨炼。具有忍耐品质的人，对实现预定目标充满信心，坚信“世上无难事，只怕有心人”，从而在长时间内与困难做斗争，即使是从事那些枯燥乏味的工作也绝不半途而废。

（二）培养抗挫能力

意志力是一种巨大的精神力量，只有意志坚强的人，才能坚持不懈地履行自己的义务，排除各种干扰和障碍，朝着自己选择的目标一直奋斗。新时代大学生大多数是独生子女，因此，培育一定的抗挫能力将使他们意志力更加坚强。

第一，养成抗挫心态。首先，大学生要战胜挫折必须先正视挫折。在日常的学习生活中注意提升个性修养，陶冶情操，培养健康心态。多参加集体活动，多与人交往。其次，胸怀理想，挑战挫折。缺乏理想目标的人，不但心灵沉寂，而且缺乏活力，难以做到面对挫折还能与命运抗争。有理想目标的人，即便面对困难或遭遇挫折，甚至面对失败仍不失信心。出生于美国的大卫·托马斯，是一名孤儿，一直在困难与挫折中前行，他心怀理想与目标，最终成为拥有3800家全国性连锁店的企业家。对于新时代大学生，只要胸怀理想，把挫折当作一门学习的课程，终将获得成功。

第二，提升应对逆境的能力。新时代大学生，身处在国际国内风云变幻的世界中，机遇与挑战同在，成功与挫折并存，会受到学习、人际关系、恋爱、择业就业、家庭经济条件等诸多因素的影响，往往会受到不良情绪的困扰，承受着巨大的心理压力。因此应提升大学生应对逆境的能力，帮助新时代大学生走出困境，勇敢地面对挫折。

信仰、道德、认知、情感和意志，构成了新时代大学生精神动力培育的主要内容，是新时代大学生精神动力培育系统的要素。它们相互制约，相互补充，缺一不可，在这个动力系统中合成一股巨大的精神动力，推动新时代大学生在社会实践活动中坚定信仰，助其变得道德高尚、意志顽强，使之通情达理，勇于拼搏，勇担责任，成为社会主义现代化建设的可靠接班人和建设者。

第六章

新时代大学生精神动力培育的“中国路径”

当前，中华民族伟大复兴的第一个百年奋斗目标已经实现，第二个百年奋斗目标已经拉开序幕，新时代大学生精神动力培育路径对整个国家和社会的发展具有十分重要的战略意义。微观上而言，它对大学生的全面发展、健康成长以及成为建设社会主义现代化的优秀人才具有积极的导向作用；宏观上而言，对实现中华民族伟大复兴的“中国梦”、实现中国特色社会主义现代化强国目标形成巨大的推动力，又具有十分重要的激励作用。

第一节　新时代大学生精神动力培育的路径选择

一　以科学的理论武装人，塑造中国形象

江泽民同志在1994年1月的全国宣传思想工作会议上强调：“我们的宣传思想工作，必须以科学的理论武装人，以正确的舆论引导人，以高尚的精神塑造人，以优秀的作品鼓舞人，不断培养和造就一代又一代有理想、有道德、有文化、有纪律的社会主义新人，在建设有中国特色社会主义的伟大事业中发挥有力的思想保证和舆论支持作用。”①

① 《十四大以来重要文献选编》（上），人民出版社，1996，第647~648页。

（一）用马克思主义的理论精髓武装大学生

科学理论是实践的精华、时代的积淀，更是人类智慧的结晶。马克思主义作为世界上的科学理论之一，是一门关于无产阶级革命和解放的学说，它以实现人的全面发展为最终目的。同时，马克思主义作为新时代大学生们认识世界、改造世界最科学的世界观和方法论，是指导他们实践的真理。

解放思想、实事求是是马克思主义的理论精髓，也是思想政治教育工作者培育大学生精神动力必须长期坚持的基本准则。新时代大学生，因受多元化思潮的影响，对社会主义的理想信念感到迷茫困惑，信仰缺失。加之在实践中存在对马克思主义理论片面、抽象的解读，导致新时代大学生对马克思主义理论的正确认识有所弱化。这不但不符合大学生精神动力培育的现实要求，更不符合马克思主义实事求是的本质。因此，新时代大学生学习掌握马克思主义理论，能从根本上解决理论与实践之间的矛盾问题。“全部社会生活在本质上是实践的”，“哲学家们只是用不同的方式解释世界，问题在于改变世界”。[①] 证明了世界是由不同的理论系统构成的，因此有不同的解释模式来解释今天的现实生活。从宏观上看，这些理论可能是相互对立、相互排斥的。然而，从微观上看，他们之间又是互为补充的，通过实践中的彼此斗争实现新的统一，这是在实事求是的思想路线指导下，通过实践进行的理论创新。新时代大学生是时代的精英，肩负着改造世界、实现中国式现代化目标的重大使命。因此，更要认识到坚持实事求是，理论联系实际的重要性。更应该清楚地认识到，无论什么时候，马克思主义传入中国并得到广泛传播与运用，都是中国客观的现实需要。今天，我们依然坚持信仰马克思主义，用马克思主义做指导，正是因为它解决了中国革命、建设和改革开放以来的一系列现实问题。

① 《马克思恩格斯选集》第1卷，人民出版社，2012，第135～136页。

（二）在大学生中推进马克思主义中国化、时代化与大众化

马克思主义中国化是解决中国实际问题的客观需要，也是马克思主义理论发展的内在需要。

1. 马克思主义中国化

1938 年 10 月，毛泽东指出："没有抽象的马克思主义，只有具体的马克思主义。所谓具体的马克思主义，就是通过民主形式的马克思主义，就是把马克思主义应用到中国具体环境的具体斗争中去，特不是抽象地应用它。……因此，马克思主义的中国化，使之在其每一表现中带着中国的特性，即是说，按照中国的特点去应用它，成为全党亟待了解并亟须解决的问题。"①

当年，毛泽东用马克思主义中国化教育全党、教育每一位战士，要活学活用马克思主义，必须将其同中国的具体实际相结合，并在实际中得到创新和发展。在和平年代，作为青年精英的新时代大学生肩负国家繁荣富强的艰巨任务，在坚持中实现发展、创新，是一种必然选择。所以，江泽民曾强调"马克思主义政党只有赢得青年，才能赢得未来。……党的事业离不开青年，青年成长更离不开党"，"各级领导干部要学会用新观念、新视角去看待青年，善于发现青年人才，大力培养青年人才，放手使用青年人才，……使他们各显其能，竞展才华"。② 同样，胡锦涛同志在党的十六届六中全会上强调，要从赢得青年，赢得未来的高度，抓好大学生的理论学习，在广大青年中培养一大批坚定的马克思主义者。

2. 马克思主义时代化

任何一个时代都需要指导时代发展的理论，任何一种理论也都是在一定时代的实践中得到的智慧结晶，反映着一个时代的目的和要求。与时俱进是先进理论必须具备的本质特征。在中国，马克思主义理论就是

---

① 《中共中央文件选集》第 11 册，中共中央党校出版社，1991，第 658～659 页。

② 《江泽民文选》第 3 卷，人民出版社，2006，第 487～488 页。

与时俱进的先进理论体系。正如恩格斯所说："每一个时代的理论思维，从而我们时代的理论思维，都是一种历史的产物，它在不同的时代具有完全不同的形式，同时具有完全不同的内容。"[①] 它充分说明了任何理论都会因时代的发展变化而不断进行发展和创新，中国特色社会主义理论体系就深刻地反映了马克思主义时代化的内在要求。长期以来，大学生精神动力培育都是高校思想政治教育的一个重要内容。习近平总书记指出："一个民族的复兴需要强大的物质力量，也需要强大的精神力量。"[②] 面对新形势新情况，精神动力培育的理论也必须及时发现在大学生中出现的新问题、研究大学生反映的新情况、把握大学生心理和成长的新规律，使理论研究与时代要求达成一致，做到与时俱进。这样才不会使科学的理论变成空洞的说教，才能更加贴近学生、贴近实际、贴近生活，真正取得精神动力培育的实效。

3. 马克思主义大众化

历史证明，任何一种理论要想在实践中发挥应有的作用并最终成为改造世界的强大物质力量，就必须与大众相结合并被大众理解和接受。"理论一经掌握群众，也会变成物质力量。"[③] 这里所说的理论，就是经群众理解掌握后形成了一种精神动力最终转变成了物质力量。马克思主义理论的大众化，就是要求新时代大学生理解、运用其立场、观点和方法，成为解决问题和困难的强大精神力量。当前，实现马克思主义在大学生群体中的大众化，对加强大学生精神动力培育具有重要意义。我们也必须认识到，在新时代大学生精神动力培育过程中推进马克思主义大众化，有计划、有组织、有目的地培育与引导大学生，最终目的是让他们真正接受、理解并信仰马克思主义理论，做到内化于心外化于行。在建设中国特色社会主义的道路上真正树立起正确的世界观、人生观及价

① 《马克思恩格斯选集》第 4 卷，人民出版社，1995，第 284 页。

② 《奋进强国路·总书记这样引领中国式现代化丨让中华民族精神的大厦巍然耸立》，新华网，http：//www. news. cn/2022 - 03/02/c _1128431098. htm，最后访问日期：2024 年 1 月 28 日。

③ 《马克思恩格斯选集》第 1 卷，人民出版社，2012，第 9 页。

值观，正确认识理解社会主义建设的客观规律和中国的基本国情，肩负起实现“两个一百年”奋斗目标的重担，成为中国特色社会主义的合格建设者和可靠接班人。

（三）用中国特色社会主义理论体系的最新成果引导大学生

自改革开放以来，我党一直坚持马列主义、毛泽东思想作指导，实现了马克思主义中国化的第二次理论飞跃，形成了中国特色社会主义理论体系。它是不断发展的理论体系，是“党最可宝贵的政治和精神财富，是全国各族人民团结奋斗的共同思想基础”。[①] 中国特色社会主义理论体系系统地回答了“什么是社会主义，怎样建设社会主义”“建设什么样的党，怎样建设党”“实现什么样的发展，怎样发展”等一系列重大理论问题和现实问题。党的十八大以来，习近平总书记系列重要讲话科学地回答了新时代“坚持和发展什么样的中国特色社会主义、怎样坚持和发展中国特色社会主义”“建设什么样的社会主义现代化强国、怎样建设社会主义现代化强国”“建设什么样的长期执政的马克思主义政党、怎样建设长期执政的马克思主义政党”等一系列重大问题，鲜明地提出新形势下我们党治国理政的一系列重要方略，形成了习近平新时代中国特色社会主义思想。特别是“四个全面”战略部署开拓了马克思主义发展的新境界，“四个全面”是一个整体，相辅相成，既包括战略目标又包括战略举措。其中，全面建成社会主义现代化国家是战略目标，这个目标是实现中国式现代化的最终目的。

众所周知，新时代大学生都是“00后”，是中国式现代化的见证者和推动者，而他们对马克思主义及其中国化、时代化的理论成果缺乏系统全面的了解。因此，要通过精神动力培育不断推进党的创新理论“三进”（进教材、进课堂、进大学生头脑）和高等教育“三全育人”（全员育人、全程育人、全方位育人）工作，用习近平新时代中国特色社会主义思想武装新时代大学生，使之成为他们精神世界的坐标和指南，引

① 《十七大报告辅导读本》，人民出版社，2007，第11页。

导他们增强中国特色社会主义道路自信、理论自信、制度自信、文化自信，厚植爱国主义情怀，把爱国情、强国志、报国行自觉融入坚持和发展中国特色社会主义、建设社会主义现代化强国、实现中华民族伟大复兴的奋斗之中。这是新时代大学生精神动力培育的理论主题。

二　加强历史教育，讲好中国故事

众所周知，历史是一面镜子，每个人都可以在历史中寻找到国家和社会的发展脉络。作为新时代大学生，不仅要学习历史，更要铭记历史。邓小平同志曾在1990年春天讲过一段话："我是一个中国人，懂得外国侵略中国的历史。当我听到西方七国首脑会议决定要制裁中国，马上就联想到一九〇〇年八国联军侵略中国的历史……要懂得些中国历史，这是中国发展的一个精神动力。"[①]"要懂得些中国历史"充分表明历史教育是中国发展的一个精神动力。同样，习近平也强调"中国历史是中国人民、中华民族坚持不懈的创业史和发展史"。[②]大量的历史故事和历史人物，无不对今人，也必将对后人起到启蒙作用、振奋作用。2021年2月20日，党中央在北京召开了党史学习教育动员大会，习近平总书记发表了重要讲话并强调"党的历史是最生动、最有说服力的教科书"。[③]

（一）加强历史教育，培育精神动力

"从广义上讲，历史教育指的是通过各种渠道采用不同的方式向社会普及历史知识和历史观念的过程，以提高全社会成员的历史素养和基本素质。"[④]《独立宣言》的主要起草人，美国第三任总统托马斯·杰弗

① 《邓小平文选》第3卷，人民出版社，1993，第357～358页。

② 《在学习历史中更好走向未来——深入学习贯彻习近平同志关于学习历史的重要论述》，http://dangjian.people.com.cn/GB/n1/2017/0327/c117092 - 29172437.html?ivk_sa = 1024320u&wd = &eqid = 84edc03b004543ca00000004642702ed，最后访问日期：2024年1月28日。

③ 《习近平谈治国理政》第4卷，外文出版社，2022，第545页。

④ 李传印：《历史教育与民族精神》，《华中科技大学学报》（社会科学版）2004年第5期。

逊曾指出："历史可以使人们了解过去，展望未来；历史可以为他们提供异国的经验；历史还教会人们如何评价人和事，如何揭露伪装，认清本质，击败阴谋。"① 因此，从建国开始，美国就非常重视对不同阶段的学生进行历史教育。直至今日，历史课程也是大学精神动力培育的核心教育内容之一。通过历史教育，美国大学生的民族自豪感与爱国精神得以加深，"美国精神"得以培植与延续。

我党历来重视党史学习教育，注重用党的奋斗历程和伟大成就鼓舞斗志、明确方向，用党的光荣传统和优良作风坚定信念、凝聚力量，用党的实践创造和历史经验启迪智慧、砥砺品格。"毛泽东说：'如果不把党的历史搞清楚，不把党在历史上所走的路搞清楚，便不能把事情办得更好。'邓小平同志说：'每个党、每个国家都有自己的历史，只有采取客观的实事求是的态度来分析和总结，才有好处。'江泽民同志强调：'要努力学习中国历史特别是中国近现代历史和党的历史，并通过这种学习努力掌握和发扬中华民族的优良传统和党的优良传统。'胡锦涛同志指出：'要通过开展各种纪念教育活动，促进广大中青年干部进一步学习党的知识和党的历史，深入了解党的优良传统和作风，不断增强党的意识，更加坚定自觉地为党的事业而奋斗。'"② 习近平反复强调："历史是最好的教科书。""历史记述了前人的成功和失败，重视、研究、借鉴历史，了解历史上治乱兴衰规律，可以给我们带来很多了解昨天、把握今天、开创明天的启示。重视吸取历史经验是我们党的一个好传统。"③

2021 年 4 月 20 日，中华人民共和国教育部办公厅发布《关于在思政课中加强以党史教育为重点的"四史"教育的通知》（教社科厅函〔2021〕8 号），要求在大中小学思政课中开展以党史教育为重点的"四史"（党史、新中国史、改革开放史、社会主义发展史）宣传教育。"四史"是中国人民历史记忆的根本，也是开创未来事业的精神源泉。

① 崔粲：《历史教学论纲》，辽宁大学出版社，1992，第 18 页。

② 习近平：《在党史学习教育动员大会上的讲话》，人民出版社，2021，第 2 页。

③ 习近平：《努力造就一支忠诚干净担当的高素质干部队伍》，《求是》2019 年第 2 期。

要抓好青少年学习教育，厚植爱党、爱国、爱社会主义的情感。突出青少年群体，贴近青少年需求，引导他们听党话、跟党走。有效提升学生的政治认同、思想认同、情感认同，真正做到“学史明理、学史增信、学史崇德、学史力行”，坚定对马克思主义的信仰、对中国特色社会主义的信念、对中华民族伟大复兴中国梦的信心，以昂扬姿态为全面建设社会主义现代化国家努力奋斗。①

1. 提高人文觉悟，提升人格品位

第一，历史可以明智。英国著名哲学家培根曾说：“读史可以明智。”学习历史，有助于提升人的修养。从历史中可以了解世界不同国家、不同民族杰出人物成长过程中的典型事件，借鉴他们的人生经验，体会他们的人格魅力，分享他们的人生智慧，形成积极进取的人生态度和健全的人格。更重要的是，通过学习历史，达到自觉认识自我和完善自我的目的。新时代大学生畏惧困难、抗挫折能力弱、自我定位不准确、缺乏积极进取的精神动力，应积极接受广泛生动的历史教育，因为在人类历史长河中涌现了很多伟大、优秀的人物，这些人物可以作为典型的人格教育素材，激励、鞭策新时代大学生以史明鉴，主动运用科学的方法分析、处理现实社会中的现象与问题，构建正确的人生观、世界观及价值观。

第二，历史可以明理。历史学家白寿彝认为，学习历史的首要任务是帮助人们从青少年时期开始，理解做人的道理、学习如何做人。新时代大学生判断能力弱，思维能力差，应变能力欠佳，应加强历史学习，从政治、经济、文化、社会管理等多角度了解、把握、分析历史事件，形成全面分析问题的思维模式。通过了解历史现象、认识历史人物、比较历史事件，拓宽知识面，逐渐领悟历史科学所蕴含的道理。

第三，历史可以增强爱国主义情感。历史教学是精神动力培育的最佳方式之一。在中国5000多年的历史长河中，记载了许多具有感染力、

① 《教育部办公厅关于在思政课中加强以党史教育为重点的“四史”教育的通知》，http://www.moe.gov.cn/srcsite/A13/moe_772/202105/t20210511_530840.html?eqid=9527b02100e67aae00000003643131ad，最后访问日期：2024年1月28日。

影响力的典型人物。如屈原、霍去病、岳飞、顾炎武、孙中山、毛泽东、周恩来等，他们有一个共同的特点，那就是爱国。这些例子可以用来激发新时代大学生的民族自豪感和自信心，使其成为一个忠诚的爱国者。

2. 提升民族自尊心和自信心

“若一民族对其以往历史了无所知，此必无文化之民族，此民族中之分子对其民族必无甚深之爱，必不能为其民族有奋斗而牺牲，此民族终将无争存于世之力量”，“故欲知其国民对国家有深厚之爱情，必先使其国民对国家以往历史有深厚的认识”。[①] 国学大师钱穆先生所说的这些话是富含哲理的，即越了解历史文化和传统文化，就越具备历史意识。这样，便能超越时空，更理智地去观察，进一步分析问题，同时激起自身强烈的历史使命感。新时代大学生是中国特色社会主义事业的建设者和接班人，只有不断地加强历史学习，才会产生对民族、国家、文化的认同感，也才会产生自豪感和责任感。当今世界，任何一个国家、任何一个民族，要想生存和发展，要想屹立于世界民族之林，就一定要认清和了解自己国家的历史，认清自己国家的优势与劣势、长处与短处。所以，历史教育在培育民族精神动力与民族凝聚力方面具有非常重要的作用。

3. 培育爱国主义情怀

爱国主义作为一个永恒的主题贯穿于历史教育始终。众所周知，一个民族或一个国家的前进需要动力来推动，爱国主义情怀能产生推动国家前进的力量。首先，从两者的内在联系上看，它们是相互依存、互为基础的。爱国主义教育常常被巧妙地贯穿于历史教育，这已成为各国进行历史教育的最佳方式和途径。如中国历史教科书里描述了从古至今的典型爱国事例和人物，不仅有古代的屈原、文天祥、岳飞等人，还有当代的科学家钱学森等。其次，历史知识是爱国主义的思想源泉。历史教育的作用是显而易见的。通过对新时代大学生进行历史教育，不仅有利

① 钱穆：《国史大纲引论》，商务印书馆，1979，第22页。

于增进他们对本民族和本国发展史的了解和把握，还有利于培养他们的爱国主义情怀和情感，从而形成一股强大的动力，推动社会的全面进步。

（二）中国梦的实现离不开历史教育

一个国家和谐、稳定和发展的精神支柱是其共同的理想信念、道德规范和价值取向。在理想信念、道德规范和价值取向的形成过程中，历史教育的作用是显而易见的，它能在践行社会主义核心价值观、建设中国特色社会主义伟大实践方面提供宝贵精神动力。

1. 历史教育为社会主义核心价值观的形成奠定了理论基础

党的十八大在社会主义核心价值体系的基础上提出了社会主义核心价值观，凝练为“富强、民主、文明、和谐、自由、平等、公正、法治、爱国、敬业、诚信、友善”24 个字。

改革开放 40 多年来，中国发生了翻天覆地的变化，面临前所未有的机遇与挑战。在对外开放的过程中，一些西方外来的文化思潮已渗透我国经济社会的方方面面。面对出现的新情况、新问题，如何用社会主义核心价值观引领、整合现实社会中出现的多元化的社会思潮，使新时代大学生紧跟时代潮流，成为精神动力培育的关键。因此，对新时代大学生进行历史教育，让他们科学地把握社会主义核心价值观的深刻内涵和实质，对培育精神动力具有重要意义。第一，新时代大学生通过接受历史教育，不仅可以了解科学社会主义学说，还可以了解与之一起传入中国的马克思主义历史观。同时了解马克思主义的指导地位是如何在解决中国社会基本问题的过程中一步步确立起来的。第二，对大学生进行历史教育，让他们认识了解选择马克思主义理论作为指导思想，走社会主义道路，形成中国化的马克思主义，不仅是近现代中国历史发展的必然结果，也是中华民族长期摸索后最终选择的结果。第三，新时代大学生以民族精神和时代精神为动力，树立远大理想和信念，为中华民族的伟大复兴和中国梦的实现奋发进取。第四，通过历史教育，新时代大学生会更加深刻地认识和把握爱国、敬业、诚信、友善，从个人层面诠释社会主义核心价值观的科学内涵。

当前，我国市场经济体制已经确立，经济建设依然是中国新时代社会的核心。但我们在抓物质文明建设的同时不能放松精神文明建设。历史教育作为精神文明建设的重要内容，其在中国社会发展进程中具有的社会功能、地位及作用都是举足轻重的。今天，社会主义核心价值观的建设、实践，都依赖于马克思主义历史教育的功能能否真正发挥。把社会主义核心价值观贯穿于历史教育的理论与实践中，进一步推动中国特色社会主义现代化强国顺利实现。

2. 历史教育是新时代大学生提高公民意识的主要途径

公民意识，指的是"公民对自己在国家中的地位和作用的认识，是公民以宪法和法律规定的基本权利和义务为依据，以自身作为国家经济生活、政治生活、文化生活和社会生活等活动主体的一种心理感受与理性认识"。① 新时代大学生作为公民的重要组成部分，是实现中华民族伟大复兴中国梦的重要力量。因此，大力加强大学生的公民意识教育，有利于"两个一百年"奋斗目标的顺利实现和我国综合国力的迅速提升。由此，"作为以培养良好的公民素质为最高目标的历史教育，是事关国力兴衰的大事业"。②

众所周知，一切历史知识都是为新时代人和新时代社会服务的，它记录或描述了人类社会在政治、经济、文化、宗教、军事等方面的活动轨迹。作为一笔精神财富，历史承载着整个人类或一个民族的梦想。对新时代大学生进行历史教育，增进他们对中国历史、现状和社会发展趋向的了解和把握，有利于他们形成良好的公民意识。丰富的历史知识不仅能发挥其潜藏的引导功能，还能在形成健全人格与良好素质等方面起到积极的推动作用。例如，通过对历史和现实的了解，看清当前我们所面临的形势；通过理论与实践的结合，把握当前我国的现实国情；通过历史教育，明确培养公民意识的主要途径。

---

① 许耀桐：《大力加强公民意识教育》，《求是》2009 年第 5 期。

② 宋学勤：《历史教育与和谐社会——重读江泽民给白寿彝的信》，《思想理论教育导刊》2007 年第 6 期。

三 以先进文化引领新时代大学生，传播中国好声音

习近平同志在文艺座谈会的讲话中强调，“文化是民族生存和发展的重要力量。人类社会每一次跃进，人类文明每一次升华，无不伴随着文化的历史性进步。……中华民族从来都不是一帆风顺的，遇到了无数艰难困苦，但我们都挺过来、走过来了，其中一个重要的原因就是世世代代的中华儿女培育和发展了独具特色、博大精深的中华文化，为中华民族克服困难、生生不息提供了强大的精神支撑”。①

（一）坚持用先进文化引领新时代大学生的必要性

自建党以来，中国共产党就比较重视文化建设，文化是进行思想政治教育的一种有效手段，也是一种精神价值体系。建党 100 余年来，文化建设与思想政治教育相互促进的主题一直贯穿于我们党发展的每个历史阶段。在我国处于经济转型的关键时期，无论文化建设方面还是思想政治教育方面都面临严峻的挑战。作为思想政治教育的重要组成部分，精神动力培育必须以先进文化为引领，让中国好声音在新时代大学生中得以广泛传播。

1. 坚持以先进文化为引导，是文化属性的内在要求

第一，精神动力培育是文化传播的一种有效方式。文化包括精神文化、物质文化、制度文化（或行为文化）。其中精神文化是核心，即思想和观念体系。文化与意识形态相互制约，你中有我，我中有你。一方面，意识形态属文化范畴。人类在漫长的探索中逐渐认识到了人与自然、他人之间的关系，从而产生了两部分知识，即自然科学知识和社会科学知识。它们是人类文化的两个基本内容。另一方面，文化建设的方向又被意识形态所制约。一个社会的文化体系是由这个社会的意识形态所决定的。所以，精神动力及精神动力培育被马克思主义意识形态所决定，实际上就是传播社会主义文化。

① 习近平：《在文艺工作座谈会上的讲话》，人民出版社，2015，第 2 页。

第二，精神动力培育过程是一个文化交流的过程。精神动力培育的过程是人文沟通和一个文化交流的过程，也是一个科学的过程。首先，“人文精神”指精神动力培育的主客体精神，即人从根本上说是文化存在物，而不是一种生物性的存在。其次，精神动力培育作为一门“科学”，它必须遵循其形成的规律和教育的一般规律。文化塑造是人之所以成为人的一个重要原因。因此，精神动力培育要取得预期的效果和目标，必须遵循文化的逻辑原理并与之高度契合。

第三，精神动力培育是一种文化活力。作为社会文化生态的一个重要组成部分和必要结构，精神动力的文化功能必须得以充分发挥才能显示出其具备的活力。这种活力的发挥依赖于人的精神和文化机制。一旦缺乏这种活力，精神动力培育就难以对人的思想、行为和生活产生影响。作为一种文化活力，精神动力培育对人的思想、行为等产生的不仅仅是调节力、规范力，还产生了一种强大的推动力。这种推动力不仅能使人自觉地形成一种积极的精神动力，同时还对人的思想、行为等起着积极的引导作用，最终促使整个社会形成一种积极、强大的人文动力，推动和促进整个社会文化的发展。

2. 坚持以先进文化为引导，是国际国内形势的客观要求

当前，世界百年未有之大变局加速演进，中华民族伟大复兴正处于关键时期。我国发展进入战略机遇和风险挑战并存、不确定难预料因素增多的时期，两者同步交织、相互激荡。经济全球化、世界多极化、社会信息化、文化多样化，使我国处于一个复杂多变的大环境之中。国际上，各国的综合国力竞争日趋激烈，各种思潮相互激荡对传统的思想文化影响极大。意识形态领域遭受严重挑战。从国内看，伴随我国改革开放步伐的进一步加快，社会上出现了不同思想文化的相互激荡，先进文化与落后文化不断交锋的局面。再加上多样化的经济成分与利益关系、分配方式和社会生活方式对我国现阶段文化结构的影响，文化结构多样化的趋势越来越明显。身处在这样复杂多变环境中的新时代大学生，受到的影响与冲击是不言而喻的。大学生精神动力培育遇到了前所未有的挑战与困扰。主要表现在以下几个方面。第一，意识形态领域。极端个人主义、享乐主义、拜金主义、非马克思主义或反马克思主义思想又以新的形式表现出来，并在一定范围内有所蔓延，新时代大学生的思想阵地遭受挑战。第二，培育环境。市场经济体制的确立、物质文化的丰富多样使新时代大学生的活动空间变得更加广阔，培育环境较以往而言更加复杂。第三，信息传播媒介。随着科学技术的迅猛发展，信息的传递方式更加多样，为国内外一些错误思想和不良文化的传播提供了便利条件。第四，越来越多的问题凸显。随着经济社会的发展，社会上出现了许多一触即发的热点、难点问题，使一些曾经在思想文化方面未凸显的问题逐渐浮出水面。

面对这些复杂多变的情况，新时代大学生的精神动力培育必须服从服务于我国现阶段的主流意识形态，并牢牢把握“始终代表中国先进文化的前进方向”这一重要思想，并将其作为新时代大学生学习与实践的指导思想，唱响主旋律，传播好声音。

3. 坚持以先进文化为引导，是时代发展的要求

当前，随着国与国之间综合国力竞争日趋激烈，文化不仅是一个国家、民族及政党生存、发展的宝贵财富和重要战略资源，还是民族整体素质提高的关键因素，更是综合国力竞争的重要组成部分。众所周知，文化是民族生存和发展的重要力量。人类社会的每一次跃进，人类文明的每一次升华，无不伴随文化的历史性进步。中国共产党作为先进文化前进方向的代表，积极培养一代又一代合格建设者和可靠接班人。面对竞争与挑战，培养什么样的新时代大学生，用什么样的先进文化来武装新时代大学生，新时代大学生应掌握什么样的先进文化，要想回答这个问题就要解决新时代大学生信仰什么、为谁服务、有何追求的态度和取向问题。这是时代发展的客观要求，也是解决他们的信仰、信念、理想、追求及活着的意义与对社会的意义等一系列重大问题。

（二）以先进文化引导新时代大学生自觉提升自身修养

狭义的文化指人的精神生产能力和精神产品。社会主义先进文化由人的精神动力与岁月的积累沉淀形成，它属于精神产品。精神动力培育是建设中国特色社会主义先进文化的主要任务之一，是培育和弘扬中华民族精神的首要着力点，是满足人民群众日益增长的精神需求的前提条件。

1. 新时代中国的先进文化就是有中国特色的社会主义文化

先进文化指“反映先进生产力的发展要求、符合最广大人民的根本利益、代表未来的发展方向和有利于社会进步的文化”。[①]“这种先进文化一旦形成，它就会作为符合人类社会发展目的性的一种潜在力量，通过知识体系、信仰、价值观念与行为规范，通过评价、交往、言说等方式”,[②] 让其社会成员维护、遵守，以达到规范行为、认同社会、凝聚共识的目的，逐渐成为其民族的灵魂。当前，发展先进文化就是建设社会主义精神文明，就是发展中国特色社会主义文化。

第一，始终坚持用先进的理论做指导。实践证明，我们党代表先进文化前进方向的根本所在就是坚持马克思主义以及中国化的马克思主义在中国革命、建设和改革开放过程中的指导地位不动摇。第二，继承与借鉴相结合。一切优秀文化成果都源于继承本国的传统文化和借鉴国外的优秀文化。先进文化是时代的升华，更是社会实践的反映，是不同民族交流、借鉴和融合的结果与人类文明进步的结晶。第三，充分体现时代精神。先进文化必须把握时代脉搏，大胆实施对外开放，这样才能博采众长，不断创新，集民族性和时代性于一体。第四，民族性与科学性相结合。民族的、科学的、大众的文化是中国社会主义先进文化的主要特征。它是中华民族根本利益的代表，是民族振兴的反映，独具民族特色。为提高本民族的科学文化素质，先进文化必须与社会科学、自然科学等紧密结合。第五，满足人民大众的精神需要。精神动力的培育与激发是以满足精神需要为前提的。能被大众所接受且具有广泛群众基础的文化才是先进文化。先进文化来自广大群众又服务于广大群众，既反映了广大群众的意愿和利益，又满足了广大群众的精神文化需求。

---

① 郭迎选：《建设先进文化 弘扬民族精神》，《成都师范学院学报》2003 年第 2 期。

② 胡孝红：《弘扬与培育中华民族精神研究》，博士学位论文，武汉大学，2004。

2. 中国特色社会主义先进文化的动力特征

第一，先进文化是社会进步的重要内容与精神动力。美国社会学家丹尼尔贝尔说了一句话："在经济的领域，我是社会主义者，因为我特别突出分配的重要性；在政治的领域我是一个自由主义者，因为我对人权、法治、自由、平等观念特别强调；在文化上我是一个保守主义者，因为我要承继我的文化。"①

众所周知，先进文化是社会进步的重要内容和精神动力。作为一种动力，它不仅能为社会发展提供新的观念、精神和理想，还可以提高人的素质，推动生产力的发展。因此，文化实力也决定了一个国家、一个民族的强大与否。今天，谁掌握了先进文化，就代表了社会发展的前进方向。因此，江泽民曾把我们党能否代表中国先进文化的前进方向提升到关乎党的生死存亡、关乎社会主义事业的兴衰成败及中华民族命运前途的政治高度。这说明先进文化在国家和社会发展进步中具有重要意义。

第二，先进文化是社会发展的灵魂和内驱力。人们社会生活的各个方面都受到先进文化的影响。先进文化是一个系统工程，它影响人们的精神，塑造人们的灵魂。所谓影响人们的精神是指它能引导社会成员树立正确的理想，坚定自己的信念。塑造人们的灵魂是指它能引导社会成员形成正确的价值观。先进文化还有助于形成良好的社会环境和社会风气。在中国特色社会主义文化体系中，科学的人生观、世界观、价值观以及全部社会主义精神都蕴含在内，他们不仅是社会主义核心价值观和精神动力的体现，也是建设中国特色社会主义文化的核心内容。

第三，坚持"面向现代化，面向世界，面向未来"的社会主义文化。党的十五大报告指出："建设有中国特色社会主义的文化，就是以马克思主义为指导，以培养'有理想、有道德、有文化、有纪律'的公民为目标，发展'面向现代化，面向世界，面向未来'的社会主义文化。"② 这个目标的提出，就要求新时代大学生具有良好的思想道德

① 陈壁生：《儒学与文化保守主义——杜维明教授访谈》，《博览群书》2004 年第 12 期。

② 《江泽民在中国共产党第十五次全国代表大会上的报告》，https：//www. gov. cn/test/2008 - 07/11/content_1042080. htm，最后访问日期：2024 年 3 月 11 日。

素质和科学文化水平，继承并弘扬中华民族的优秀传统文化，学习外国的先进文化。今天，在实现中华民族伟大复兴的中国梦的征途上，习近平再一次强调，“要弘扬社会主义先进文化，深化文化体制改革，推动社会主义文化大发展大繁荣，增强全民族文化创造活力，推动文化事业全面繁荣、文化产业快速发展，不断丰富人民精神世界、增强人民精神力量，不断增强文化整体实力和竞争力，朝着建设社会主义文化强国的目标不断前进。提高国家文化软实力，要努力夯实国家文化软实力的根基”。[①] 党的二十大报告指出：“全面建设社会主义现代化国家，必须坚持中国特色社会主义文化发展道路，增强文化自信，围绕举旗帜、聚民心、育新人、兴文化、展形象建设社会主义文化强国，发展面向现代化、面向世界、面向未来的，民族的科学的大众的社会主义文化，激发全民族文化创新创造活力，增强实现中华民族伟大复兴的精神力量。”[②] 这不仅是培育新时代大学生精神动力的主要任务，也是中国特色社会主义文化建设的长期而艰巨的任务。

习近平总书记指出，“历史和现实都证明，中华民族有着强大的文化创造力。每到重大历史关头，文化都能感国运之变化、立时代之潮头、发时代之先声，为亿万人民、为伟大的祖国鼓与呼。中华文化既坚守本根又不断与时俱进，使中华民族保持了坚定的民族自信心和强大的修复能力，培育了共同的情感和价值、共同的理想和精神”。[③]

当前，中央提出了社会主义核心价值观，它是中华优秀传统文化的科学继承与延续，是社会主义先进文化的萃取提炼和精髓。党的二十大报告指出：“以社会主义核心价值观为引领，发展社会主义先进文化，弘扬革命文化，传承中华优秀传统文化，满足人民日益增长的精神文化需求，巩固全党全国各族人民团结奋斗的共同思想基础，不断提升国家

① 《习近平谈治国理政》，外文出版社，2014，第 161 页。

② 《党的二十大报告辅导读本》，学习出版社、党建读物出版社，2022，第 38 ~ 39 页。

③ 《事关国运兴衰！习近平这样谈文化自信》，http://jhsjk.people.cn/article/31166249，最后访问日期：2024 年 1 月 28 日。

文化软实力和中华文化影响力。”[①] 社会主义核心价值观不仅能够以文化人，以文育人，还能够帮助新时代大学生构建自己的精神世界。社会主义核心价值观从“建设什么样的国家、建设什么样的社会、培育什么样的公民”三个层面出发，规制了国家、社会和个人三个层面的价值目标。新时代大学生精神动力培育，是社会主义核心价值观内化于心的培育过程，最终要实现社会主义核心价值观在大学生群体中传播、生根、发芽，融入大学生们的日常生活、情感和精神血脉。

四　弘扬中国精神　凝聚中国力量

伟大的事业呼唤伟大的精神，崇高的事业需要崇高的品德。为实现中华民族伟大复兴的中国梦，在新时代大学生精神动力培育过程中，我们应用真善美培育新时代大学生的精神动力，用正能量激励新时代大学生崇德向善，凝聚起有力的道德支撑和强大的精神力量。

（一）校园文化活动是凝聚新时代大学生的最佳途径

高等学校是传播社会主义文化的重要基地，具有传承文明、培养人才、传播知识、服务社会的功能。因此，社会文化传播的重任自然应由高等学校承担。另外，高等学校除了传播知识文化以外，还应开展丰富多彩的第二课堂活动，不断营造和谐的校园文化，即激发广大师生的活力和创造力，提高大学的办学实力和现代化程度，为新时代大学建设提供强大的精神动力。

1. 校园文化的内涵

校园文化，是学校独有的一种特殊的文化现象和系统。在大学校园中表现出的一种青年亚文化，是大学生乃至教师群体中通行的行为准则和模式、生活方式及价值体系。同时，校容校貌、校园绿化和美化程度、校园建筑特色、教学科研设备水平等也属于校园文化的一部分。从校园文化的内涵来说，校园文化可分为物质文化、精神文化、知识文化

① 《党的二十大报告辅导读本》，学习出版社、党建读物出版社，2022，第39页。

和制度文化。它既是大学生群体自我价值观觉醒的文化特征，也是校园生活民主化的制度特征，它既能容纳多种思想理论的传播与渗透，又能逐渐引起价值观念、生活方式和行为规范等因素的改变与创新。正是因为校园文化对内起着凝聚成员并实现整个群体共同目标的作用，对外起着提高社会价值与社会影响力的作用。因此，校园文化培育最核心的目标就是引导大学生实现全面发展，培养高素质的人才，培养合格的建设者和接班人。

2. 高校建设的重要载体是和谐的校园文化

第一，和谐丰富的校园文化是基础。校园文化是大学建设的重要组成部分。与学校办学目标相一致的校园文化是构建和谐的创新型大学的基础。与学校办学目标一致的校园文化不仅可以把学校凝聚成一个整体，更能凸显学校的办学理念和价值选择标准。一所大学，和谐丰富的校园文化内在地反映了尊重知识和人才的理念，为建设创新型大学提供了强大的精神动力。

第二，和谐丰富的校园文化反映了大学的根本特征。以人为本作为大学教育的价值内核，反映在大学教育的方方面面，构建和谐丰富的校园文化是落实以人为本的科学发展观的内在需要。今天，为实现培养全面和谐发展的人才目标，我们必须营造和谐丰富的校园文化。众所周知，大学传播的文化属于高层次文化，属于专业文化知识。通过传播这种专业文化知识，把一个人具备的全部潜能发掘出来，使之成为身心健康、素质良好、全面发展的人。在这个过程中，德、智、体、美、劳融为一体，大学生的思想观念、行为方式和价值取向都在和谐丰富的校园文化的传播中受到潜移默化的影响，一个和谐、统一、完整的过程得以呈现。因此，和谐丰富的校园文化这一大学的根本特征具有非常重要的育人功能。

第三，和谐丰富的校园文化是建设创新型大学的重要内容。大学校园文化是社会主义先进文化的重要组成部分，是社会文化的一个支系，它反映的是学校的历史传统、办学理念、精神风貌、价值观念、办学特色乃至学校与社会发展的关系，以学校物质条件为基础的物质文化和以人为中心的精神文化相互交织、互相影响。校园文化中蕴含的各种丰富多彩的文化要素为广大师生共建和谐发展的创新型大学创造了条件。

3. 和谐校园文化建设的原则

第一，以社会主义核心价值观为指导。2013 年 12 月，中共中央办公厅发布《关于培育和践行社会主义核心价值观的意见》（以下简称《意见》）明确指出：“注重发挥校园文化的熏陶作用，加强学校报刊、广播电视、网络建设，完善校园文化活动设施，重视校园人文环境培育和周边环境整治，建设体现社会主义特点、时代特征、学校特色的校园文化。”《意见》要求利用好大学校园的软硬件设施，打造具有中国风貌、时代特征和学校特色的校园文化，校园文化的培育有助于新时代大学生树立正确的人生观、世界观、价值观，同样有助于实现精神动力培育的目标。从社会主义核心价值观的角度出发，精神动力的培育过程就是新时代大学生践行爱国、敬业、诚信、友善的过程。

第二，坚持以人为本。科学发展观的本质和核心是坚持以人为本，经济建设和社会发展的重要指导思想也是以人为本。培养人、塑造人是构建和谐校园文化的根本目的。大学里的师生既是校园文化的接受者，也是校园文化的创造者。这就要求我们创造一个更加优美、和谐且充满活力的校园环境，让师生们更加舒适地学习、生活和工作。坚持以人为本，就要求我们紧紧围绕大学生思想道德建设这一主要任务，营造良好的文化氛围，用优秀的文化成果满足新时代大学生的精神文化需要、丰富他们的精神世界。在校园文化建设中，坚持广大师生是校园文化建设主体的思想，将师生的根本利益作为校园文化建设工作的根本出发点和落脚点。

第三，体现时代要求和学校特色。进入 21 世纪，大学校园文化建设和校园文化活动必须体现时代要求和校园特色。这给新时代大学生精神培育提供了丰富的内容。时代要求指大学校园文化活动必须在继承和弘扬优秀传统文化、吸收和借鉴优秀文化成果的基础上，以改革创新为核心，探索新时代大学生精神动力培育的新方法和新途径。同时，创新具有本校特色的校园文化活动。当今大学校园，是新文化、新思想、新发明、新创造的起源地，要体现学校特色，不仅需要世界一流的办学理念，还需要与学校的历史背景、学校结构相一致的培育目标和办学精神。一所大学的精神的塑造弘扬必然应有与之相符的既有鲜明特色又丰富多彩的校园文化活动，这是创建创新型大学的必然要求。

4. 构建和谐的校园文化，引领大学科学发展

第一，和谐校园文化的构建。和谐校园文化的构建是新时代大学生精神动力培育的前提和保障。党团组织和学生社团是大学校园的两大重要组织，在和谐校园文化建构中具有非常重要的作用。加大党团组织的建设和学生社团的投入能让全校师生积极参与和谐校园文化的建设，并能营造积极良好的校园文化氛围。学校的各级党团干部、思想政治理论课教师、班主任、辅导员是校园文化建设的核心力量，保持与青年大学生的接触，深入青年大学生中间，与他们做知心朋友，了解大学生们的思想动态并赢得他们的信任，为和谐校园文化建设创造条件。与此同时，为使校园文化建设具有组织性、科学性和规范性，完善各项规章制度和管理制度，加强对各种类型的报告会、讲座和校园网的管理，用制度来保证校园文化建设更加规范有序。

第二，和谐校园文化构建须以核心价值为引领。高等学校是培育现代化人才和发展科技的重要阵地，也是校园文化建设的主阵地。高等学校是否有特色，是否有活力，校园文化建设是关键。多年来，大学校园文化活动已成为高校对外交流的一个重要途径。因此，作为高等教育发展的一个重要组成部分，和谐校园文化的构建必须以社会主义核心价值观为引领，以培育塑造高层次、高素质、高质量人才为目标，构建先进、和谐的校园文化，使之辐射社会文化，以发挥其引领社会主义文化发展的作用。

大学校园文化是实现新时代大学生主体认同的途径之一，也是他们践行社会主义核心价值观的重要途径之一。从文化的价值引导角度出发，大学校园文化具有两方面作用。其一，承担高校培育新时代大学生精神动力的重任。社会主义核心价值观使大学校园文化健康发展，对新时代大学生产生凝聚力、影响力和向心力。社会主义核心价值观具有很强的理论性、抽象性和概括性。因此，在大学和谐校园文化构建的过程中，必须增强核心价值观的感染力和渗透力，以喜闻乐见的形式真正融入大学校园文化的各种活动，用通俗易懂的大众话语代替深奥的理论表述，让新时代大学生真正理解并接受，使之成为新时代大学生的自觉追求和自愿行为，从而内化为价值观念，外化为自觉行动。其二，核心价值观起到强化大学校园文化人文精神的作用。众所周知，社会主义核心价值观不但反映了新时代的价值追求，也体现了一种人文精神。大学校园文化作为一种亚文化形态，不可避免地会留下社会文化特别是大众文化的烙印和痕迹。针对当前大众文化与核心价值观要求不相符的情况，主要表现为消费主义和享乐主义倾向，学生注重感官刺激和物质享受，忽视精神追求和道德养成等行为，必须为大学校园文化注入更多的科学和理性精神，使其克服自发性和非理性的倾向，以此提升大学校园文化的人文精神和人格品位，让大学校园文化更加鲜明地凸显其人文本质、人文理性和人文精神。为此，要赋予大学校园文化更多的精神价值、道德品位、文明素质与思想蕴涵，让大学校园文化在核心价值观的引领下变得更加和谐美好。

第三，积极开展高雅的校园文化活动。高雅的校园文化活动能培育新时代大学生健康的心理，使他们产生积极的精神动力。作为传播知识、培养人才的高等学校，应积极把和谐校园文化建设的主题与我国重大节日和传统纪念日紧密结合起来。举办学术讲座、文化沙龙等高雅艺术活动，充分发挥高雅艺术活动对新时代大学生的教育和熏陶作用，引导他们崇尚科学的精神、创新创造的精神，提升他们的科学文化素质和校园文化品位。《关于培育和践行社会主义核心价值观的意见》明确指出："挖掘各种重要节庆日、纪念日蕴藏的丰富教育资源，利用五四、七一、八一、十一等政治性节日，三八、五一、六一等国际性节日，党史国史上重大事件、重要人物纪念日等，举办庄严庄重、内涵丰富的群众性庆祝和纪念活动。利用党和国家成功举办大事、妥善应对难事的时机，因势利导地开展各类教育活动。"① 有效地利用各种节假日资源引

① 《十八大以来重要文献选编》（上），中央文献出版社，2014，第586页。

导、教育新时代大学生，是高雅校园文化活动的重要内容。与此同时，为提升青年大学生的综合素质，让他们积极参与青年志愿者活动和社会实践活动，应充分发挥学生社团组织的重要作用。此外，要发挥校园网的积极作用，建立精神动力培育的专业工作网站，充分发挥网络的教育、引导功能。

（二）创造育人环境

人生活、学习、工作离不开客观环境。人与客观环境是相互作用的。人可以改造客观环境，而客观环境对人的成长成才有一定的限制作用和促进作用。因此，在大学生成长成才的过程中，必须创造良好的育人环境。

1. 优化社会环境

优化社会环境，就是善于充分利用和发挥环境中的积极因素，抑制环境中的消极因素，或转化消极因素为积极因素，使社会环境中的积极因素汇聚成一股强大的合力发挥作用。首先应从社会环境入手，坚持以社会环境为核心。优化思想政治教育的环境，就是要让思想政治教育环境中的消极因素转化为积极因素。一方面，从人与环境关系的角度来看，随着社会生产力的不断进步，人改造自然的范围将会越来越大，人力对自然力的影响也将越来越强。既然人可以改变环境，那么人也可以通过改变的环境来提高思想政治教育的有效性。另一方面，从环境对人的影响来看，社会越是发展，社会环境对人的影响就会越大，不仅影响着人的思想，还规范着人的行为。

影响新时代大学生精神动力的社会环境因素主要来自两个方面。一是国际环境。改革开放和经济全球化进程不断推进，网络、科技水平不断提高，新时代大学生面临的诱惑太多，新时代大学生的价值观越来越多元。二是国内环境。我国正处于社会转型期，一些不良现象对新时代大学生产生了负面影响。因此，必须对大学生进行社会主义理想信念教育和社会主义核心价值观教育，唱响时代主旋律，讴歌先进人物，弘扬社会正气和良好的社会风气，为大学生精神动力培育创造一个健康、良好的舆论氛围和社会环境。这样才能增强大学生对党和政府的信任与支持，才能使新时代大学生的思想政治教育取得应有的效果。

2. 构建和谐的校园文化环境

校园文化环境是高校思想政治教育环境的重要组成部分，对大学生思想品德的形成起着至关重要的作用。校园文化环境体现了一个国家的思想和意志，展现了民族传统文化对高校的影响，折射出社会的道德风尚，并体现了高校自身的教育、文化事业等要素。

由于市场经济体制的不断发展，大学校园文化环境受到深刻的影响与冲击，主要体现在学校的校园文化、校风及管理方面。首先，在校园文化建设方面。一些学校只注重学生专业技能与专业知识的教育而放松思想道德教育和人文素质教育。不仅使部分大学生的政治观、道德观和价值观在社会主义主流思想意识的主线上发生了偏离，甚至使部分教师的职业道德素养下降。一部分教师缺乏创新精神和学术攻关的动力，一部分管理干部缺乏服务意识。其次，在校风方面。部分大学生的厌学情绪比较严重，考试作弊现象时有发生，导致团结协作、求实向上的良好风气和学术氛围难以形成。最后，在学校管理方面。规章制度不健全或制度陈旧，使其难以适应现代高校管理的要求，导致教学秩序混乱，校园管理混乱，难以取得预定的教育效果。

因此，构建和谐的校园文化环境是解决新时代大学生精神动力缺失的有效途径。高校不仅是传播知识的地方，还是对大学生进行思想道德教育的地方，把校园内部的问题解决了，新时代大学生精神动力缺失的问题也就有了解决的希望。

3. 营造健康的家庭环境，养成良好家风

2016 年 12 月 12 日，习近平总书记在会见第一届全国文明家庭代表的讲话中指出："家庭是人生的第一个课堂，父母是孩子的第一任老师。"[①] 孩子们从牙牙学语起就开始接受家教，有什么样的家教，就有

---

① 《在会见第一届全国文明家庭代表时的讲话》，新华网，http：//www.xinhuanet.com/politics/2016－12/15/c_1120127183.htm，最后访问日期：2024 年 1 月 28 日。

什么样的人。家庭教育涉及很多方面，但最重要的是品德教育，是如何做人的教育。也就是古人说的“爱子，教之以义方”，“爱之不以道，适所以害之也”。青少年是家庭的未来和希望，更是国家的未来和希望。古人都知道，养不教，父之过。家长应该担负起教育后代的责任。家长特别是父母对子女的影响很大，往往可以影响一个人的一生。家庭环境作为精神动力培育环境构成的一个重要组成部分，意义重大。

家庭环境无时无刻不对大学生们的思想与行为起到潜移默化的影响，主要反映在大学生们的生活习惯、生活态度、思想品德、道德情操、行为规范、个性形成和心理状态等方面。在家庭环境中，父母的世界观、人生观、价值观，以及他们为人处世的方式都会对子女产生极为深刻而细微的影响。从年龄来看，新时代大学生尽管已成年，但他们仍未完全独立，对家庭还有一定的依赖性。同时，家庭环境对新时代大学生的健康成长也起着至关重要的作用。营造健康的家庭环境应做到以下两点。

一是家风。家风指一个家庭或家族的传统风尚或作风。家风一旦形成，就会产生巨大影响，它制约并规范着家庭成员的言行。2016 年 12 月 12 日，习近平总书记在会见第一届全国文明家庭代表的讲话中指出：“希望大家注重家风。家风是社会风气的重要组成部分。家庭不只是人们身体的住处，更是人们心灵的归宿。家风好，就能家道兴盛、和顺美满；家风差，难免殃及子孙、贻害社会，正所谓‘积善之家，必有余庆；积不善之家，必有余殃’。诸葛亮诫子格言、颜氏家训、朱子家训等，都是在倡导一种家风。毛泽东、周恩来、朱德同志等老一辈革命家都高度重视家风。我看了很多革命烈士留给子女的遗言，谆谆嘱托，殷殷希望，十分感人。”① 因此，良好的家风，对家庭成员的个人修养、品德操守等产生重要且积极的作用，家风不正，家庭成员的个人品行也容易出问题。

二是家长的素质。家长是孩子的第一任教师，对孩子的成长产生极

---

① 《在会见第一届全国文明家庭代表时的讲话》，新华网，http：//www. xinhuanet. com/politics/2016 - 12/15/c_1120127183. htm，最后访问日期：2024 年 1 月 28 日。

大的影响。习近平总书记指出："孩子们从牙牙学语起就开始接受家教，有什么样的家教，就有什么样的人。家庭教育涉及很多方面，但最重要的是品德教育，是如何做人的教育。也就是古人说的'爱子，教之以义方'，'爱之不以道，适所以害之也'。青少年是家庭的未来和希望，更是国家的未来和希望。古人都知道，养不教，父之过。家长应该担负起教育后代的责任。家长特别是父母对子女的影响很大，往往可以影响一个人的一生。"[①] 因此，家长良好的修养、习惯和作风等都是一种无形的正能量，会指引着孩子学习并积蓄正能量。因此，思想政治教育通过家长来达到教育孩子和优化家庭环境的目的。

第二节　新时代大学生精神动力培育的一般路径

《中共中央　国务院关于进一步加强和改进大学生思想政治教育的意见》是新时期指导大学生思想政治教育的纲领性文件，为大学生精神动力培育指明了方向。进入新时代，高校思政课建设的总目标就是紧紧围绕"立德树人"这个根本任务，增强高校思想政治工作的针对性和实效性，更好地把习近平关于教育的重要论述融入高校思政课，培养更多德智体美劳全面发展的社会主义建设者和接班人。2015～2016 年，党中央围绕高校思政课建设发展先后出台了多项改革举措，印发了《普通高校思想政治理论课建设体系创新计划》《关于加强和改进新形势下高校思想政治工作的意见》。党的十九大召开后，思政课建设的相关工作更是进一步展开，中央先后召开"全国高校思想政治工作会议""全国教育大会""全国思想政治理论课教师座谈会"，习近平总书记出席并发表了重要讲话。2019 年 8 月 14 日，《关于深化新时代学校思想政治理论课改革创新的若干意见》为贯彻落实学校思想政治理论课教师座谈会精神规划了路线图和施工图。上述会议和文件体现了党中央对高校

① 《在会见第一届全国文明家庭代表时的讲话》，新华网，http：//www. xinhuanet. com/politics/2016 - 12/15/c_1120127183. htm，最后访问日期：2024 年 1 月 28 日。

思政课建设的高度重视。经过多年的探索和实践，已经形成了精神动力培育的一般路径。

一　用思想政治理论课铸魂育人

思想政治理论课是高等学校宣传党的理论路线的主要途径之一。2019 年 3 月 18 日，习近平总书记在学校思想政治理论课教师座谈会上强调："思想政治理论课是落实立德树人根本任务的关键课程。"突出了思政课在学校教育中的重要地位。自改革开放以来，几经改革，中央宣传部、教育部最终在 2005 年 3 月颁发了《中共中央宣传部　教育部关于进一步加强和改进高校思想政治理论课的意见》，创造性地进行了思政课的课程体系改革，把"毛泽东思想和中国特色社会主义理论体系概论""马克思主义基本原理概论""思想道德修养与法律基础""中国近现代史纲要""形势与政策"这五门课程规定为大学生的必修课，并在全国高校使用同一本教材。"05 方案"是新中国成立以来，历经建国初期方案、"56 方案"、"85 方案"和"研究生思政课 87 方案"、"98 方案"之后，我国高校思政课进行的第五次改革。

进入新时代，思想政治理论课建设拉开了第六次改革的序幕，课程进行了一定的修改与调整。如《马克思主义基本原理概论》《思想道德修养与法律基础》更名为《马克思主义基本原理》（2023 版）、《思想道德与法治》（2023 版）。2020 年教育部规定全国重点马克思主义学院率先开设"习近平新时代中国特色社会主义思想概论"。截至 2022 年 9 月，全国本专科院校均全面开设此门课程。至此，本科开设"毛泽东思想和中国特色社会主义理论体系概论""马克思主义基本原理概论""思想道德修养与法律基础""中国近现代史纲要""形势与政策"和"习近平新时代中国特色社会主义思想概论"六门课。专科学生开设"思想道德与法治""毛泽东思想和中国特色社会主义理论体系概论""形势与政策"和"习近平新时代中国特色社会主义思想概论"四门课。这次课程体系的创造性改革，对新时代大学生世界观、道德观、历史观的形成有着积极的推动作用，对新时代大学生积极精神因素的形成具有重要的指导意义。党的十八大以来，以习近平同志为核心的党中央从培养社会主义建设者和接班人的战略出发，高度重视高校思想政治理论课建设，提出思想政治理论课改革创新的明确要求。高校思政课建设进入稳中求进、强化提升、整体突破的新阶段。

（一）高校思想政治理论课的不可替代性

这主要表现为它有一套系统的宣传新时代中国马克思主义理论的教材、讲授马克思主义理论的专业师资队伍和马克思主义学科建设的坚实基础。更为重要的是，高校思想政治理论课的受众是实现中国特色社会主义现代化强国的在校大学生，在密切联系社会主义现代化建设面临的新形势、新任务以及大学生思想政治状况新变化的前提下，各门课程坚持“一个理论精髓”——解放思想、实事求是、与时俱进、求真务实，围绕“一条主线”——改革开放，把握“一个内涵”——中国特色社会主义理论体系来编写教材，不但增强了思想政治理论课的科学性、系统性和针对性，而且有利于新时代大学生全面、准确地理解中国特色社会主义理论体系和习近平新时代中国特色社会主义思想。

（二）高校思想政治理论课的价值导向作用

2022 年，习近平总书记在中国人民大学考察时再次强调思政课建设问题，他指出：“思政课的本质是讲道理，……要把道理讲深、讲透、讲活，在立德树人中发挥应有作用。”[①] 高校思想政治理论课的价值导向作用就是通过运用马克思主义理论来分析当今中国的现实问题和社会现状，坚定地表明我们坚持什么、反对什么，提倡什么、否定什么，引导新时代大学生树立科学的世界观、人生观和价值观。

2019 年 3 月 18 日，习近平总书记在学校思想政治理论课教师座谈会的重要讲话中提出，思政课教学要遵循“八个相统一”，即政治性和

① 《坚持党的领导传承红色基因扎根中国大地　走出一条建设中国特色世界一流大学新路》，《人民日报》2022 年 4 月 26 日，第 1 版。

学理性相统一，价值性和知识性相统一，建设性和批判性相统一，理论性和实践性相统一，统一性和多样性相统一，主导性和主体性相统一，灌输性和启发性相统一，显性教育和隐性教育相统一。[①] 这为新时代思政课教师理直气壮讲好思政课指明了方向。新时代思政课的效果如何，关键在教师。因此，习近平总书记对新时代思政课教师提出了具体的要求，即政治要强、情怀要深、思维要新、视野要广、自律要严、人格要正等六种素养。新时代的思政课教师要通过运用马克思主义理论分析当今中国的现实问题和社会现状，引导新时代大学生加深对社会发展规律的认识和把握，积极引导新时代大学生正确把握和解决当今中国社会呈现的一元与多元之间的矛盾。通过对马克思主义理论的解读使他们的精神世界和精神需求得到丰富和满足，这样，他们在面对纷繁复杂的社会现实时才不至于迷失方向。

（三）高校思想政治理论课潜移默化的作用

目前全国在校大学生人数已超过 4430 万人，大学生是青年中的佼佼者。高校思想政治理论课的主要目标就是把他们培养成政治合格、思想过硬、心态良好、心理健康的社会主义建设者和接班人。在课堂上，社会主义核心价值体系和核心价值观都会对大学生们产生积极的影响和潜移默化的作用。如钓鱼岛问题、黄岩岛问题、南海争端等，不仅能激发大学生们的爱国热情，还能激发他们学习理论知识的主动性、积极性和自觉性。因此，通过加强高校思想政治理论课的教育教学，可以引导新时代大学生对中国社会发展的基本规律进行更加准确的认识和把握，对中国特色社会主义的建设更有信心。

总而言之，教育是国之大计、党之大计，承担着立德树人的根本任务。而思政课是落实立德树人根本任务的关键课程。思政课办得好不好，事关我们办什么样的大学、怎样办大学和培养什么人、怎样培养人、为谁培养人的根本问题，是一项用习近平新时代中国特色社会主义

① 《习近平谈治国理政》第 3 卷，外文出版社，2020，第 330～331 页。

思想铸魂育人的生命工程、基础工程、战略工程。因此，新时代高校思政课的改革创新必须以党的教育方针为基础，以立德树人为中心任务。展望未来，我们要在深入学习习近平关于办好思政课重要论述的基础上，不断强化党对思政课的全面领导，加强思政课学术支撑，加快教学教材教师创新发展。只有这样，才能更好地实现思政课立德树人的初心使命，为实现“两个一百年”奋斗目标和中华民族伟大复兴中国梦提供更坚实的基础和更有力的支撑。[①]

二 辅导员制度

高校辅导员是管理大学生的骨干力量，他们和思想政治理论课教师一样，肩负着贯彻党的路线、方针和政策，引导大学生健康成长的重要使命。这一制度可追溯到20世纪30年代中国共产党在军政干部学院实行的“政治指导员制度”。2004年，中央指出：“辅导员按照党委的部署有针对性地开展思想政治教育活动。”[②] 2006年，教育部颁布的《普通高等学校辅导员队伍建设规定》指出：“辅导员是高等学校教师队伍和管理队伍的重要组成部分，具有教师和干部的双重身份。辅导员是开展大学生思想政治教育的骨干力量，是大学生日常思想政治教育和管理工作的组织者、实施者和指导者。”[③]

（一）提高高校辅导员素质

思想政治工作要真正发挥说服人的作用，一靠真理，二靠人格。这里所指的“人格”就是辅导员的素质。高校辅导员的素质高低直接关系大学生精神动力培育的质量，更关系到国家的前途和命运。

不论是高校辅导员的性质、任务，还是大学生思想政治工作对象的

① 靳诺：《新时代高校思想政治理论课改革创新的逻辑、方向和体系》，《教学与研究》2020年第1期。

② 教育部思想政治工作司组编《加强和改进大学生思想政治教育重要文献选编（1978—2008）》，中国人民大学出版社，2008，第383页。

③ 教育部思想政治工作司组编《加强和改进大学生思想政治教育重要文献选编（1978—2008）》，中国人民大学出版社，2008，第492页。

特点以及思想政治教育学科的建设需要，都对高校辅导员具备较高或较全面的综合素质提出了具体要求，主要包括以下几个方面。第一，政治素质。高校辅导员作为大学生思想政治教育的骨干力量，自身必须具有崇高的共产主义理想、坚定的社会主义信念，坚决拥护党的各项方针、政策和路线，在思想上、政治上和行动上自觉与党中央保持高度一致。第二，思想素质。热爱党的教育事业和辅导员本职工作，品德高尚、积极进取、勇于创新，具有为本职工作奉献的精神。第三，文化素质。高校辅导员除了有较高的文化素养，具有扎实的专业知识以外，还要掌握思想政治教育的专业知识以及心理学和教育学的相关知识。第四，能力素质。高校辅导员既要有思想政治教育能力，又要有懂得和应用思想政治工作的艺术。既要具备管理能力，还要具有一定的科研能力。第五，心理素质。作为高校辅导员，面对个性不一且具有较高文化水平的大学生，对其进行思想政治教育是有一定难度的。因此，高校辅导员更应具备良好的心理素质。良好的心理素质是做好大学生精神动力培育工作的必备条件。

（二）完善辅导员制度

为进一步加强高校辅导员队伍建设，教育部于 2005 年颁布了《普通高等学校辅导员队伍建设规定》，提出了选拔辅导员的具体要求。要打造政治强、业务精、纪律严、作风正的辅导员队伍。然而，在具体要求面前，高校辅导员工作却面临比较尴尬的处境。由于辅导员制度不够完善，辅导员在高校既不是管理干部，也不是专职教师，大多数辅导员因工作性质而想方设法地不当辅导员。所以，“流动站”成为高校辅导员岗位的代名词。辅导员工作呈现“年年留辅导员，年年缺辅导员”的局面。要改善当前的状况，就必须完善辅导员工作制度。

1. 提高高校辅导员的待遇水平

在职称评定、岗位津贴、分配住房等方面予以政策上的倾斜，这有利于稳定辅导员队伍。高校辅导员大多是本科或硕士毕业留校或招聘的，他们年轻，精力充沛、工作热情高、有想法，必须提高与其付出相匹配的物质待遇水平作为对他们工作的认可，使他们在心理上得到平衡。

2. 合理流动

高校应加强宏观调控，正确处理分流和稳定的关系。对做满4年及以上的辅导员，按照工作需要和个人自愿相结合的原则，如其不愿意继续担任辅导员工作，应积极安排其转岗，真正做到适度分流，力保高校辅导员队伍相对稳定。

三 大学生社会实践活动

进入21世纪，人类社会迈入日新月异的发展新阶段，新时代大学生在校所学的专业知识也会因社会发展的速度而迅速落后于时代的发展，甚至有些知识可能在社会的迅速发展中惨遭淘汰。大学生要想获得成功，就必须提升自己的价值理念、思维方式和应变能力。习近平同志曾指出："一种价值观要真正发挥作用，必须融入社会生活，让人们在实践中感知它、领悟它。"[①] 所以，在大学这个重要的人生阶段，提高精神境界、树立崇高的价值追求是大学生精神动力培育的根本所在。

（一）用实践的观点指导新时代大学生

马克思主义哲学的基本观点是实践，实践是人的存在方式。它作为主观见之于客观的活动，决定了认识的形成与发展。众所周知，实践是认识的源泉和动力，不仅是检验真理的根本、唯一标准，还是认识的最终目的。

1. 实践是认识的源泉

人的认识是主体对客体的反映，不是主观产生的，更不是上天所赋予的。这种主体对客体的反映只能在我们改造客观世界的实践中产生。这个世界上产生的任何真知都来源于实践。例如，我们每个人的知识结构就是由直接经验和间接经验两部分组成的，而直接经验和间接经验又都源于实践。所以说，一切知识和经验的源泉是实践。

---

① 《习近平谈治国理政》，外文出版社，2014，第165页。

2. 认识发展的动力是实践

人们在实践的过程中产生了认识，认识的发展由实践来推动，因此，实践是推动认识发展的根本动力。在人类社会发展的过程中，实践的不断深入与发展，不但给人们提出了新的认识课题，还不断地提供丰富的经验和新的认识工具、技术手段和物质条件，以此来推动人们认识能力和思维能力的提高。换言之，人们正确认识的最终目的是实践，如果有了正确的理论而不付诸实践去验证理论的正确性，再好的理论也不具有任何意义。众所周知，因为实践的需要产生了认识，所以认识必须回到实践中去才能满足实践的需要。我们知道，认识本身并不是目的，而实践才是认识的目的。实践不仅规定认识的方向，而且还制约认识的全部过程。人们为达到改造世界的目的，真正发挥认识的作用，就必须通过认识使主观符合于客观，通过认识来指导实践、服务实践，从而达到推动实践发展的目的。

3. 检验和认识真理的标准是实践

人们的认识正确与否、与客观实际是否相符，都是由客观实践的结果决定的，而不是以人们的主观意志为依据的。我们说实践是检验真理的唯一标准，是因为除此之外没有任何东西可以成为检验、认识真理的标准尺度。思想政治教育过程也是一种认识过程，必须遵循认识过程的一般规律。由于在思想政治教育过程中受教育者所接受的知识具有间接性和选择性的特征，实践在思想政治教育的全过程中具有重要意义。

总而言之，马克思主义的认识论反映了实践在人类认识世界和改造世界中的地位与作用，为新时代大学生参加社会实践提供了哲学依据。

（二）社会实践在新时代大学生精神动力培育中的积极作用

1. 有利于坚定崇高的理想信念

思想政治教育的核心任务是培养合格建设者和可靠接班人。新时代大学生肩负着实现中华民族伟大复兴中国梦的责任与重担。因此，引导和帮助他们坚定社会主义理想信念的首要任务就是对他们进行爱国主义、集体主义和社会主义教育。当然，引导和帮助新时代大学生树立坚定的理想信念不能只停留在思想政治理论课堂上，还应该通过带领他们参与社会实践，从社会实践中接受教育。参与社会实践，有利于新时代大学生直接感受改革开放以来我国取得的伟大成就，有利于他们了解各地社会主义革命和建设的历史，有利于他们认识我国在进行物质文明、精神文明、生态文明建设时面临的艰巨任务，切实感受伟大祖国发生的翻天覆地的变化，从而更加理性地认识中国走社会主义道路的历史必然性，从内心去认识和理解我们党在社会主义初级阶段的各项路线、方针和政策，产生自豪感，坚定社会主义信念。

2. 有利于新时代大学生树立正确的世界观、人生观和价值观，增强社会责任感和使命感

习近平总书记曾指出："一种价值观要真正发挥作用，必须融入社会生活，让人们在实践中感知它、领悟它。……要按照社会主义核心价值观的基本要求，健全各行各业规章制度，完善市民公约、乡规民约、学生守则等行为准则，使社会主义核心价值观成为人们日常工作生活的基本遵循。要建立和规范一些礼仪制度，组织开展形式多样的纪念庆典活动，传播主流价值，增强人们的认同感和归属感。……要利用各种时机和场合，形成有利于培育和弘扬社会主义核心价值观的生活情景和社会氛围，使核心价值观的影响像空气一样无所不在、无时不有。"① 新时代大学生对国家的发展和社会的进步缺乏客观、科学的认识和了解，所以产生了一些消极负面的想法。一方面，他们对国家的繁荣与社会的发展进步有很高的期望值；另一方面，却对现阶段中国的国情、民情缺乏客观的认识和了解。导致他们对中国现阶段改革的复杂性、艰巨性和长期性认识不到位。因此，他们总是用简单的方法来衡量复杂的现实生活。当自己面对改革过程中出现的腐败、丑恶等现象的时候，容易产生急躁不满的负面情绪和疑问，甚至产生极端的行为。通过参与社会实践，新时代大学生深入地了解国情民意，尤其是亲身体验到我国的许多工厂、农村等地的现实条件以及工人农民的现实生活状况。有利于他们

① 《习近平谈治国理政》，外文出版社，2014，第165页。

端正思想认识，自觉地把个人理想与国家、民族发展的“中国梦”结合起来，树立正确的世界观、人生观和价值观，增强自己的社会责任感和历史使命感。

3. 有利于培养新时代大学生的爱国情怀，弘扬民族精神，提升他们的民族自尊心与自豪感

中华民族在五千多年的历史长河中，凝聚了自己的民族精神，这些民族精神既包括以爱国主义为核心的团结统一、爱好和平、勤劳勇敢、自强不息，也包括具有中华民族传统的艰苦奋斗、吃苦耐劳，勤俭节约、开源节流，坚忍不拔、顽强拼搏，崇德重义、威武不屈，团结一心，乐于奉献等精神。新时代大学生投身于社会实践，既能够了解和学习中华民族的优良传统，又能够了解和学习改革开放以来取得的丰硕成果，树立民族自尊心、自信心和自豪感。他们从中华民族的发展与进步中汲取营养，培育爱国情怀、具有创新能力，在社会实践中将中华民族五千年以来形成的传统精神继承下来并不断发扬光大。

4. 有利于强化新时代大学生的集体主义观念与奉献精神，树立为人民服务的思想

在国内外环境的影响下，中国新时代大学生的人生观、价值观逐渐呈现多元化的态势，一部分大学生将自己的人生奋斗目标设立为追求金钱、权利和地位，在这种利益思想的驱使下，集体主义、奉献精神、为人民服务等传统价值观受到了严重冲击。当他们大学毕业后踏上工作岗位，就能认识到现实与理想之间的差距，以及个人力量的弱小和社会对人才的高要求、高标准，就能认识到是集体的力量推动社会发展。进行社会实践，可以直观地看到人民群众身上助人为乐、艰苦朴素等优秀品质。以此加强大学生们的集体主义观念，帮助他们树立为人民服务的思想及奉献社会的精神。

5. 有利于引导新时代大学生树立自力更生、艰苦奋斗的传统思想，消除重享受轻劳动的思想

新时代大学生生活的社会环境越来越好，大部分大学生的家庭环境都安逸舒适。进入大学后，校园就是他们的主要栖息地，校园环境相对舒适单纯，再加上他们大多数都是独生子女，父母包办代替的现象比较普遍，导致他们在一定程度上存在贪图享受、不愿劳动的现象。通过参与社会实践，能让他们直观地感受到作为普通劳动者的劳动价值与劳动成果的来之不易，养成自力更生、艰苦奋斗的优良作风。

6. 有利于新时代大学生养成遵纪守法的行为习惯

在新的时代背景下，由于受到来自西方社会自由主义思想的不良影响，存在一部分学生盲目追求个人自由、排斥一切限制他们自由的管理和纪律约束的现象。这部分大学生组织纪律性不强，表现为集体意识差、集体荣誉感不强、集体活动参与不积极，我行我素、随意迟到早退等。通过参加集体活动，增强大学生们的集体荣誉感和集体意识；参加军训、磨炼意志、增强国防意识，不仅能培育他们的优良品质，还对他们形成遵纪守法的良好行为有积极的引导作用。

7. 有利于培养新时代大学生的创新精神和实践能力

当今社会，已进入知识经济时代。知识经济时代不仅要求新时代大学生必须具备一定的创新精神，还要求他们具备较强的实践能力。创新精神要求新时代大学生能够运用自己已拥有的知识、信息、技能、方法等提出新问题、新观点，在此基础上进行技术革新或发明创造。实践能力要求大学生将书本知识应用到实际工作中，将书本知识转化为现实生产力，再上升为新的理论。毫无疑问，社会实践活动的开展不仅是培育新时代大学生创新精神和实践能力的基础，还是提高新时代大学生创新精神和实践能力的最佳途径。

综上所述，社会实践活动无论是培育新时代大学生的爱国主义情怀、集体主义精神，还是培育创新精神、实践能力，都是具有实效性的。因此，应进一步认识到社会实践活动如果要想达到培育、激发新时代大学生精神动力的目的，就要与新时代大学生进行深度对话与交流，使他们对自己的人生做出进一步的认识和思考。

第三节　新时代大学生精神动力培育的具体路径

高校作为知识集聚、人才济济的地方，在大学生精神动力培育过程中，发挥着重要作用。随着微时代的到来，信息传播的途径越来越即时化、碎片化、迷你化、个性化，这些信息的传播使精神动力面临挑战，因此，我们只有采取隐性路径与显性路径相结合的方法，才能达到育人效果，真正实现精神动力培育的目标。

一　读经典

经典著作是文化传播正能量的主要路径，它既是社会主义核心价值观融入大学生精神动力培育的重要手段，又是社会主义核心价值观深入大学生心灵的重要途径。读经典是马克思主义中国化、大众化的具体体现，它采取了大学生喜闻乐见的活动形式，寓教于乐，成为弘扬社会主义核心价值观和红色精神的主要载体，贴近大学生生活、贴近实际，是新时代大学生精神动力培育的创新形式。

（一）经典的具体内容

经典是一个民族的文化核心，是一个民族的精神纽带。今天，面对信息多元化、意识形态多元化的现实社会，各种社会思潮冲击在校大学生。读经典不仅可以帮助大学生提高分析问题、解决问题的能力，还能提高大学生的精神境界，开阔胸怀。

1. 读马克思主义经典著作

马克思主义是科学理论，读马克思主义经典著作能巩固青年大学生的理论根基，有助于青年大学生用马克思主义的立场、观点和方法认识世界、把握规律、推动发展。毛泽东思想和中国特色社会主义理论体系是马克思主义中国化的两大理论成果，通过读经典，有助于青年大学生从源头和根基处正确认识中国革命、建设和改革开放的历史进程，准确理解马克思主义中国化两大理论成果的精神实质，坚定跟党走，坚定走中国特色社会主义道路的信心和决心。

2. 读经典文学作品

经典文学作品包括外国的优秀文学作品和中国的优秀文学作品，包括古代的优秀文学作品和近现代、新时代的优秀文学作品。经典的文学作品都是经过较长时间的检验，是人类各个时代的智慧结晶。通过读经典，可以学习经典作家们独立思考的精神、批判的精神，形成创造力。

（二）读经典的意义

读经典可以把原本与新时代大学生个人生活有着遥远距离的人物拉进现实生活中，潜移默化，让新时代大学生逐渐体会这些伟人的精神动力是在怎样的背景下培育而成并发挥作用的，对自己有什么样的启示，让他们主动发现问题、思考问题、分析问题。

读经典有利于新时代大学生核心价值观的形成，更有利于新时代大学生精神动力的培育。例如，范仲淹的“先天下之忧而忧，后天下之乐而乐”，陆游的“王师北定中原日，家祭无忘告乃翁”“位卑未敢忘忧国”“夜阑卧听风吹雨，铁马冰河入梦来”，文天祥的“人生自古谁无死，留取丹心照汗青”，林则徐的“苟利国家生死以，岂因祸福避趋之”，岳飞的《满江红》、方志敏的《可爱的中国》，等等，都以全部热情为祖国放歌抒怀。如“我是中国人民的儿子，我深情地爱着我的祖国和人民”。[①] 雷锋在学习《论联合政府》后，在日记中写道：“无数革命先烈为了人民的利益牺牲了他们的生命，给我们换来了幸福。今天，我们没有理由不好好工作和学习，没有理由不改正缺点和错误，没有理由只顾自己不顾集体，没有理由只顾个人眼前利益，而忘记了整个无产阶级的最大利益。”读完《为人民服务》后，雷锋又写道：“我觉得一个革命者活着就应该把毕生精力和整个生命为人类解放事业——共产主义全部献出。我活着，只有一个目的，就是做一个对人民有用的人。”这些经典句子都明确地表达了作者高尚的理想情操和强烈的爱国主义情感。

在今天和平的环境里，爱国主义教育不会随着时代的发展变化而弱化，而应该随着祖国的强大而强化。生活在今天优越环境中的新时代大

① 王义芳：《邓小平社会主义精神动力思想述论》，《湖北大学学报》（哲学社会科学版）2003 年第 3 期。

学生更应该接受这些典型案例的熏陶，启发他们思考并规划自己的人生，如何将所学的知识转化为一种动力，投身于社会主义现代化建设和中华民族伟大复兴中国梦的实现。

二 演讲活动

演讲，指在一定的环境中，演讲者通过自己的有声语言和态势语言对一定数量的听众阐明观点、抒发情感的一种传播艺术，以实现在观点上、情感上鼓舞、振奋、煽动听众达成共鸣的目的。演讲的效果和影响是惊人的，著名的演讲有英国首相丘吉尔在第二次世界大战中对英国士兵的演讲，黑人领袖马丁路德·金《我有一个梦想》的演讲，闻一多先生的《最后一次演讲》。这些演讲具有强烈的号召力，不仅承担起挽救国家民族于危亡的历史使命，也承担起振兴民族大业的历史重任。随着时代的发展变化，演讲的功能已被人们淡化为一种表演、一种比赛形式，事实上，演讲在大学生精神动力培育中的作用是不可替代的。

（一）教师的课堂演讲

教师把演讲的形式融入课堂教学，通过教师的讲话风格直接影响课堂教学效果，吸引学生的学习兴趣。课堂演讲的效果有以下几点。第一，改进教学效果。传统的教学模式导致课堂失去生机和活力，造成教师在台上“大讲”，学生在台下“小讲”的局面。教师在课堂演讲，除了具备饱满的情绪以外，还应当充分备课，备课就需要教师找典型案例、选择语言表达风格，形成综合艺术形式，并将其展示在课堂上。比如，云南大学的“四大名嘴”，不仅授课内容精彩，而且语言的表达形式和风格展现了演讲的魅力与风格。第二，激发学生兴趣。教师的授课主要方式是讲。任何一个学生都是通过教师的口头介绍了解、熟悉一门课程的，教师讲课水平的高低取决于讲授内容和表达的精彩度。语言生动、充满活力的课堂教学不仅给学生留下深刻的印象，还能激发学生学习课程的兴趣。第三，激发教学动力。课堂演讲对教师的要求是全面且综合的。坚持几次课容易，长期坚持不容易。这就需要教师通过演讲式教学环节不断形成自己的风格。一旦形成了演讲式教学风格，师生的双向互动就会成为良性循环，既激发了学生学习的动力，又激发了教师进行教学改革的动力。

（二）大学生的演讲

演讲是一门综合艺术，也是一门综合实践活动。对于新时代大学生而言，演讲的魅力不仅体现在台上 3～5 分钟的表演，更是一种综合能力的提高。同时，通过主题演讲，在新时代讲好中国故事，把爱国守法、明礼诚信、团结友善、勤俭自强、敬业奉献和社会主义核心价值观等教育"润物细无声"地播撒在大学生的心田。习近平指出："会讲故事、讲好故事十分重要，思政课就要讲好中华民族的故事、中国共产党的故事、中华人民共和国的故事、中国特色社会主义的故事、改革开放的故事，特别是要讲好新时代的故事。"① 大学生演讲弥补了课堂的遗漏，课堂演讲是教育者以人为中心，大学生演讲是以大学生自己为中心。每一次演讲，从搜集材料到演讲稿的形成，从每一个感人事迹到每一句语言，再到熟背稿件，把演讲内容烂熟于心，每一个环节都是对大学生精神的一次洗礼，更是对大学生精神动力的一次培育。

三　艺术教育

新时代大学生不仅是时代的引领者，还是中国先进文化的继承者和传播者。艺术作为世界各国传统文化的一个重要组成部分，是大学生精神动力培育的有效途径。艺术形式多种多样，包括音乐、舞蹈、体育、美术、文学、戏剧、电影、电视等，艺术教育的过程与手段是隐性的，情感上是愉悦的，影响上是持久的。其作用与功能在精神动力培育过程中是极为显著的。2002 年教育部颁布了《学校艺术教育工作规程》《全国学校艺术教育发展规划（2001 年—2010 年）》两个文件，提出了在学校进行艺术教育的具体要求。

实际上，作为一种精神产品，艺术具有很重要的精神价值。艺术来

① 习近平：《思政课是落实立德树人根本任务的关键课程》，《求是》2020 年第 17 期。

源于生活并高于生活。在创作上不仅具有无限性与时代性，还具有大众性与通俗性。优秀的艺术作品，具有调节、改善、丰富和发展人的精神生活的客观功能，同时还能提高人的精神素质，即提高人的认知水平、情感能力以及意志力。因此，融入艺术教育手段，利用艺术具备的形象生动、大众化时代化的特征，精神动力培育将取得事半功倍的效果。

（一）用艺术陶冶新时代大学生的情操

1942 年 5 月，毛泽东同志在《延安文艺座谈会上的讲话》中指出："我们所写的东西，应该是使他们团结，使他们进步，使他们同心同德，向前奋斗。"[①] 这里，毛泽东所指，就是文艺工作者和文艺作品是用来暴露日本帝国主义和一切人民的敌人残暴和欺骗，并指出他们必然要失败的趋势，鼓励抗日军民要团结一致、要同心同德，坚决打倒他们。无疑，抗战时期的文艺作品给予了抗日军民无比强大的精神动力，为争取最后的胜利提供了充分的精神食粮。可见，精神因素在社会实践活动中具有巨大的推动作用。习近平同志也不止一次地提到精神因素的作用。2014 年，在《纪念在延安文艺座谈会上的讲话 72 周年》一文中，习近平再次强调："以优秀作品弘扬中国精神。"

蔡元培先生曾说过："所以美育者，与智育相辅而行，以图德育之完成者也。"[②] 用艺术陶冶新时代大学生的情操，是要抓住艺术本身具有的特征，完成美育、德育的培养，实现精神动力培育的目标。通过艺术教育，可以激发新时代大学生的审美情趣，产生情感的共鸣，引起大学生的情感运动，达到"以情动人"的效果。通过艺术教育，让大学生在轻松愉快的环境中接受教育，在学习和实践过程中充分体验快乐和乐趣。大学生通过听觉、视觉来认知、理解、体会文艺作品的主体形象，以加强其情感体验，达到引导他们明辨是非的目的。艺术教育可以"润物细无声"地把精神动力培育的内容间接、内隐地传递给

① 《毛泽东选集》第 3 卷，人民出版社，1991，第 849 页。
② 蔡元培：《蔡元培美学文选》，北京大学出版社，1983，第 174 页。

大学生，能有效地对大学生产生巨大的道德渗透作用，使大学生从心灵深处产生对道德原则、道德规范的认同，实现意识观念、道德情操、精神品质培育的目的。

（二）加强艺术教育的时效性与实效性，探索精神动力培育新渠道

一方面，精神动力培育要把中华民族精神与时代精神结合起来，使它具有时效性。另一方面，精神动力培育要把艺术教育与社会实践活动有机地结合起来，产生实效性。所谓时效性，就是要利用中华民族的一些重大节日、民族传统节日、特殊纪念日等开展艺术教育活动，让新时代大学生在潜移默化中接受爱国主义教育、集体主义教育，振奋精神，激发实现中华民族伟大复兴中国梦的动力。所谓实效性，就是在精神动力培育的过程中，既注重艺术理论的学习，又注重艺术实践的开展，把校内外的资源有效地整合起来，达到精神动力培育的实际效果。整合校内外资源，意在“引进来，走出去”。

引进来。2010 年，教育部、文化部、财政部共同颁发了《关于开展高雅艺术进校园活动的指导意见》，“目的是‘为加强美育，培养学生良好的审美情趣和艺术素养’，主题是‘走近大师，感受经典，陶冶情操，提高修养’，采取组织国家级艺术院团和优秀地方艺术院团赴高校演出，旨在引领青年学生提高审美修养，提升精神境界，满足精神文化生活的需求；建设‘向真、向善、向美、向上’的校园文化，优化艺术教育环境；为弘扬民族文化、建设中华民族共有精神家园奠定基础”。自文件实施以来，大学生通过聆听艺术大师们的声音、欣赏艺术家们的表演、感受高雅艺术的魅力，陶冶了自己的情操。

走出去。鼓励大学生利用寒暑假的“三下乡”社会实践活动，把艺术实践与社会实践有机地结合起来，深入农村、社区、企业、军队等单位，服务地方的经济文化，展现新时代大学生的精神风貌，积累艺术实践的经验，提升自身的艺术素质和修养。

艺术体现了一个时代的精神面貌，也是一面时代的镜子，反映了一

个时代的精神风向标。当前，我们面临“两个一百年”奋斗目标和中华民族伟大复兴的中国梦，必须充分发挥一切积极因素，培育新时代大学生的精神动力。

四　开设通识教育课

通识教育源于19世纪的欧美国家，20世纪盛传于欧美各国的大学。通识教育的英文是Liberal Education或Genaral Eduction。在《哈佛大学通识教育红皮书》中，政府将通识教育定义为，“它是学生整个教育中的一部分，该部分旨在培养学生成为一个负责任的人和公民”。美国大学都十分赞同哈佛大学对通识教育的阐释。

第一，通识教育课程扩大了学生的知识面，并通过这些通识教育课程把国家的主流世界观、人生观和价值观，在学生浑然不觉的情况下注入其大脑，形成一股强大的精神动力，引导学生成长为祖国需要的人才，树立为国家服务、为社会服务的理想信念。

第二，通识教育课程有利于从更广泛的领域对大学生进行爱国主义、爱社会主义和集体主义教育。通识教育一改专业课教学和政治理论课教学的模式，有利于拓展知识领域，有利于新时代大学生的全面健康发展。在目前我国高校的课程设置普遍注重专业课和政治理论课的情况下，大学生容易产生抵触和排斥情绪，常常是一种被动的接受。这不易于大学生真正内化知识，实现知识与运用的完美结合，往往表现出“两张皮”的现象。通识教育的包容性可以把现代教育理念与模式整合起来，既体现中国特色又体现时代特色。

第三，通识教育课程有利于综合素质的提高。当前，素质教育是我国在教育改革中受关注度最高的方面。但由于长期受到传统教育的影响，素质教育在实际的推行和实施过程中是“名不符实”的。《哈佛大学通识教育红皮书》精确定位了通识教育的目标，其目标是培养大学生以下四种能力：思考能力、交流思想的能力、做出恰当判断的能力和辨别价值的能力。并且开创性地把通识教育分为以下三个领域，即人文学科、社会科学以及数学和自然科学。大学生可以根据自己的爱好和兴趣，跨学科、跨专业进行选择。这样，可以充分尊重大学生的个性，从而增强大学生学习的主动性，全面提高其综合素质。

五 大学生的自教自律

自教自律，指在没有人和摄像头监督的情况下，大学生进行自我教育、自我管理、自我约束的一种管理方法。其目的是提高自身修养、提升道德品质和思想觉悟，不断利用学习、修养、反省等方式，自觉主动地接受先进的思想或理念。在新时代大学生精神动力培育过程中，其作用非常关键。试想，一个人的行为、动机总依赖于外界环境或规章制度、法律法规的制约，不能实现自教自律，即使产生了精神动力，也不能有效地发挥作用。因此，自教自律培育路径有以下几方面。

（一）激发大学生自我教育的动机

大学生的自教自律是大学教育的一个重要环节。首先，动机源于大学生的内在需要。这种内在需要促使大学生学会精神境界的自我塑造，这种精神境界的自我塑造使大学生能正确地认识客观世界，并处理好与客观世界的关系、与他人之间的关系，处理好自己的事务。其次，引导新时代大学生善于发现自己的优点，正确看待自己的优点并建立起自信心。自信心是大学生自我教育的起点和希望。同时，自信心的强弱，直接影响大学生主体能动性的强弱，而主体能动性不但决定了大学生自我教育动机的强弱，还决定了大学生思想品德教育的功能与效率。

（二）培养大学生的自我管理能力

建立在自律、自省、自尊、自强基础之上的自觉不但是一种深刻的感悟和理性的行为，还是一种思想和人格上的成熟。首先，大学生自我管理的过程是一个自我教育的过程。为实现大学生自我教育的目的，必须建立健全学生自我管理机构，如班委会、学生社团、学生会等。通过自我管理，不仅可以提升大学生的管理能力，还有助于良好学风、班风的形成，良好的学风、班风对大学生良好道德品质的形成有推动作用。

同时，还应积极开展“争先创优”活动，如“文明宿舍”“优秀班集体”等评选活动，促使大学生具备积极参与竞争的动机。事实证明，具有良好学风、班风的班集体不仅对大学生处理好个人与集体、同学与同学之间的关系有积极的影响，而且对大学生集体主义精神的形成有潜移默化的影响，引导大学生以集体目标为导向，使自我教育产生强大的内在动力。这些活动的开展都是大学生实现自我教育的有效途径。其次，自我评价是自我教育的另一个重要方面。大学生自我评价能力的发展过程是从他律到自律、从需要到动机、从评价他人到评价自己、从片面到全面的过程，通过自我评价，不但能使大学生获得反馈信息，还能不断地加深他们对自己行为的正确认识。

六　健康有序的生活方式

生活方式是人的社会化的重要内容之一，它不仅包括物质生活，还包括精神生活及其价值观、道德观、审美观等。随着改革开放的不断深入和经济全球化步伐的不断加快，中国社会进入结构转型的关键时期，不论是社会结构、利益格局还是思想观念等都发生了翻天覆地的变化。这些变化不仅导致生活在其中的新时代大学生的生活方式、生存方式，乃至行为方式发生了深刻转变，而且对他们每个人的精神世界产生了巨大影响。马克思曾指出：“个人怎样表现自己的生命，他们自己就是怎样。”[①] 生活方式不是大学生学习、生活中不值一提的小事，它直接或间接地影响着大学生的思想意识和价值观念，从而影响着他们的行为方式以及他们对社会的态度，反映出其价值观念。因此，从一定意义上而言，新时代大学生健康有序的生活方式不仅对他们的身心健康有重要的影响，而且对国家和民族的发展也有重要的影响。因此，健康有序的生活方式是新时代大学生产生精神动力的重要因素之一。探索新时代大学生健康有序的生活方式是精神动力培育的又一途径。

① 《马克思恩格斯选集》第1卷，人民出版社，2012，第147页。

(一)规范生活方式

规范新时代大学生的生活方式是引导大学生养成健康文明的生活行为的重要保证。大学生生活方式指大学生在校期间的学习、娱乐、消费等活动中形成的方式和行为习惯的综合。[①] 由于中国经济的发展和人民生活水平的普遍提高，新时代大学生的生活水平与质量也得到大幅提高。近几年教育部对我国大学生体质健康监测结果显示，“大学生身体素质除身高、体重、胸围等重要形态指标持续增长，个别反映健康状况及卫生的重要指标得到较大改善以外，我国大学生的身体素质明显下降，特别是大学生身体机能指标（心肺功能）的耐力素质在近20年持续下降，身体素质指标在速度、爆发力、力量素质等方面也呈下降趋势，且幅度较大”。[②] 调查反映出一个很现实也很严重的问题，新时代大学生在精神世界萎靡、滑坡的同时，身体素质明显下降。这样，实现人的全面发展在起点和终点上都陷入困境。究其原因，与学校教育、家庭教育的引导分不开，与当前重分数轻德育轻体育的导向分不开。只有拥有健康的生活方式，才能有健康的身体，有充沛的精力学习、生活，使自己身心得到良好的发展。因此，养成健康生活方式是解决新时代大学生精神和身体问题的一个重要途径。

健康的生活方式对大学生而言既是一种追求也是一种境界。因为生活方式作为一种客观存在制约着社会文化和意识形态的发展及形成，也制约着人的发展。而大学生以何种方式生活，也影响着他们成为什么样的人才。因此，新时代大学生必须树立健康的生活方式，树立正确的道德观念、养成良好的生活作息习惯、合理搭配营养、全面而均衡的膳食、注意科学用脑、保持用眼卫生、保证有规律且适量的体育锻炼、戒烟限酒，理性消费、保持积极的心理调适能力以及掌握相应的身心健康保健常识。

---

① 王雅林：《生活方式研究述评》，《社会学研究》1995年第4期。

② 王金龙：《大学生体质检测报告与课外体育活动管理》，《航海教育研究》2007年第4期。

（二）加强心理健康教育

随着经济社会的不断发展，大学生的心理健康问题也越来越突出。近20年，大学生心理困扰和心理障碍渐渐成为学校和社会关注的焦点。有研究显示，“在80年代中期，23.25%的大学生有心理障碍，80年代后期上升到25%，20世纪末已达30%，而近年已超出30%，有心理障碍的大学生正以惊人的速度递增”。①

第一，做好入学指导工作。踏入大学继续深造是中国大多数青年人的人生理想。但很多大学生往往在入学后就发现现实与理想之间存在一定的差距。新生入学是大学生面临的一个关键时期，这一时期做到对大学生的关心、关怀、关切、关注，可有效预防大学生心理障碍。刚入学的大学生远离亲人和朋友，不论遇到学习上、生活上还是感情上的问题，都需要高校教育工作者进行心理疏导，及时解决问题，为精神动力培育奠定基础。

第二，做好专业指导工作。对所学专业不够了解也是导致大学生产生心理问题的一个关键因素。很多大学生入学前并不了解自己所学的专业，往往通过看专业名称、网上查询、父母指定或同学介绍选择专业。他们并不清楚自己是否真正喜欢所选专业。入学后，对所选专业感兴趣、毕业后打算从事自己所学专业的大学生，其目标坚定，充满信心，心理状态比较好，精神动力容易培育。对所学专业不感兴趣、还未考虑或不知道毕业后从事什么工作的大学生，其内心迷茫，容易产生焦虑和抑郁的情绪，导致心理负担过重。精神动力培育就有一定难度。

第三，做好恋爱指导工作。大学生恋爱是当今大学校园的一门必修课。但对于从生理和心理上都不太成熟的大学生而言，恋爱的过程中双方往往因为不了解而相互喜欢，却又因为彼此的性格、脾气或家庭因素而发生矛盾，轻则分手，重则为爱殉情。开设“恋爱婚姻生活”的选修课，引导大学生树立正确的恋爱观，培育为未来自己家庭而努力学习

① 王成义：《大学生压力状况的调查研究》，《中国健康心理学杂志》2005年第3期。

的精神动力，往往会事半功倍。

（三）引导大学生理性思维

没有理性思维，青年就不能走向成熟。自十一届三中全会以来，邓小平同志就不断强调对广大青年的教育应着重爱国主义、理想信念、社会主义道德和艰苦创业精神等方面。结合时代发展的要求，我们党还提出了培育“有理想、有道德、有文化、有纪律”的“四有新人”目标。正确引导大学生学会理性思维，树立正确的价值观，为大学生精神动力培育保驾护航。

七 新媒体运用

“以正确的舆论引导人”是江泽民同志在全国宣传思想工作会议上提出的。媒体的正确引导对新时代大学生精神动力培育有着极大的影响。随着科学技术的不断发展，新媒体已成为新时代大学生生活和学习必不可少的一部分。QQ、微博、微信等 App 及网络平台的信息传播速度已远超广播、电视、报纸、杂志等传统媒体。“相对于传统媒体，新媒体消解了传统媒体（电视、广播、报纸、通信）之间的边界，消解国家与国家之间、社群之间、产业之间的边界，消解信息发送者与接受者之间的边界”。[①] 众所周知，新媒体的最大特点和优势是便捷开放、传播迅速、信息量大、虚拟空间。作为思想政治教育建设的重要阵地，网络建设与管理引导也是新时代大学生精神动力培育工作的难点。必须利用新媒体的优势，抓住和吸引新时代大学生的目光，把思想政治教育网站建设成一个集知识性、思想性、趣味性于一体的大学生思想政治教育主题网站，占领思想政治教育网络主阵地、主战场。通过新媒体，引导新时代大学生遵守网络道德、传播正能量，营造健康向上的网络空间。

---

① 阿尔文·托夫勒：《力量转移——临近 21 世纪时的知识、财富和暴力》，刘炳章、卢佩文、张今、王季良、隋丽君译，新华出版社，1991，第 35 页。

（一）新媒体的特性

1. 便捷开放，号召力强

便捷开放是新媒体的一个基本特征。电脑、手机等电子设备是新时代大学生日常生活和学习的必需品。大学校园里这些电子设备的覆盖率几乎是100%。不论在什么地方什么时间，只要打开网络，所有信息都会通过屏幕跃入眼帘。由于新媒体与人几乎是零距离接触，它所产生的号召力是极强的。新媒体对每一个人的价值观和道德水平的影响是不以客观环境和意志为转移的，它的传播过程就是人们接受教育的过程，影响人们的行为方式、道德评价以及价值观念等。

新媒体的产生和迅速使用，对新时代大学生而言犹如给他们打开了一扇认识和了解世界的窗口。新时代大学生是科技产品使用的引领者，对新媒体的使用和了解始终站在前列，他们最初关注和使用新媒体的目的或是阅读需要，抑或是追逐时尚，但最终都因新媒体本身所具有的优点而折服。

2. 传播迅速，辐射面广

随着科技的迅猛发展，我们已进入5G时代。新媒体上的各类信息传播速度大大加快。微博、微信、QQ、手机短信等传播工具传递信息几乎可以与事件的发生同步进行，即使时空相隔，所发信息也能瞬间全球皆知。由于信息技术的不断进步，信息获取和发布的平台便捷、经济，新媒体中的信息以数字形式传播，形成了数字网、互联网、无线移动网等，数据信息穿梭于这个立体交叉的网络中，编织成一张横贯东西、纵贯南北的网。由于新媒体的特殊结构，人与人的信息交互也变得方便起来，一个人可以与另一个人或另外几个人同时互动，尤其是大量免费的网络App和价格低廉的电子资料，使大学生们更加关注新媒体的使用。比如，大学生可以使用电子邮件与世界各地的大学生交流，可以使用微信群、Facebook等与他人建立联系，通过视频会议参与各种专题或学术讨论，及时发表个人见解和观点等，都极大地影响着大学生们的生活和学习。

3. 信息量大，渗透力强

信息量大是新媒体的一个典型特征。因信息发送不受任何客观条件的限制与束缚，社会各个领域、各个行业以及个人都会发布各种关于工作、教育、生活、娱乐的信息，让人目不暇接。Questmobile 相关资料显示，移动互联网用户规模保持稳定增长态势，截至 2023 年 9 月，全网活跃用户规模达 12.24 亿人，近一年增速在 2.0% ~2.7%。“00 后”用户数量持续增长，成为移动互联网用户的主要增长源。Questmobile 2023 年 9 月数据显示，“00 后”用户占比较上年同期提升了 0.3 个百分点，“00 后”用户月人均使用时长达 173.9 小时，明显高于 157.9 小时的全网平均水平。[①] 数据还显示，大学生是成千上万信息接收者中的主要部分，他们在极短的时间内就可以在百度、搜狐等国内外网站上获取信息，与内容无关，只与兴趣爱好有关。新媒体的出现，使大学生们足不出户便知天下事，坐在电脑面前一键点击网页或是躺在床上连接手机终端，就能与世界各地的同龄人交流思想或分享学习成果。

然而，大量的信息传播却存在一定的负面影响。尤其对于大学生而言，他们没有社会经验，缺乏一定的辨别是非的能力，面对信息传播中的一些消极观点或不良、腐朽思想和信息，被动接受远远超过主动辨识，极易受到诱惑而导致盲目追随。这些负面的信息还会直接影响大学生的行为、道德、理想信念和价值观，与高校思想政治理论课的教育产生冲突，对大学生精神动力培育造成一定阻碍。

4. 虚拟空间，吸引力强

虚拟性是新媒体的另一个重要特征。在网络空间，个人身份和信息都是虚拟的，现实世界和虚拟世界之间的界限常常让人感到模糊。在这种虚拟空间中，所有人都可以将自己的真实身份隐匿起来，不知道彼此是男是女，是老是少。在虚拟空间中，人与人之间的关系表现冷漠，心理距离也越来越远。人们甚至不顾道德和法律的约束而大胆尝试真实世

① 《Questmobile 2023 中国移动互联网秋季大报告：全网用户稳定增长，三大特点支撑回暖，00 后与 60 后持续增长》，https：//www. questmobile. com. cn/research/report/1719277873330753538，最后访问日期：2024 年 1 月 25 日。

界中从不敢做的事情。因为彼此的身份是隐匿的，这种隐匿消除了传统交流方式中客观存在的种种干扰因素，提高了信息交换双方的安全感，为信息的发布与接收提供了有利条件。对于新时代大学生而言，在虚拟空间中如有不当便会失去自我和理性造成不良后果，被骗取钱财的大学生比比皆是。当前，高校大学生思想政治教育改革的力度和速度仍无法与新媒体的发展步调保持一致，在一定程度上阻碍了大学生精神动力培育。

新媒体的这些特点，给工作、学习、生活等方面带来了方便，却为思想政治教育工作和新媒体的管理引导增添了烦恼。只有依靠专业人员和专业技术手段才能破解它带来的相关问题。

（二）新媒体给大学生精神动力培育带来的挑战与机遇

任何科技发展产生的结果都具有“双刃剑”的特征，给人们带来诸多便捷和机遇的同时，带来了诸多挑战。

1. 新媒体带来的机遇

第一，为精神动力培育搭建了新的交流平台。新媒体的使用，为大学生精神动力培育搭建了新的交流平台。传统的师生交流是通过召开座谈会、找个别人谈话、学生干部汇报情况等方式进行的。在这些传统交流方式中，因受到诸多客观条件的制约，教育者往往会被一些虚假的信息欺骗，导致问题无法得到有效的解决。在借助新媒体搭建的师生交流平台上，大家可以各抒己见、畅所欲言，便于教育者在交流信息的过程中捕捉或洞察大学生的真实想法和心理动态，再根据大学生的要求和实际情况，及时进行世界观、人生观和价值观的引导与帮助，为大学生精神动力培育扫除障碍。

第二，为精神动力培育提供了新的手段。与传统的思想政治教育手段相比较，新媒体的优势较为突出。新媒体的教育手段比传统手段更加丰富、多元，有微博、微信、QQ、手机短信等工具。这些工具丰富了传统思想政治教育的手段，拓宽了大学生精神动力培育的路径。如微信群的使用，摆脱了以前集中开班会的传统模式，师生可以在微信群中进行思想交流、传递信息，以此达到大学生精神动力培育的目的。

第三，为精神动力培育提供了时效性。新媒体打破了依赖于课堂教育的传统模式，开创了新模式。这种新模式摆脱了时间和空间的限制与束缚。这种时效性对教育者与被教育者而言都非常重要。大学生可以通过新媒体提供的各种软件观看、阅读、下载或了解世界上发生的关于政治经济文化等方面的新闻，也可以通过新媒体发布或传播自己的消息。新媒体已成为大学生关注新闻、了解世界的一种新工具，更是进行大学生精神动力培育的一种新载体。因此，对教育者和受教育者双方而言，使用新媒体都能节省不少时间。

第四，为精神动力培育增强了实效性。精神动力的实效性指精神动力培育的实践效果和实际效果。一般而言，这种实效性分为显性和隐性两种。显性效果和隐性效果是相辅相成、互为条件的。显性效果指通过大学生精神动力培育而产生的明显的社会效应。大学生的思想道德素质、实际行动可以通过新媒体的宣传传递正能量，营造一种积极向上的良好社会氛围，推动整个社会的进步。隐性效果指通过大学生精神动力培育而被大学生内化了的积极因素。这种隐性效果是精神动力培育的关键所在。新媒体将精神动力培育的空间延伸到大学生学习、生活的每一个场所，并为大学生精神动力培育提供丰富的、充足的资源，教育者与受教育者实现平等互动交流，增强了大学生精神动力培育的实效性。

2. 新媒体带来的挑战

第一，加大了精神动力培育的难度。信息量大而复杂，让涉世未深且对新媒体有强烈依赖的大学生难以清楚地分辨是非黑白。要通过精神动力培育消除他们在思想上、道德上已经出现的偏差。新媒体的广泛使用无疑加大了大学生精神动力培育工作的难度。

第二，对高校思想政治教育工作者的素质提出了更高的要求。在传统的大学生思想政治教育工作中，教育者常常采用传统的说教方式。因此，大学生精神动力培育也常常被束缚其中。新媒体的出现，要求思想政治工作者必须熟练掌握新媒体的运用技术，掌握新媒体的管理技巧，以便采取有效适时的办法和措施解决具体工作中遇到的问题。如网上不道德的行为常常会在新媒体上出现，扰乱大学生的日常生活，给大学生的身心健康造成不良影响。这给思想政治教育工作的管理带来了困难，向思想政治教育工作者提出了更高的要求。

时代的发展与变迁对人的素质要求也越来越高，作为思想政治教育工作者，必须吃透理论，熟练掌握网络技术，利用网络答疑解惑。只有引导青年大学生及时辨别真伪和是非，才能应对瞬息万变的网络信息，在今天复杂的社会环境中做到守土有责、守土有方。

八 大学生职业规划指导

大学生精神动力培育的落脚点是大学生毕业后把所学的知识运用到工作岗位上，实现自我价值，回馈社会。事实上，这种回馈是双向的。大学生作为国家培养的现代化人才，投身改革开放的伟大事业有利于国家民族的发展。反之，从大学生自身的角度出发，投身社会建设有利于大学生更好地实现自我价值。事实上，大学生精神动力培育只有从大学生自身的利益出发，才会取得更加显著的效果。“一定的需要或爱好形成人们的利益。利益是以特别强烈地和比较持久地满足一定需要为目的的。这些需要是，物质需要、对活动和关系的需要或文化的需要。”[①]新时代大学生是未来中国实现伟大复兴中国梦的主力军，从唯物史观的角度来理解社会存在决定社会意识的基本观点时，完全可以得出“利益决定思想”的结论。换言之，利益在一定程度上决定了大学生精神动力培育是否成功。因此，当前，对大学生产生诱惑的因素很多，作为在大学阶段最受大学生关注的职业问题，关乎大学生自身的利益，因此，引导新时代大学生进行职业规划就成为大学生精神动力培育的又一个创新途径。

（一）职业生涯规划的含义

职业生涯规划指个人发展与企业发展相结合，对决定员工职业生涯

① 奥塔·锡克：《经济－利益－政治》，王福民、王成稼、沙吉才译，中国社会科学出版社，1984，第263页。

的主客观因素进行分析、总结和预测，并通过设计、规划、执行、评估和反馈使每位员工的职业生涯目标与企业发展的战略目标相一致。

（二）职业生涯规划的意义

社会存在决定了社会意识。新时代大学生对未来充满憧憬，却又不得不面对残酷的现实。因此，指导大学生对自己的未来职业进行规划，对大学生精神动力培育具有现实意义。

1. 有利于大学生正确认识自己，树立正确的人生观

因大学生所处的校园环境相对单纯，对自己所学的专业与未来的职业要求未能形成充分认识，往往会出现两种情况。一种是盲目自信，一种是盲目自卑。这两种情况都会造成大学生对学习、生活、未来失去信心。进行职业规划指导，能使大学生们充分了解自己、了解所学专业、了解市场需求，制定切实可行的目标。

2. 有利于调动大学生的学习积极性，树立正确的择业观

正确的择业观是指求职者能充分根据自己的兴趣爱好、对职业的期望，凭借自身的能力和实力选择职业，使自己的素质、能力、实力与所选择的职业一致。这样，可有效避免大学生眼高手低，遭遇不必要的打击与挫折。

3. 有利于培养大学生的职业道德，提高竞争力

当前，社会处处充满激烈的竞争，大学生要想在激烈的竞争中突出重围，脱颖而出，应具备爱岗敬业、诚实守信、办事公道、奉献社会的职业道德，在大学阶段学会与他人合作，积极参加集体活动，具备团结协作、开拓进取和精益求精的精神。

综上所述，新时代大学生精神动力培育的“中国路径”体现中国特色、符合时代要求，既继承前人，也突破常规。从隐性和显性两方面进行了探讨与挖掘。无论是传统的显性教育，还是今天倡导的隐性教育，只有坚持引导与培育相结合的原则，尊重受教育者，调动其积极因素，减少消极因素，在理论与实践相结合的基础上，既实现大学生全面发展的个体目标，又实现中华民族伟大复兴的中国梦。

结　语

随着人类社会的不断发展与进步，尤其是进入科技和经济迅猛发展的当今社会，人类物质文明建设和精神文明建设的步伐加快，这大大促进了人的发展与社会进步。因而，精神动力作为人的发展以及社会发展的重要动力之一，显得尤为重要。

中国的发展已进入一个关键时期，2035 年中国将基本实现社会主义现代化，到 21 世纪中叶将建成社会主义现代化强国。这就赋予了我们每一个人一份重担、一份希望、一份责任。当今中国，一方面，存在精神追求匮乏与精神动力不足的现象；另一方面，实现中华民族伟大复兴迫切需要激发新时代大学生精神追求与精神动力。有关新时代大学生精神动力开发的研究成果相对较多，而有关新时代大学生精神动力培育的研究成果相对较少。因此，这给探讨新时代大学生精神动力培育留下了充足的空间。从当今中国的现实国情出发，研究精神动力这一课题具有现实和理论意义。笔者认为，新时代大学生精神动力问题的关键不在于如何开发精神动力，而在于如何培育精神动力。因为培育是开发的基础，开发是培育的目的。就本书写作的角度而言，尽管通过努力梳理与探索最终形成了这份研究成果，但一定存在许多不太成熟的方面，以致得出的结论大多需要做进一步的商榷与探索。但笔者相信，从新时代大学生思想政治教育的视域出发探求其精神动力培育的问题，对进一步加强和改进中国新时代大学生思想政治教育的尝试一定也是有益的。现将本书研究结论综述如下。

新时代大学生缺乏精神动力是一个普遍现象，主要表现为道德伦理失范、理想信仰危机、价值取向扭曲、人文精神丧失、诚信意识淡薄、社会责任感缺乏、生活意义迷失、艰苦奋斗精神淡化、团结协作观念较差、心理素质欠佳等。它们直接制约新时代大学生思想政治教育工作的进一步加强和改进。没有动力，就不可能有大学生思想政治教育的活力和生命力，更不可能有大学生思想政治教育的提升力、发展力和竞争力。新时代大学生是民族的希望、国家的栋梁，他们有没有精神动力、如何培养其精神动力等问题对实现中国式现代化有着极大的影响。

新时代大学生的精神动力不是由一个力构成并发挥作用的，而是无数个力的合力。无数个力以其特有的作用方式、作用方向等共同支撑整个新时代大学生的思想政治教育工作，推动新时代大学生思想政治教育工作不断向前、不断发展进步，促进新时代大学生的政治素质与道德水平不断提高。然而，新时代大学生精神动力培育还面临几个亟待解决的问题。第一，新时代大学生精神动力培育是一个过程，培育并不等同于建成。培育本身具有阶段性特征。第二，培育本身存在一定的风险。而风险具有不确定性，尤其在今天全球化的社会背景之下，容易受到来自西方资本主义国家意识形态领域的影响，只有加强科学培育并与时俱进，才能抵御风险，使精神动力培育真正入脑入心。

新时代大学生精神动力培育存在各种矛盾，但其根本动力来源于社会实践的需要。这种需要不仅包括物质生产实践的需要、精神生产实践的需要，还包括政治实践的需要。新时代大学生精神动力培育的基本矛盾是现实社会对新时代大学生思想品德发展的要求同他们自身的思想品德发展现状之间的矛盾。解决这一基本矛盾给我们党的思想政治工作提出了新的要求。

在新时代大学生精神动力培育中，最为密切的两大元素是教育者和教育对象。这两大元素也是直接影响新时代大学生精神动力培育效果的主体因素。只有提高教育者的专业素质与个人综合素质，加强对受教育者的引导与管理，才能使精神动力培育发挥作用。

新时代大学生精神动力培育必须结合当今的时代背景和新时代大学生的特点，找到培育的规律和“中国路径”，践行党的宗旨，树立中国形象，讲好中国故事，充实培育内容，传播中国文化，加强思想政治教育队伍建设，凝聚中国力量，优化育人环境，引导大学生养成健康的生活方式，让新时代大学生精神动力培育更具针对性、实效性及时效性。

驾驭新时代大学生精神动力培育研究这样一个涉及广泛的课题，需要具有深刻把握我国大学生思想政治教育理论的功底，熟知西方国家关于精神动力培育的理论知识，具备过硬的研究能力和学术探究能力。这一切，在本书的撰写过程中，都让笔者感到自己知识水平的浅薄和写作能力的不足。选择这个具有意义的课题不仅是为了完成书稿，更为了使自己在将来的学术研究中能不断努力并继续深入研究。由于自己的写作水平有限，文中有许多粗疏和不当之处，恳请各位专家、学者和读者批评指正。

附录

新时代大学生精神动力培育的经验借鉴

美国是世界上最发达的国家之一，培育一代又一代为之服务的接班人是一项重要工作。回顾美国历史，尤其在近现代，美国的青年一代积极为国效忠、奉献自己，乃至献出生命。笔者于 2015 年 1 月至 2016 年 1 月由国家公派到美国加州大学圣地亚哥分校（UCSD）进行了为期 1 年的访学，对美国大学在大学生精神动力培育方面的目标、内容及手段途径等方面做了相关的了解与调查，作为传播美国文化及其核心价值观念的大学，美国加州大学圣地亚哥分校在其中扮演着重要的角色并发挥着积极作用。

第一节　美国大学生精神动力培育的目标与内容

美国政府和高校对大学生精神动力培育目标是一致的，即“道德上成熟的”“具有民主理念和民主行为的公民”。为培养爱国守法、积极进取、具有健全人格的好公民，他们上下统一，各司其职。政府通常采取间接指导管理的方式，通过多元化、多样性的方式把国家意志渗透到大学生思想意识之中，高校却通过把政治目标与道德教育两者紧密结合的方式，为现行的社会体制服务。

一 精神动力培育的目标明确

（一）培养“道德上成熟的人”

《国家处在危险之中：教育改革势在必行》报告中这样描述：“在提高教育质量、改善学生成绩的同时，还要培养学生具备美国社会的基本思想和价值观，把知识的富有和道德的完美有机结合起来。大学生道德上的成熟是担当好公民的基础。”只有“道德上成熟”了，才具有国家要求的价值观念和基本思想，这样爱国主义精神才能形成。早在1790年，韦伯斯特就发表了《论美国的青年人教育》一文，文章贯穿教育与道德、教育与国家的思想，并指出只有依靠公共教育制度才能实现国家的育人目标。第四任总统麦迪逊曾强调：“要把美国变成一个拥有文化、有教养的公民的国家。”[①] 20世纪70年代以后，培养具有爱国主义精神、对国家尽责任和义务的“责任公民”贯穿于全国的教育改革方案。1987年里根曾在《国情咨文》中特别强调学校应当培养美国人的“国民精神”，“主要是爱国主义、有修养、遵守诺言和伦理道德、遵守纪律等十大任务。因此，美国大学生思想政治教育培养的‘道德上成熟的人’，不仅包括诚实、守信、勇敢、勤奋等一般的道德品质，而且特别强调了解掌握美国的自由、平等、正义、民主等主流价值观”。[②]精神动力培育使大学生具有“美国精神”，使民主、自由、人权等价值观深入人心。

（二）培养“具有民主理念和民主行为的公民”

美国高校一直通过国家历史教育、国际关系教育、文化差异教育等，进行民主知识、民主行为等方面的教育。一方面，保证学生具备民主理念，理解民主的真实内涵，即让大学生从美国与世界的关系入手分析解全球化问题，了解本民族、国家所面临的问题；让大学生深入了解

① 王英杰：《美国高等教育的发展与改革》，人民教育出版社，1993，第38～39页。

② 朱永康：《中外学校道德教育比较研究》，福建教育出版社，1998，第198页。

具有民族性的观念与制度，尤其对各种社会制度的发展变迁有深刻了解，例如人权、自由、政教分离等，还要求大学生不仅要对美国各州之间文化差异的实质进行了解，还要从历史的角度认识、学习这些文化差异形成的原因，以及美国文化与世界各国文化之间的差异。并对人们在历史上斗争事件中的行为进行客观正确的评价，以实现让正义和善良成为今后指导自己行为的度量尺。另一方面，确保大学生拥有行使民主的技能与技巧。美国高校非常注重对大学生政治技能的训练，例如怎样处理政治事务，怎样进行投票与选举等，以帮助大学生为将来成为美国政坛的一员做好充分的准备。

二　精神动力培育内容丰富

美国大学生精神动力培育内容丰富，分别由公民教育、历史教育、法制教育、心理健康教育、职业生涯规划教育、宗教教育和生活教育等构成。所有的内容都采用隐性方式，贯穿其中的主线是个人主义价值体系。

（一）公民教育

为培育大学生的精神动力，美国大学设置的相关课程往往以“隐性”教育为主，开展爱国主义教育、道德教育等。高校普遍开设“美国史”“公民学”等课程。如在《公民学》教材里写道：“美国的政治制度是最先进的，美国的政府是世界上最好的政府。”① 同时，还开设一系列专题讲座来宣传其主流价值观和政治观，培养美国公民。

首先，爱国主义教育是核心。美国采取多种形式不断增强国民的爱国主义精神。如美国小学课本中写道：我是美国人。我的国家最自由，最富裕，最美丽；我的旗帜最纯洁；我的海军不可战胜；我的军队捍卫世界的自由；通过公民资格结合成整体；她是忠诚力量的结合；感谢上帝我成为美国的孩子……抱着感恩和期望，用心、手和脑为她服务。在

① 付兵儿：《美国中小学的爱国主义教育》，《天津市教科院学报》2004 年第 2 期。

美国，许多物品都印有美国国旗，如食品包装、玩具、衣帽等。每逢节日、庆典，美国国旗都会悬挂在家家户户、大街小巷。爱国主义教育还体现在历任总统的就职演说中，成为至理名言影响着一代又一代美国人。比如，“我们唯一惧怕的就是惧怕本身”“不要问你们的国家能为你们做些什么，而要问你们能为自己的国家做些什么”“我们必须像家庭供养子女那样供养自己的国家”“让我们大家不仅为自己和家庭，而且为社会和国家担负起更多的责任吧”。在“9·11”事件重要演讲中，小布什总统鼓励美国人民：“恐怖分子的袭击可以震撼（摧毁）我们的建筑，但他们无法动摇我们牢固的国家基础。这些行径可以粉碎钢铁，但他们无法挫伤美国人民捍卫国家的决心。”[①] 这些名句激励着每一个时代的美国人，无论遇到任何困难挫折还是遇到恐怖主义，都在为美国的发展、进步随时准备着，甚至献出自己的生命。尤其在“9·11”事件发生后，爱国主义教育在美国的各级学校得到普遍加强。这一时期的美国人更看重家庭，看重与家庭有关的亲情。布什反复“提到美国精神——重视个人和家庭责任的古老道德传统，他一再告诉在座的听众，坚持这些‘将使诸位受益匪浅’，这也就告诉中国学子，美国的成功是因为他们对这些道德传统继承和尊敬，这是美国已经实践过的，是美国经验”。[②]

其次，道德教育是关键。在美国高校的教育中，为实现“好公民”的培养目标，道德教育仍是主要内容。如开设的“美国政治生活中的道德问题”等课程，使学生在潜移默化中形成社会责任感。美国教育界对公民教育的目的其中一方面就是培养学生必备的道德品质，如自律、守信、自爱、利己不损人等为大多数德育工作者赞同的重要品德。

（二）历史教育

首先，各级各类学校必须开设历史课程，这是美国法律规定的。历

① 姚云云、刘金良：《美国思想政治教育借鉴分析》，《继续教育研究》2003 年第 2 期。

② 李岩：《全球文化认同过程中“文化身份”的妥协与抵制——美国总统布什清华大学演讲事件的透析》，《浙江大学学报》（人文社会科学版）2004 年第 1 期。

史课是美国爱国主义教育的主要课程，通过历史教育培养学生的爱国主义精神，以树立民族自信心和自尊心。大学的历史课程侧重于美国历史的理论分析，目的是让学生永远不忘美国发展的全部历史。

其次，历史教育融合了价值观教育。在美国，有几百所大学都开设了价值观教育课程。以加州大学圣地亚哥分校为例，学校把美国现代文明、政治哲学、西方思想史等学科作为本科学生必修的基础课。学校规定，作为美国学生，必须对本国的文化和精神传统有一个起码的体验和理解，否则就不能算是受过教育的美国人。同时，必须通过对西方文化的学习形成对其基础构成深刻的印象，然后才能从学校毕业。

美国政府十分重视历史、保护历史、颂扬英雄，用一些名胜古迹创造许多引人入胜的故事，以厚植美国的历史底蕴，增强国家的凝聚力和向心力。如“美国从费城到华盛顿，从波士顿到纽约，处处有用名人名字命名的城市、街道、学校、机场，还有华盛顿纪念堂、林肯纪念堂、杰斐逊纪念堂、罗斯福纪念堂，其目的是要将美国的开国元勋、杰出人物的思想及其对国家的贡献永久性地陈列其中，供人参观、学习”。[①]

（三）法制教育

“法制教育就是一种协调个人与政府及社会关系的教育，旨在更好地引导学生实现个体的社会化，以便更好地融入社会为社会所认同。”[②]作为一个法制健全的国家，美国的法律常常在修订、增补。美国各大学的法制教育主要内容有“如何建立有限的政府，如何防止无限制的政府对民主政治的破坏等知识”，其中的一条主线“就是在有限政府和无限政府的对比中，阐明美国政治制度的优越性、科学性”[③]，由此传播

① 张益群：《对美国道德教育的分析和思考》，《基础教育参考》2007 年第 1 期。
② 刘咏梅：《美国青少年法制教育的特点及其启示》，《国外青年》2005 年第 9 期。
③ 冯益谦：《美国大学德育的途径、方法及启示》，《广东行政学院学报》2003 年第 6 期。

“在法律面前人人平等”的信条，培养遵守法律和忠于美国政治、经济制度的公民。美国高校对大学生的法制教育侧重“法律的形成、演变，使大学生认同美国法律制度的合理性、权威性、不可侵犯性，达到自觉守法的目的”。[①] 另外，美国大学法制教育的另一特色是重视教育与管理相结合。美国高校一般都有严格的学生行为守则和违纪处理条例，加州大学圣地亚哥分校这方面的文件有 70～80 页。不少大学甚至还规定：“学生要签字保证遵守这些规定后方可入学。”[②]

（四）心理健康教育

心理健康教育在美国高校具有普遍性，是大学生精神动力培育的一项重要内容。“美国高校心理辅导可分为六类：一是学业、社会交往、个人生活等方面的咨询；二是就业指导及跟踪性服务；三是信息服务，即为每个大学生建立系统的累积性档案，记录其智力、兴趣、性格、人格特征和测量结果、学业成绩、嗜好、健康状况、家庭历史背景、经济状况、打工经历等内容；四是磋商性服务，主要是辅导人员与社会、家庭和学校建立联系与合作关系，互相商议解决问题；五是辅助学生治疗心理疾病；六是矫正学生不良行为习惯等。”[③] 为确保其教育效果，美国各高校都非常重视心理辅导评估工作。

（五）职业生涯规划教育

职业规划是美国大部分高校对刚入学大学生开设的一门必修课，为将来的顺利就业打下坚实的基础。比如笔者访学的加州大学圣地亚哥分校，学校不仅注重课程开设、指导，还有专门的就业指导教师，负责把每个大学生的特征、兴趣爱好、能力素质等都一一予以记录，以便针对不同个性的大学生给予就业指导。帮助大学生分析个人情况及就业前景，指导大学生根据自己的特长及爱好制定职业生涯规划。同时，进行

① 苏振芳：《当代国外思想政治教育比较》，社会科学文献出版社，2009，第 67 页。

② 苏振芳：《当代国外思想政治教育比较》，社会科学文献出版社，2009，第 68 页。

③ 边保旗：《美国学校心理辅导的发展历程及启示》，《教育实践与研究》2001 年第 12 期。

方法培训及实际工作技巧训练，指导每一个大学生把在校的学习计划与将来的职业规划有效地结合起来。

（六）生活教育

生活教育是20世纪美国在德育教育方面的一个主要内容，也是学校对学生精神动力培育的一个重要方面。美国各大学对大学生的生活教育体现在方方面面，如学习、职业、道德、人格、健康、交际等方面。首先，通过扩展大学生的知识面，培育大学生的知识应用能力和综合分析能力，同时注重领导能力、交际能力、自我表达能力的培养。这些能力的培养，为大学生精神动力培育奠定了坚实的基础。事实上，也为大学生自身利益的追求与实现创造了条件。其次，结合专业方向进行职业道德教育。如开设“新医疗革命中的道德问题”“技术社会中的道德问题”等专题讲座，引导大学生加强职业道德认知。

第二节　美国大学生精神动力培育的方法与经验

美国大学主要通过隐性且多渠道的教育对学生进行培育，其主要方法有隐性渗透法、社会实践法、心理辅导法、环境熏陶法。这些方法值得我们借鉴。

一　精神动力培育的方法

（一）隐性渗透法

美国大学主要通过隐性渗透法对大学生进行精神动力培育，把相关理论渗透于多种渠道中，让学生在不知不觉中接受其灌输的思想，主要有通识教育课程、学生社团。

1. 通识教育课程

通识教育课程是美国大学对学生精神动力培育的一种主要方法，“它是学生整个教育中的一部分，该部分旨在培养学生成为一个负责任的人和公民”。[1] 哈佛大学对通识教育的阐释得到了其他美国大学的赞同。他们认为，“一个好的社会应由那些具有独立的观念，既考虑自身利益，同时又愿意使个人利益服从共同利益的公民组成”。[2] 因此，对美国社会自由传统、人文传统的认同是美国高校培育大学生精神动力的一项主要任务。于是，通识教育的存在有其必然性。“美国高校中95%的大学开设了通识教育，其内容因校情和地区不同而有所差异，但总体上大同小异。”[3] 其中，政治性和教育性是通识教育的两个基本特征。通识教育对美国资产阶级的价值观和各项资本主义制度的维护发挥着极其重要的作用。

在美国众多高校中，哈佛大学的通识教育是最成功的案例。学者们一致认为，大学生既应该多花时间和精力在专业课的学习上，更应该努力学习通识课。因为通识教育有助于专业知识的正确传授。因此，为使通识教育达到最好的效果，哈佛的学者们进行了多次改良并精确定位了通识教育的目标，即提升思考能力、交流思想的能力、做出恰当判断的能力和辨别价值的能力。开创性地把通识教育分为数学和自然科学、人文学科、社会科学几个领域，为世界各国的大学通识教育奠定了坚实的基础。

在美国高校的通识教育课程中，通过隐蔽式、渗透式的方法成功地将其主流价值观、世界观和人生观在大学生不知不觉的情况下注入他们的大脑，实现美国社会及政府培育人才的目标，让其为国家和社会服务。

2. 学生社团

结社传统在美国由来已久，社团主义显露于美国社会各阶层的每一个角落，为大学生社团的发展创造了良好的社会环境。在美国各高校，学生社团数量庞大，都由大学生自己管理。社团将教育与服务相结合，大学生的心灵在实践中得到净化，道德水平得到提升，各种学生社团活

① 哈佛委员会：《哈佛通识教育红皮书》，李曼丽译，北京大学出版社，2010。

② 哈佛委员会：《哈佛通识教育红皮书》，李曼丽译，北京大学出版社，2010。

③ 哈佛委员会：《哈佛通识教育红皮书》，李曼丽译，北京大学出版社，2010。

动的开展是对大学生精神动力培育的又一有效方法，有很强的渗透力。美国大学给学生充分的自由，学生具有主体地位。如美国加州大学圣地亚哥分校就有500多个学生社团，每个社团都建立了自己的网站，除了在一些纪念日开展主题活动外，每个月都会举办丰富多彩、多种多样的活动，这些活动既包括各类学术讲座、文体活动，又包括一些公益活动和社会实践活动。所有活动都由学生自己组织、自觉参与。通过参与这些活动，大学生逐渐形成自知、自尊、自强、自信的品质。这些活动培育了大学生的道德动力、认知动力、情感动力和意志动力。

当然，美国大学的学生社团成立是需要写书面申请的，并附有社团章程、条例，必须由学校学生事务部门经过一段时间的考察、审核批准才能成立，并开展活动。一经批准成立，学生社团就拥有独立、自由的空间，不受任何外界因素的干预与影响。对于学校审核批准的社团，学校不仅会提供活动所需场所和管理经验，还会给予财力、业务支持。当然，没有被批准成立的社团仍然可以继续组织开展自己社团的活动，只是学校不会给予任何经费及其他帮助。但由于美国结社的历史传统，社团会得到一些公司的赞助，而获得相关活动经费及支持。在管理社团、组织各种社会实践活动的过程中，学生的特长、爱好不仅可以得到充分展示，其组织、协调、管理能力也可以得到锻炼。重要的是让大学生认识到作为美利坚合众国的一员，自身将来在美国社会发展中肩负着光荣的使命，可以实现自己的价值。这种培育途径和方式就是一种隐性培育方式。值得一提的是，美国各高校的学生社团不能违反国家法律及各种校规校纪。违法行为一经核实，社团立即被撤销。

（二）社会实践法

精神动力在社会实践中产生，又推动社会实践的发展。社会实践是美国大学生精神动力培育的一个重要途径。在美国高校中，大学生的社会实践主要由社会服务活动和社会政治活动两部分组成。其中，社会服务活动是美国大中小学校长期以来鼓励学生参与的一项社会实践活动。大家一致认为，通过参与社会服务活动，能培育大中小学生的精神动力，对形成良好的性格、公民意识及社会责任感有极其重要的推动作用。因此，越来越多的美国高校把学生的社会服务活动与课程标准、入学申请以及毕业要求结合起来。在每一年度的大学申请考试中，是否参与社会服务活动已成为高校选拔学生的一项重要标准。同时，在学生毕业的时候，每一个毕业生都会有自己的社会实践档案，是否参与社会服务活动也是其能否顺利获得学位并毕业的重要条件。参与社会政治活动是美国高校大学生的另一项社会实践活动，大学生在校期间必须参与总统选举活动、环境保护活动等。大学生通过参与社会实践活动，能深入了解美国国情及普遍存在的现实问题，既体验了生活的艰辛、提升了自身的能力，又增强了对社会的责任感。

社区是美国大学生参与社会服务的主要场所。通过参与社会服务活动，大学生的角色也在发生变化。他们从之前的被服务者转变为社会服务的提供者。在此过程中，既锻炼、提升了自身能力，积累了一定的工作经验和社会阅历，又加强了自身与社会的联系，培养了为社会服务的意识。当国家和民族遭受重大灾难的时候，社会服务强大的凝聚力就显现出来。如“9·11”事件发生后，这种社会服务活动已超出救灾本身，表现出一种强大的凝聚力和向心力，一种服务社会的、强大的精神动力。

（三）心理辅导法

心理辅导是心理健康教育的一个重要方法，也是进行精神动力培育的一个有效途径。一个人如果没有健康的心理，积极的精神动力是很难培育的。美国高校的心理健康教育是走在世界前列的，早在20世纪初，美国高校就开展了心理健康教育。其目的是帮助大学生更好地认识自己及周围的世界，正确合理地选择未来的职业及方向，更好地为社会服务、为美国政府服务。20世纪60年代初，美国联邦政府颁布《国防教育法》，规定学校要推行心理辅导及评估计划，政府提供专项经费以开设心理辅导课。经过多年的发展，美国的心理辅导无论是在其手段、途径、方法上，还是其相关的理论或观点上，毫无疑问都是世界领先的，同时为其他国家提供借鉴和参考。

如今，心理辅导在美国已形成系统。全美高校都设有心理咨询服务机构，大学生自己也设立了学生互助咨询组织，高校行政和医疗保健部门都予以支持并提供指导，如“哈佛大学学生互助咨询组织有‘13号室’、‘回响热线’、‘反应’等”。[①] 在美国高校，心理咨询主要有讲课、座谈、个别谈话和电影或电视教育四种方法，这几种方法能帮助大学生消除消极情绪，发挥自己的特长爱好，树立自信心，激发他们对生活的热情，使他们热爱集体生活，增强社会责任感，在大学生精神动力培育与形成的过程中发挥着极大的作用。

（四）环境熏陶法

人生活在客观环境之中，既受客观环境的制约，又能改造客观环境。客观环境主要由家庭、学校、社会等组成，它们与其他各种各样的途径、方法一起形成精神动力培育的合力，对公民产生积极影响。一方面，客观环境具有隐性的感染力，如乔伊斯·亚亨斯倡导的“隐蔽课程”；另一方面，客观环境对人的行为产生一定的约束力。所谓环境熏陶法就是利用环境这一教育资源培育大学生精神动力的一种有效方法，在学生们毫无知觉的情况下对他们产生“润物细无声”的影响。

首先，创建优良的社会环境。美国联邦政府对环境建设十分重视。为实现精神动力培育目标，从联邦政府到各州政府，投入大量资金修建了诸如葛底斯堡、林肯纪念堂、国会大厦、加州科技馆等博物馆和科技馆，加强爱国主义教育和传统民族主义教育。同时，还利用一切可利用的社会资源对大中小学生进行精神动力培育。如美国的著名领袖或民族英雄华盛顿、林肯、罗斯福、肯尼迪等；如在美国历史上具有特殊意义的历史事件，包括著名的独立战争、南北战争等，还有老兵日、劳工节、感恩节、马丁·路德·金纪念日等。

其次，创建优良的校园环境。校园环境在学生的成长中起着极其重

① 王群主编《大学生心理健康教育》，复旦大学出版社，2005，第25~26页。

要的作用，其优良与否会直接产生正面或负面的影响。优良的校园环境建设主要包括校风、学校历史、学校建筑和校园文化活动四个方面。校风是灵魂，校史是内容，建筑是体现，活动是支撑。美国各高校对以上四方面都十分重视，因为它们代表了一所学校的办学理念和学校精神。美国各高校的建校历史各不相同，建筑风格也极具个性。尽管这些方面都体现出一种多元化，但是在精神动力培育方面美国高校体现出一元化。

二　美国大学生精神动力培育的经验

笔者于 2015 年 1 月至 2016 年 1 月到美国加州大学圣地亚哥分校进行了为期 1 年的访学，查阅了大量资料，对该校的大学生心理健康教育和德育情况进行了了解。尽管东西方的社会制度截然不同，但作为发达资本主义国家的典型代表，美国对大学生进行的精神动力培育在某种层面上而言是成功的，它对大学生进行精神动力培育的方式与方法在一定层面上也是值得我们借鉴的。

（一）美国大学生精神动力培育的成效

在大学生精神动力培育的整个过程中，美国联邦政府和高校的影响力是巨大的，其效果是显而易见的。通过查阅的一些资料，我们可以得出答案。“根据国际民意测验会会员组织进行的一次八国青年动向调查”，赞同“国家利益重于个人利益”观点的，各国青年均在一半以上，比例最高的是美国青年，达 70%。①

在该调查中，赞同“国家生机依靠青年，青年不为国家出力就意味着背叛”这一观点的美国青年占比高达 81%（见表 1），在八个国家中排名第三，这体现出美国政府在青年精神动力培育工作方面取得了显著成效。

① 孙和庚：《青年动向大调查》，《青年一代》1986 年第 2 期。

表1 各国赞同“国家生机依靠青年，青年不为国家出力就意味着背叛”的青年占比情况

单位：%

国家	美国	英国	德国	法国	瑞典	日本	土耳其	巴西
占比	81	52	40	40	76	40	86	84

对“本国最引以为豪的是什么”一题的回答，可以反映各国青年的价值取向（见表2）。美国、英国、法国、日本、土耳其的青年选择的都是“历史和文化遗产”，德国青年选择的是“科技”，瑞典青年选择的是“自然环境和资源”，巴西青年选择的则是“体育”。这种选择极具代表性和典型性。美国历史和文化遗产是大中小学生精神动力培育的重要内容，体现了其爱国主义教育和传统民族主义教育的特点。长期以来，人们对美国青少年的印象一直停留在“个人主义者”，以及资本主义社会导致的青少年暴力、吸毒、酗酒、放荡、性乱等不良社会问题上。当这样的调查结果呈现在我们眼前时，确实让人有些难以相信，实际结果却引人深思。

表2 对“本国最引以为豪的是什么”一题回答的情况

选项	美国	英国	德国	法国	瑞典	日本	土耳其	巴西
历史和文化遗产	√	√		√		√	√	
自然环境和资源					√			
科技			√					
体育								√

另外，美国康涅狄格大学罗珀舆论研究中心主任埃弗雷特·莱德（E·Ladd）曾对美国四代人的价值观和主要信念做了一次民意测验。结果表明，这次民意测验不仅证明了四代人之间存在深刻分歧的看法不能成立，而且证明了四代人之间的观念惊人相同。[①]

被调查的四代人分别是“消沉的一代”（年龄在63岁及以上，以

① 弗雷特·莱德：《揭露代沟神话》，明博译，《现代外国哲学社会科学文摘》1996年第3期。

下简称 A 组)，“沉默的一代”（年龄为 49 ~ 62 岁，以下简称 B 组)，“生育高峰出生的一代”（年龄为 31 ~ 48 岁，以下简称 C 组)、“悠闲的一代”（年龄为 18 ~ 30 岁，以下简称 D 组)。以下是各组对所提问题的回答。

“你是否真正相信《独立宣言》中的话，即人人生而平等，拥有上帝赋予的某些不可剥夺的权利?”回答“是”的，A 组占比为 69%、B 组占比为 66%、C 组占比为 71%、D 组占比为 68%。“只要勤奋工作就能成功，这种信念是否仍被认为是正确的?”回答“是”的，A 组占比为 78%，D 组占比为 74%。“是否应限制收入”，回答说“不”的，各组占比的平均值为 74%，其中 D 组达 78%。

“你是否觉得美国仍然是世界上最好的居住点”，回答“是”的，A 组占比为 85%，B、C 组占比均为 81%，D 组占比为 73%。当请被调查者用从“妙不可言”到“糟糕透顶”的尺度评价自己的家庭生活时，85% 的被调查者回答自己的生活是“妙不可言”或“非常美好”的，其中 B 组占比最高，达 91%，D 组占比为 82%。

在所有年龄组中，88% 的人表示他们始终信仰上帝。83% 的人认为，“我们相信上帝”是适当的国家格言。在 10 人之中有 9 人认为，儿童“在被抚养长大时养成宗教信仰的习惯”是重要的。[①]

《读者文摘》的资料表明，美国人的基本信仰、见解和价值观念在各代人之间是相同的，诸如自由、民主和更高的道德习俗等基本原则继续受到大多数人广泛和持久的支持。这也证明了美国政府所进行的思想政治教育效果是显著的。

社会学家们的追踪调查还表明，60 年代造反运动中的学生领袖，现在已经从“体制之外”走到“体制之内”，“愤怒的一代”已不再愤怒。他们继承了这个世界，并将带领美国走向新世纪。其中，最突出的代表就是 1993 年登上总统宝座后又在竞选连任中获胜的比尔·克林顿。

① 陈立思:《关于美国思想政治教育的几个问题》,《中国青年政治学院学报》1997 年第 7 期。

美国在价值观和理想信念培育方面取得的成绩，与美国政府坚定的方针、政策和指导思想是分不开的。如前文所述，稳定性和连续性是美国大学生精神动力培育的首要特征。美国政府推行的价值观和理想信念教育哺育了一代又一代美国人，并成为支撑每一个美国大学生的精神动力。在美国社会中通行的价值观念，其中心是“爱美国”——爱它的制度和生活方式，相信它是世界上最合理最优越的，由爱和信任产生信念和忠诚。

（二）美国大学生精神动力培育的经验

经过了几百年的历史演进，美国大学精神动力培育已然形成了一套以实现资本主义社会发展和维护美国国家意识形态为目的的体系。其成功经验，对探索中国新时代大学生思想政治教育视域下的精神动力培育同样具有现实指导意义。

1. 明确的价值取向

资产阶级个人主义的价值观牢牢扎根于美国人的心中。“任何社会，为了能存在下去……必须紧密地围绕保持其制度完整这个中心，成功地把思想方式灌输进每个成员的脑子里”。而这种思想方式事实上就是通过政治社会化的手段将美国主流意识形态的核心传输给它的社会成员，使其形成符合美国国家发展所需的对政治、经济、哲学等问题的价值取向。

2. 强烈的公民意识

美国政府为实现培养“具有民主理念和民主行为的公民”这一目标，通过国际关系教育、国家历史教育、文化差异教育等，面向大学生开展民主知识和民主行为教育，增强美国大学生的公民意识。

3. 浓厚的爱国主义情感

众所周知，发生在20世纪上半叶的两次世界大战使美国卷入军事科技研究与军火生产的旋祸中。这一时期美国大学对大学生精神动力培育的主要内容就放在爱国主义教育上，从而使大学生能够奋发学习，并创造出更加先进的科学技术。例如，麻省理工学院推动航空工程、无线电工程等专业的发展，致力于为美国的国家利益服务。

可见，美国的公民意识、价值观教育与爱国主义教育融为一体，不断创新教育方式。各种因素在教育的各个环节环环相扣，即使一个环节出现漏洞，另一个环节很快就能进行弥补，使得整个教育体系相对完善。

参考文献

一　著作类

L. J. 宾克莱：《理想的冲突——西方社会中变化着的价值观念》，马元德、陈百澄、王太庆、吴永泉等译，商务印书馆，1983。

陈桂蓉主编《海峡两岸道德发展论》，社会科学文献出版社，2009。

《党的二十大报告学习辅导百问》，学习出版社、党建读物出版社，2022。

《党的十九大报告辅导读本》，人民出版社，2017。

《党的十九届六中全会〈决议〉学习辅导百问》，学习出版社，党建读物出版社，2021。

冯增俊：《当代西方学校道德教育》，广东教育出版社，1993。

弗洛伊德：《精神分析引论》，高觉敷译，商务印书馆，2009。

哈佛委员会：《哈佛通识教育红皮书》，李曼丽译，北京大学出版社，2010。

黑格尔：《精神现象学》，贺麟、王玖兴译，商务印书馆，1981。

亨利·戴维·梭罗：《寻找精神家园》，方碧霞译，外语教学与研究出版社，2010。

瞿葆奎主编《教育学文集：美国教育改革》，人民教育出版社，1992。

克劳塞维茨：《战争论》第1卷，中国人民解放军军事科学院译，商务印书馆，1978。
李合亮：《思想政治教育探本——关于其源起及本质研究》，人民出版社，2007。
李文成：《追寻精神的家园——人类精神生产活动研究》，北京师范大学出版社，2007。
罗国杰主编《马克思主义思想政治教育理论基础》，高等教育出版社，1992。
马斯洛等：《人的潜能和价值》，华夏出版社，1987。
《毛泽东邓小平江泽民论思想政治工作》，学习出版社，2000。
邵龙宝、李晓菲：《儒家伦理与公民道德教育体系的构建》，同济大学出版社，2005。
沈善洪、王凤贤：《中国伦理思想史》（上、中、下），人民出版社，2005。
沈壮海：《思想政治教育的文化视野》，人民出版社，2005。
石云霞：《新中国成立以来中国共产党思想理论教育历史研究》（上、下），中国社会科学出版社，2007。
苏曼德拉·戈沙尔、克里斯托弗·巴特利特：《以人为本的企业》，苏月译，中国人民大学出版社，2008。
孙志文：《现代人的焦虑和希望》，陈永禹译，生活·读书·新知三联书店，1994。
B. N. 托尔斯特赫等：《精神生产——精神活动问题的社会哲学观》，安起民译，北京师范大学出版社，1988。
王兆璟、王春梅：《西方民族主义教育思想研究》，民族出版社，2006。
魏晓文、葛丽君：《中外思想道德教育比较研究》，吉林人民出版社，2003。
沃尔夫：《精神的宇宙》，吕捷译，商务出版社，2005。
《习近平谈治国理政》第4卷，外文出版社，2022。
《习近平谈治国理政》第3卷，外文出版社，2020。

《习近平谈治国理政》第2卷，外文出版社，2017。
《习近平谈治国理政》，外文出版社，2014。
《习近平著作选读》第1~2卷，人民出版社，2023。
杨桂华主编《社会转型期精神迷失现象分析》，南开大学出版社，2009。
袁桂林：《当代西方道德教育理论》，福建教育出版社，2005。
张甲坤：《中国哲学：人类精神的起源与归宿》，中国社会科学出版社，2005。
张耀灿、陈万柏主编《思想政治教育学原理》，高等教育出版社，2001。
张耀灿、郑永廷、吴潜涛、骆郁廷等：《现代思想政治教育学》，人民出版社，2006。
郑文编著《当代美国教育问题透视》，中山大学出版社，2002。
郑永廷：《现代思想道德教育理论与方法》，广东高等教育出版社，2000。
中共中央文献研究室编《社会主义精神文明建设文献选编》，中央文献出版社，1996。
中共中央政策研究室编《江泽民论社会主义精神文明建设》，中央文献出版社，1999。
周长春主编《新形势下大学生思想政治教育探索》，北京工业大学出版社，2005。
Cully, I. V. *Education for Spiritual Growth*. San Francisco: Harper and Row, Publishers, 1984.
Evens, D. *Spirituality and Nature of Human*. New York: State University of New York Press, 1993.
Hertfordshire County Council. *Spiritual and Moral Development Guidance for School*. Hertfordshire Education Services, 1993.
Jasta, H. R., & Bazar, C. *Spiritual Values and Education*. Delhi: Prabhat Prakashan, 1990.

Kohlberg, L. "The Moral Atmosphere of School," in *Collected Papers on Moral Development and Moral Education*. Cambridge, Mass.: Center for Moral Education, Harvard Vniversity, 1973.

OFSTED. *Spiritual, Moral, Social and Cultural Development*. London: HMSO, 1994.

二　论文类

陈光林:《马克思恩格斯关于精神生产论述的启示》,《发展论坛》1999年第4期。

陈华洲、佘燕堃:《以百年党史涵养大学生理想信念研究》,《学校党建与思想教育》2021年第21期。

高九江、韩琳:《延安时期马克思主义中国化的精神动力》,《理论探索》2010年第3期。

管文虎:《邓小平精神动力论探析》,《毛泽东思想研究》2000年第5期。

郭凯:《论新时期大学生精神动力的培育》,《中南民族大学学报》(人文社会科学版)2013年第4期。

郝登峰、刘梅:《论精神动力及激发》,《学校党建与思想教育》2003年第3期。

何志红:《文化自信是实现中华民族伟大复兴的强大精神动力》,《改革与开放》2018年第7期。

胡孝红:《弘扬与培育中华民族精神研究》,博士学位论文,武汉大学,2004。

黄漫娥:《现代化进程中精神动力问题研究》,《思想政治工作研究》2011年第6期。

黄蓉生、石海君:《党史学习教育融入高校思想政治理论课的多维论析》,《思想理论教育导刊》2021年第9期。

康振海:《西柏坡精神:中国共产党"赶考"的强大精神动力》,《思想政治工作研究》2021年第8期。

廖小琴：《再论人的本质——兼谈人的精神生活之理论根据》，《求是》2005 年第 3 期。

刘创：《重视对大学生民族精神的培育》，《思想政治教育导刊》2004 年第 4 期。

吕庆建：《中华民族精神的内涵及其发展演变》，《山东青年政治学院学报》2011 年第 2 期。

罗石：《转型期理想、信念、信仰弱化现象分析》，《理论探索》2004 年第 1 期。

邱伟光：《以爱国主义精神升华德育内涵》，《思想教育研究》2009 年第 2 期。

任鹏：《以伟大建党精神涵养青年志气骨气底气》，《人民论坛》2021 年第 34 期。

佘双好：《改革开放以来高校思想政治理论课教学方法的创新发展》，《思想理论教育导刊》2018 年第 10 期。

宋开祥：《人的精神动力多元性探析》，《南京政治学院学报》2010 年第 3 期。

王宝鑫：《大学生坚定理想信念的时代任务与实践逻辑》，《东北师大学报》（哲学社会科学版）2021 年第 9 期。

王炳林、刘奎：《关于"四史"融入思想政治理论课的思考》，《思想教育研究》2021 年第 3 期。

王炳林、张雨：《伟大建党精神是中国共产党的精神之源》，《中国高等教育》2021 年第 8 期。

王建波、李治勇：《红色家书涵养新时代大学生理想信念研究》，《学校党建与思想政治教育》2022 年第 11 期。

A. 威尔森：《美国道德教育危机的教训》，湘学译，《国外社会科学》2000 年第 3 期。

温静、王树荫：《民族精神教育定性分析》，《高校理论战线》2011 年第 3 期。

项久雨、范海群：《论中国共产党人的精神动力》，《重庆大学学报》

（社会科学版）2023年第1期。
邢乐勤、戴元章：《共同富裕实践的精神动力及培育路径》，《高校马克思主义理论研究》2023年第6期。
熊宏俊、周执平：《理想信念：理论创新的精神动力之源》，《求实》2001年第8期。
徐长安、徐光：《青年马克思人格形成的内在精神动力及其启示》，《理论与现代化》1997年第3期。
徐徐：《"中国梦"背景下新时代青年大学生理想信仰培育路径探析》，《学校党建与思想教育》2013年第7期。
杨建义：《大学生理想信念教育的"个体现实性超越"论析》，《福建师范大学学报》（哲学社会科学版）2022年第7期。
杨葵、柳礼泉：《家国情怀：高校思想政治理论课教师的德性素养与职业自觉》，《思想理论教育导刊》2019年第6期。
詹小美：《中华民族伟大复兴的文化意蕴与精神动力》，《人民论坛》2023年第13期。
张瑞、李宁：《浅探大学生精神动力的开发》，《中国科教创新导刊》2009年第7期。
张新平：《新时代大学生价值观教育之我见》，《黑龙江高教研究》1994年第3期。
郑文惠：《浅析大学生精神动力不足的成因及对策》，《华中师范大学研究生学报》2007年第6期。

图书在版编目（CIP）数据

新时代中国大学生精神动力培育 / 李雪章著. -- 北京：社会科学文献出版社，2024.3

（云南大学新时代马克思主义理论与实践研究丛书）

ISBN 978 -7 -5228 -3133 -6

Ⅰ.①新… Ⅱ.①李… Ⅲ.①大学生 - 思想政治教育 - 研究 - 中国 Ⅳ.①G641

中国国家版本馆 CIP 数据核字（2024）第 025348 号

·云南大学新时代马克思主义理论与实践研究丛书·

新时代中国大学生精神动力培育

著　　者 / 李雪章

出 版 人 / 冀祥德
责任编辑 / 李会肖　胡庆英
文稿编辑 / 田正帅　张　爽
责任印制 / 王京美

出　　版 / 社会科学文献出版社 · 群学出版分社（010）59367002
地址：北京市北三环中路甲 29 号院华龙大厦　邮编：100029
网址：www.ssap.com.cn
发　　行 / 社会科学文献出版社（010）59367028
印　　装 / 三河市龙林印务有限公司

规　　格 / 开 本：787mm × 1092mm　1/16
印 张：14.75　字 数：225 千字
版　　次 / 2024 年 3 月第 1 版　2024 年 3 月第 1 次印刷
书　　号 / ISBN 978 -7 -5228 -3133 -6
定　　价 / 98.00 元

读者服务电话：4008918866